GRAMMAIRE LATINE
RAISONNÉE.

GRAMMAIRE LATINE

RAISONNÉE,

PROPRE A SOULAGER LE TRAVAIL DES PROFESSEURS ET LA
MÉMOIRE DES ÉTUDIANS,

A L'USAGE

Des Colléges Royaux, des Colléges Communaux et des maisons d'institution;

Par F.-A.-P. Béranger,

Régent de seconde au Collége de Laon; Bachelier ès-lettres;
Agrégé, ancien Professeur d'humanités à l'ex-Lycée de
Bruges en Belgique.

Dividit bona diversis. Hor.

Laon,

Imprimerie de M.me STRAUSS-MARCHANT.

1826.

PRÉFACE.

Ce n'est pas à tort qu'on se plaint de l'extrême différence qui existe dans la force des études, de Collége à Collége, entre les mêmes classes de grammaire, d'un bout à l'autre de l'Université. D'où provient la cause de cette immense disproportion perpétuée jusques dans les hautes classes ? C'est, sans contredit, du défaut *d'unité* dans *le mode* d'enseignement.

Lhomond, supérieur à ses devanciers, et peut-être à ceux qui l'ont suivi, ne donne pas toujours *aux règles leur vraie définition.* Il laisse trop à désirer, et ses lacunes nécessitent les développemens du maître. Ne faisant pas assez la part de l'intelligence, sa manière vague et non raisonnée charge et trompe la mémoire. Sa simplicité admirable, mais trop peu méthodique ouvre le champ à l'arbitraire, et donne lieu à mille et une façons d'enseigner : autant de professeurs, autant de méthodes particulières, sans compter les diverses réformes que souvent, d'une année à l'autre, on s'impose à soi-même, Delà ces nuances infinies et cette espèce de désaccord qui ne sont bien apperçues que des hautes régions de l'Université.

Avec quelle satisfaction ne verrait-on pas, de ce Centre auguste, toutes les classes de grammaire se balancer dans un équilibre, sinon *parfait,* du moins *le plus juste possible ?* cet heureux équilibre ne s'établira que par la fusion de tous les systèmes partiels ramenés à un seul et même mode. Et cette fusion salutaire, comment l'opérer ? ce serait peut-être en plaçant sur le même terrein tous les professeurs de grammaire, et en leur mettant à la main le même levier. Nécessairement tous les colléges recevraient à la fois le même coup, la même impulsion.

Pour arriver à ce but si désirable, il est encore bien du chemin et bien des efforts à faire. Cette route n'offre qu'aspérités et que ronces, il est vrai, mais l'émulation et le zèle de nos Quintiliens ne doivent pas se ralentir. Il reste une foule d'excellens matériaux dans Port-Royal, dans Manuce, Bistac, Tricot, Wandelincourt, Charlet. Ces matériaux, placés à propos, seront autant de perles. Et les Boinvilliers, les Guéroult, les Lhomond, les Lepelletier, et tant d'autres puristes habiles, ne sont-ils pas une mine féconde? les uns ont été successivement pour les autres un creuset, une filière par où, insensiblement, les principes de la langue latine se sont épurés et simplifiés.

C'est ainsi que chaque jour a vu des essais, soumis à l'expérience des classes, demeurer simples essais, avec tendance, toutefois, vers *l'utilité publique*, ou passer franchement en améliorations. On peut, je pense, améliorer encore.

Cette persuasion m'a déterminé à mettre le pied sur le sol aride et ingrat de la grammaire, et à faire *ma part d'efforts* pour concourir à le défricher. Ma façon de procéder repose sur une base qui me paraît, depuis vingt-trois ans, aussi simple que sûre. En voici succinctement l'exposé : dans les *déclinaisons* j'indique le *genre* spécialement attaché à telle ou telle désinence. Le *datif* et l'*ablatif* sont placés près l'un de l'autre, parceque ces deux cas se ressemblent assez souvent au singulier, et toujours au pluriel. La distinction du radical (1) et de la figurative d'avec la désinence est-elle une chose essentielle ? Oui, si essentielle qu'il n'arrivera plus aux enfans de dire patr *orum*, et cela parceque le paradigme est *sororum*, etc. Cette connaissance accourcit de beaucoup la nomenclature des noms réputés irréguliers dans tous les rudimens. Elle sauve même l'embarras de rejetter ces noms dans un cadre où les étudians, une fois hors des déclinaisons, ne reviennent qu'avec peine et sans profit.

Aperçus neufs sur les *adjectifs*, sur les *comparatifs* et sur la manière de former les *dérivés*, les *diminutifs*, les *augmentatifs* et les adjectifs *de nombre*.

Les *Pronoms* sont ramenés à un cadre à la fois plus étroit et plus clair.

En indiquant, dans les *Conjugaisons*, le radical *propre*, le radical *impropre* et la *figurative*, que de difficultés de moins ! Les élèves sauront que la désinence *i, isti, it*, etc., *eram, eras, erat*, etc., attachée au radical impropre *amav, monu, scrips, audiv*, s'adapte aux quatre conjugaisons actives. Cette

_____

(1) *Radical* c.-à-d. *corps du mot*; de *radix*, racine, souche. *Figurative* c.-à-d. *lettre figurante*.

double distinction faisant mieux ressortir la *désinence*, mobile physionomie propre soit à chaque cas soit à chaque personne, offre le grand avantage de la graver plus vite et plus avant dans la mémoire. En suivant cette voie, les élèves ne s'imagineront plus voir autant de finales qu'il existe de mots ; et, forts de leurs principes, ils sauront éviter les terminaisons fausses et barbares.

Dans les verbes *passifs*, pourquoi la fureur d'obliger les étudians à dire *amatus sum* ou *fui* ? n'est-il pas plus naturel pour eux de dire *ego sum* ou *fui amat us, a, um* ? par-là ils se façonnent de suite à la règle *ego* sum, et à la règle *Deus est sanctus* ; *virgo est* sancta. Ce procédé simple, véritable analyse logique, aide singulièrement la mémoire et l'intelligence. Même construction dans les verbes déponens.

Les temps *formés* sont, comme en un tableau synoptique, en regard de leurs temps *formateurs*. En tête se trouve le présent de chaque mode ; viennent ensuite dans le même ordre l'imparfait, le parfait, etc. Ce classement fait mieux sentir, d'un mode à l'autre, la corrélation qu'il y a entre les présens, entre les imparfaits, entre les parfaits, etc. ; et l'on parvient sans peine à savoir 1.º que le présent du mode subjonctif *veniat*, ou du mode infinitif *venire*, comme jubeo *ut ille veniat* ou *illum venire*, j'ordonne *qu'il vienne*, est un vrai complément subordonné au présent du mode indicatif *jubeo* : 2.º que, dans la phrase jubebam *ut ille veniret* ou *illum venire*, j'ordonnais *qu'il vînt*, les imparfaits *veniret, venire*, sont subordonnés à l'imparfait du mode indicatif *jubebam* ; ainsi des autres temps. Cet acheminement à la connaissance du *que* retranché, du *quo* rendu par *ut, ne, dùm, quòd, si, cur*, applanit les difficultés qui se trouvent dans l'emploi des temps du second verbe et dans leur rapport entre eux.

Les verbes de forme *irrégulière* sont classés à part, et toujours selon les conjugaisons (1).

Les *Adverbes* sont décomposés, ramenés à leurs racines et rangés par séries selon les diverses modifications et circonstances qu'ils expriment.

_____

(1) D'après l'Académie, nos meilleurs littérateurs et les règles de la bonne prononciation, il vaut mieux orthographier par *a* dans les verbes français. En effet, la syllabe finale dans les mots *j'aimais, tu avais, il lisait*, offre une parfaite analogie avec la finale des mots latins *amab* am, *habeb* as, *legeb* at, etc.

Il en est de même des *Conjonctions* qui indiquent en outre le mode qu'elles gouvernent.

Syntaxe : Diverses manières de tourner *de* entre deux noms, entre un nom et un verbe, entre un adjectif et un verbe, etc., de ces manières plusieurs sont neuves. Pourquoi l'on exprime le régime indirect par un datif, par *ad*, par *à*, par *è*. Diverses manières de rendre *qui* français cessant d'être sujet en latin.

Les questions de lieu *ubi, quò*, quoique bien simples, offrent cependant parfois une nuance de mouvement que ne saisissent même pas une foule de bons élèves. Cette grammaire leur apprend d'une manière positive pourquoi l'on dit : *vagatur in Asiâ, mitto in urbem, recondo in horrea, recondo in horreis, recondo horreis.*

Lhomond et les autres laissent bien de l'obscurité dans l'énoncé des règles du participe latin. Que de difficultés ils répandent dans les règles dont voici les exemples : *veniet die dominicâ, regnavit tres annos* ou *tribus annis, tertium annum regnat, cecidit decimo abhinc passu* ou *ad decimum abhinc passum*, etc. !! Enfin, la syntaxe, divisée en deux espèces, se réduit à sa plus simple expression : *nommé... qui est... qualifié...* voilà, en trois mots, la chaîne magique qui constitue tout le mécanisme de la syntaxe d'accord. Placez, soit après un nom, après un adjectif, ou un verbe, les questions *quoi ? où ?... de qui ? de quoi ? d'où ?... à qui ? à quoi ?* de même placez après un adjectif ou un verbe les questions *comment ?... quand ?... depuis quand ?... combien ?... de combien ?... à combien ?...* apprenez à répondre régulièrement à ce peu d'interrogations, et vous voilà, au moyen de ce léger fil, hors du dédale de la syntaxe de régime (1). Ce petit formulaire, non moins utile que laconique, ne coïncide pas mal avec cet axiome du chancelier Bacon (2) : *la meilleure manière d'enseigner, est de faire des questions.*

La *Méthode* a pour but d'assujettir les gallicismes au génie du latin, et d'enseigner les locutions élégantes. Elle énonce la manière de voir quand un *que* est retranché, quand et pourquoi

---

(1) Voyez *le Résumé* à la fin de la syntaxe.

(2) C'est encore ce savant qui a dit qu'un bon traité méthodique est un globe lumineux qui répand d'utiles rayons, en fixant les variations de l'expérience.

le *que* ou *de* se rend par *ut*, *ne*, etc. ; diverses innovations sur les adverbes de quantité, sur *que* après *autant*, *aussi*, *tel*, etc., sur *le*, *la*, *les*, *lui*, *leur*, sur *son*, *sa*, *ses*, *leur*, *leurs*, etc. idiotismes français augmentés, mis dans un meilleur ordre et mieux rendus.

Cette grammaire, fille de plusieurs ouvrages de ce genre, leur ressemble (1) à peu près dans la même proportion que Lhomond ressemble à Tricot, sauf l'avantage toutefois que les matières sont liées entre elles avec les innovations et le perfectionnement jugés indispensables.

Plus méthodique que celui de Lhomond, ce travail raisonné épargnera aux maîtres un temps précieux et la peine, trop souvent infructueuse, d'expliquer longuement des principes dont le type, dont *l'idée-mère* se trouvera inculquée d'avance dans l'esprit des élèves ; et c'est, je pense, un des moyens les plus sûrs de faire disparaître la rouille élémentaire avec laquelle, en général, les étudians passent trop fréquemment dans les classes supérieures.

Puisse l'expérience, plus encore que le zèle, avoir effectué ce travail ! puisse enfin ma théorie, courte et facile, renfermer des améliorations déterminantes, et, en méritant l'honorable accueil du Conseil Royal, contribuer au succès des études classiques !

_____

(1) Qualem decet esse sororum. Ov.

GRAMMAIRE
LATINE.

INTRODUCTION.

LA Grammaire (1) est l'art de parler et d'écrire les mots d'une langue selon des règles convenues.

Il y a en latin neuf sortes de mots : le *nom*, l'*adjectif*, le *pronom*, le *verbe*, le *participe*, l'*adverbe*, la *préposition*, la *conjonction* et l'*interjection* (2). Les quatre dernières sont invariables.

PREMIÈRE ESPÈCE DE MOTS.
Du Nom (3).

Le nom est un mot qui sert à nommer une personne ou une chose, comme *femina* femme ; *Paulus* Paul ; *liber* livre.

Il y quatre choses à observer dans les noms latins, le *genre*, le *nombre*, le *cas*, et la *déclinaison*.

---

(1) Du mot grec *gramma*, lettre, livre, recueil assujetti à des règles.

(2) Ces mots sont la base et l'âme du discours. Sans eux, la pensée ne pourrait être exprimée ni par des sons articulés, la *parole*, ni par un assemblage de figures tracées, l'*écriture*.

(3) Du latin *nominare* nommer.

1

Des Genres (1).

On distingue trois genres : le *masculin* , le *féminin* et le *neutre*. Ainsi un nom ou substantif (2) est ou masculin ou féminin ou neutre. Les noms d'hommes sont du masculin comme *avus* grand-père : les noms de femmes sont du féminin , comme *filia* la fille. Cependant l'usage a donné le genre masculin ou le genre féminin à des choses qui ne sont d'aucun sexe , comme sol , *masculin* , soleil ; luna , *féminin* , lune ; arbor , *féminin* , arbre. Le genre *neutre* comprend les noms qui ne sont ni masculins ni féminins comme flumen , *neutre*, le fleuve ; brachium , *neutre* , le bras.

Des Nombres.

On distingue deux nombres , le *singulier* (3) et le *pluriel* (4). Le singulier désigne un seul objet : *mensa* , la table ; *homo*, l'homme. Le pluriel désigne plusieurs objets : *mensæ* , les tables ; *homines* , les hommes.

Des Cas.

On distingue six cas (5) ou changemens de terminaison pour le singulier , et six pour le pluriel : le *nominatif* , le *génitif* , le *datif* , l'*ablatif* , l'*accusatif* , et le *vocatif*.

Des Déclinaisons.

Décliner un nom , c'est le faire passer successivement par

---

(1) *Genus* genre , espèce , c'est la distinction d'un sexe réel ou sup-posé.

Masculin de masculus mâle ; *féminin* , de femina, femme, femelle ; *neutre* de neuter ni l'un ni l'autre.

(2) Chose subsistant par elle-même , en latin *substare* , subsister, avoir de la réalité.

(3) *Singularis* , seul , unique.

(4) De *plures* , plusieurs.

(5) Du supin casum d'où vient *casus* , chûte , cas c.-à-d. passage d'une désinence à une autre.

les six cas de chaque nombre. On compte cinq *déclinaisons* (1). On les distingue à la terminaison du génitif singulier. Ce génitif, formateur des autres cas, change sa désinence (2) en la désinence propre à chaque cas tant du singulier que du pluriel.

A partir du génitif, tout ce qui se trouve avant la désinence se nomme le *radical*, et la dernière lettre du radical se nomme *figurative*, parceque cette lettre figure partout avant la désinence.

PREMIÈRE DÉCLINAISON.

La première déclinaison comprend tous les noms qui ont, au singulier, le nominatif en *a* et le génitif en *æ*.

SINGULIER.			PLURIEL.		
Nom.	Ros a,	la rose.	Nom.	Ros æ,	les roses.
Gen.	Ros æ,	de la rose.	Gen.	Ros arum,	des roses.
Dat.	Ros æ,	à la rose.	Dat.	Ros is.	aux roses.
Abl.	Ros à,	de ou par la rose.	Abl.	Ros is,	des ou par les roses.
Acc.	Ros am,	la rose.	Acc.	Ros as,	les roses.
Voc.	ô Ros a,	ô rose.	Voc.	ô Ros æ,	ô roses.

Dans ce nom le radical est *ros*, la figurative *s* du radical, et la terminaison *a*, *æ*, etc.

Cette désinence ne désigne que des noms féminins, excepté quelques uns qui sont masculins.

Ainsi se déclinent :

Porta, f. g. æ,	la porte.	Herba, f. g. æ,	l'herbe.
Epistola, f. g. æ,	la lettre.	Poëta, m. g. æ,	le poëte.
Forma, f. g. æ,	la forme.	Collega, m. g. æ,	le collègue.

Voici des noms qui font *abus* au datif et à l'ablatif pluriel.

Anima, l'âme ; famula, la servante ; serva, l'esclave ; hera ou domina, la dame ; socia, la compagne ; sponsa,

---

(1) De *declinare*, pencher, décliner. Le nom qu'on décline, descend du 1.er cas jusqu'au dernier, en se montrant sous ses diverses terminaisons.

(2) En latin, *desinentia*, de *desinere*, cesser, finir, se terminer.

1.

la fiancée ; dea , la déesse ; nata ou filia , la fille ; vicina ,
la voisine ; asina l'anesse ; equa , la jument ; mula , la mule ;
lupa , la louve. La terminaison en *abus* sert à les faire
distinguer des noms masculins correspondans animus . famu-
lus etc. , qui ont ces deux cas en *is*. Familia , prend la terminaison *âs* au génitif dans cette circonstance :

Pater-familiâs , père de famille , filius-familiâs , fils de
famille.

Sur rosa se déclinent les noms (1) dont le nominatif est en *as* et le génitif en *æ*. Mais ils font à l'accusatif
an , et *a* au vocatif singuliers. Cette terminaison est tirée du
grec.

SINGULIER.

Nom. (2)	AEne as,	Enée.	Abl. (5)	AEne à, de ou par Enée.
Gén. (3)	AEne æ,	d'Enée.	Acc. (6)	AEne an, Enée.
Dat. (4)	AEne æ,	à Enée.	Voc. (7)	ô AEne a, ô Enée.

Déclinez ainsi :

Thomas , g. æ ,	Thomas.	Pythagoras , g. æ ;	Pythagore.
Andreas , g. æ ,	André.	Tiaras , g. æ ,	la tiare.

Radical *Æne* , figurative *e* du radical , terminaison *as*. Au
pluriel *æ* , arum , comme plus haut.

La première déclinaison comprend aussi quelques noms
purement masculins dont le nominatif est en *es* et le génitif
en *æ*. Cette terminaison est grecque.

---

(1) Ces noms sont toujours masculins.

(2) Casus *nominativus*, de *nominare*, nommer. Ce cas énonce le nom
de l'objet *qui est* ou *qui agit*.

(3) De *genitum*, produire , on a fait *genitivus* génitif , *qui a la faculté de
produire* , ainsi nommé , parce qu'il forme les autres cas.

(4) De *datum* , donner. L'objet ou la personne à qui l'on donne , à qui
l'on attribue quelque chose , se met à ce cas.

(5) De *ablatum* , ôter : ce cas exprime séparation ; il dépend toujours
d'une préposition.

(6) De *accusare* , *accuser*, *citer*. On met à ce cas le nom de l'objet qu'on
mentionne , ou auquel on tend.

(7) De *vocare* , appeler. Le nom de la personne ou de la chose que l'on
appelle se met à ce cas : ô domine ! ô seigneur !

SINGULIER.

N.	Comet es,	la comète.	Abl.	Comet e,	de ou par la comète.
G.	Comet æ,	de la comète.	Ac.	Comet en,	la comète.
D.	Comet æ,	à la comète.	V. ô	Comet e,	ô comète.

Radical *comet*, figurative *t* du radical, désinence *es*. Au pluriel, æ, arum, comme plus haut.

Déclinez ainsi :

Geometres, æ,	le géomètre.	Alcides, æ,		Alcide.
Anagnostes, æ,	le lecteur.	Anaglyptes, æ,		le ciseleur.

La première déclinaison comprend même des noms purement féminins, dont le nominatif est en *e*, et le génitif en *es*. Cette terminaison est grecque.

SINGULIER.

N.	Music e,	la musique.	Abl.	Music e,	de ou par la musique.
G.	Music es,	de la musique.	Ac.	Music en,	la musique.
D.	Music æ,	à la musique.	V. ô	Music e,	ô musique.

. Quelques noms pluriels de peuples comme *Romulidæ*, *arum*, les Romains ; *Isacidæ*, *arum*, les Israélites, font aussi, dans les poëtes leur génitif en *um*, *Romulidûm* ; *Isacidûm*, etc. Il y a syncope, c.-à-d. retranchement de la lettre *r*, ensuite contraction, c.-à-d. réunion de deux voyelles en une : *arum*, *aum*, *ûm*. *Romulidarum*, *daum*, *dûm*.

C'est la lettre *a* qui domine dans les désinences de rosa, Æneas.

C'est la lettre *e* qui domine dans les désinences de comètes, musice.

SECONDE DÉCLINAISON.

La seconde déclinaison a le génitif singulier en *i*.

La terminaison *us* au nominatif désigne des noms masculins et quelques noms féminins.

SINGULIER.   PLURIEL.

N.	Domin us,	le seigneur.	N.	Domin i,	les seigneurs.
G.	Domin i,	du seigneur.	G.	Domin orum,	des seigneurs.
D.	Domin o,	au seigneur.	D.	Domin is,	aux seigneurs.
Abl.	Domin o,	de ou par le seigneur.	Abl.	Domin is,	dès ou par les seigneurs.
Ac.	Domin um,	le seigneur.	Ac.	Domin os,	les seigneurs.
V. ô	Domin e,	ô seigneur.	V. ô	Domin i,	ô seigneurs.

Radical *Domin*, figurative *n* du radical, désinence *us*.

Déclinez de même :

Populus, i,	le peuple.	Asinus, i,	l'âne.
Hortus, i,	le jardin.	Asellus, i,	l'ânon.
Capillus, i,	le cheveu.	Methodus, f. i,	la méthode.

Si le nominatif finit par *r*, comme puer, vir, le vocatif est semblable au nominatif. Les autres cas prennent les désinences de dominus tant au singulier qu'au pluriel. Ces sortes de noms sont purement masculins.

SINGULIER.

N.	Puer,	l'enfant.	Abl.	Puer o,	de ou par l'enfant.
G.	Puer i,	de l'enfant.	Ac.	Puer um,	l'enfant.
D.	Puer o,	à l'enfant.	V. ô	Puer,	ô enfant.

Radical *Puer*; figurative *r* du radical ; désinence *i*; même terminaison plurielle que domini, orum (1).

Déclinez de même :

Aper, apri,	le sanglier.	Minister, tri,	le ministre.
Faber, bri,	l'ouvrier.	Vir, viri,	l'homme.
Armiger, geri,	l'écuyer.	Liber, libri,	le livre.

Si le nom a pour figurative un *i*, comme filius, Virgilius, Horatius, le vocatif demeure sans terminaison, et l'on aura fili, Virgili, Horati. Cependant tabellarius, g. rii ;

_____

(1) Au génitif pluriel la syncope et la contraction sont admises, et dans certains mots virûm, equûm, on retranche *r* dans orum; l'on a, par syncope oum, et par contraction um: vir orum, vir oum, virûm.

NOMS.

messager , fait tabellarie , ainsi que les autres noms qualificatifs.

Les noms *Deus , agnus* , et *chorus* (chœur) ont le vocatif semblable au nominatif. *Deus* seul est irrégulier au pluriel où la figurative *e* se change en *i* devant *i* final : *Dii , Diis* , et non *Dei , Deis.*

Plusieurs noms propres grecs , comme Androgeus , Androgée , retranchant *s* au vocatif : ô Androgeu.

Aux génitif et accusatif singuliers , ces noms peuvent quitter la désinence latine pour prendre la désinence grecque. Ainsi au lieu du génitif Androgei , l'on aura aussi Androgeos , au lieu de l'accusatif Androgeum , l'on aura aussi Androgeon , Androgea. Dans certains noms helléniques la désinence grecque est admise au nominatif singulier : Samos , f. g. i. l'isle de Samos ; Pylos g. i. f. la ville de Pylos ; Abydos , g. i. f , Sestos , g. i , f. deux villes en face l'une de l'autre sur l'Hellespont.

La terminaison *um* du nominatif singulier désigne le genre neutre. Tous les noms neutres ont trois cas semblables , le *nominatif* , l'*accusatif* et le *vocatif.* Ces trois cas sont en *a* au pluriel.

SINGULIER.			PLURIEL.		
N.	Templ um ,	le temple.	N.	Templ a ,	les temples.
G.	Templ i ,	du temple.	G.	Templ orum ,	des temples.
D.	Templ o ,	au temple.	D.	Templ is ,	aux temples.
Abl.	Templ o ,	du ou par le temple.	Abl.	Templ is ,	des ou par les temples.
Ac.	Templ um ,	le temple.	Ac.	Templ a ,	les temples.
V.	ô Templ um ,	ô temple.	V.	ô Templ a ,	ô temples.

Radical *templ* ; figurative *l* du radical ; désinence *um.*

Déclinez de même :

Exemplum , i ,	l'exemple.	Bellum , i ,	la guerre.
Collum , i ,	le col.	Collegium , i ,	le collège.

TROISIÈME DÉCLINAISON.

La troisième déclinaison comprend tous les noms masculins, féminins ou neutres qui ont le génitif singulier en *is*.

Modèle de noms masculins et de noms féminins.

SINGULIER.			PLURIEL.		
N.	Soror ,	la sœur.	N.	Soror es ,	les sœurs.
G.	Soror is ,	de la sœur.	G.	Soror um ,	des sœurs.
D.	Soror i ,	à la sœur.	D.	Soror ibus ,	aux sœurs.
Abl.	Soror e ,	de ou par la sœur.	Abl.	Soror ibus ,	des ou par les sœurs.
Ac.	Soror em ,	la sœur.	Ac.	Soror es ,	les sœurs.
V.	ô Soror ,	ô sœur.	V.	ô Soror es ,	ô sœurs.

Radical *soror* , figurative *r* du radical , désinence *is*.

Déclinez de même :

Furor , is , m.	la fureur.
Rex , gis , m.	le Roi.
Pater , tris , m.	le père.
Mater , tris , f.	la mère.

Concio , onis , f.	la harangue.
Laus , laudis , f.	la louange.
Turtur , uris . f.	la tourterelle.
Bos , bovis , m.	le bœuf.

Ce dernier nom fait aux génitif pluriel *boum* , dat. et abl. *bobus*.

Tous les noms en *or* sont masculins excepté *soror* , *arbor* , *uxor* , qui sont féminins , et *marmor* , marbre ; *cor* , cœur ; *æquor* , la mer ; *ador* , froment , qui sont neutres.

Les noms parisyllabiques en *es* et en *is* , c.-à-d. , qui ont même nombre de syllabes au nominatif et au génitif , comme *clades* , g. *cladis* , défaite , *biremis* , g. *is* la galère , etc. ont le génitif pluriel en *ium* , *cladium*.

Exceptez cependant *juvenis* , *is* , le jeune-homme ; *vates* , *is* , le devin ; *strigilis* , *is* , l'étrille ; *canis* , *is* , le chien , *volucris* , *is* , l'oiseau ; *panis* , *is* , le pain , dont le génitif est en *um*.

Les noms imparisyllabiques , c.-à-d. , qui ont plus de syllabes au génitif qu'au nominatif , comme *virtus* , *virtutis* , la vertu , ont le génitif en *um*. Mais ce cas est en *ium* , dans *cohors* , *cohortis* , la cohorte ; *fornax* , *acis* , la fournaise ; *palus* , *udis* , le marais ; *Quiris* , *itis* , le Romain ; *Samnis* , *itis* le Samnite. Mais par syncope on supprime quelque fois *i* à ce cas en *ium* , et l'on a *Quiritum* , la syncope est assez ordinaire dans les noms en *es* et en *is* , et surtout dans les mots en *ans* et en *ens*.

Les monosyllabes , c. à-d. les substantifs qui n'ont qu'une syllable au nominatif , comme *ars* (1) , g. *artis* ; *nox* , *noctis etc.* font leur génitif en *ium*. Exceptons *grips* , *griphis* , le grifon ; *lynx* , *lyncis* , le lynx ; *sphinx* , *sphingis* , le sphinx ; *pes* , *pedis* , le pied ; *ops* , *opis* , la ressource , qui le font en *um*.

Modèle de noms neutres.

SINGULIER.			PLURIEL.		
N.	Tempus ,	le temps.	N.	Tempor a ,	les Temps.
G.	Tempor is ,	du temps	G.	Tempor um ,	des Temps.
D.	Tempor i	au temps.	D.	Tempor ibus ,	aux Temps.
Abl.	Tempor e ,	du ou par le temps.	Abl.	Tempor ibus ,	des ou par les Temps.
Ac.	Tempus ,	le temps.	Ac.	Tempor a ,	les Temps.
V. ô	Tempus ,	ô Temps.	V. ô	Tempor a ,	ô Temps.

Radical *tempor* , figurative *r* du radical , désinence *is*.

Déclinez de même :

Corpus , oris ,	le corps,		Marmor , oris ,	le marbre.
Opus , eris ,	l'ouvrage.		Caput , itis ,	la tête.
Carmen , inis ,	le chant.		Jus , juris ,	le droit.

Ce dernier nom fait *ium* au génitif pluriel.

On a donné le genre neutre à tous les noms qui font *us* ,

(1) Au lieu de ars , glans, soror, miles, nox, l'on disait primitivement arts , glands, sorors , milits, nocts. Au moyen de la lettre *i* intercalée , le nominatif donne le génitif artis , glandis , l'on a même conservé honor , arbor , honos , arbos , pour honors , arbors , que repoussent l'usage et l'euphonie.

eris, *oris*, *en*, *inis*, comme *olus*, *oleris*, le légume ; *nemus*, *nemoris*, le bois : *fulmen*, *fulminis*, la foudre ; exceptons les noms suivans qui sont masculins : *lepus*, *oris*, le lièvre ; *pecten*, *pectinis*, le peigne ; *tibicen*, *tibicinis*, le joueur de flûte.

Sont aussi du neutre les noms grecs en *ma*, *matis* : *poëma*, *poëmatis*, le poëme ; *diadema*, *diadematis*, le diadème. Ces noms ont au datif et à l'ablatif pluriel la double désinence *is* ou *ibus* : *poëmatis*, *poëmatibus*.

Sont aussi neutres, excepté les noms d'hommes, les noms en *al*, *ar*, *e*, comme *tribunal*, *alis*, le tribunal ; *lacunar*, *aris*, le plafond ; *cubile*, *is*, le lit. Tous ces noms prennent *i* pour désinence à l'ablatif singulier, *tribunali*, etc. Pour cette raison leurs trois cas semblables seront en *ia*, au pluriel, *tribunalia*, etc. et leur génitif en *ium*, *tribunalium*, etc. Telle sera aussi la désinence plurielle de *mille*, mille, indéclinable au singulier.

Noms irréguliers.

Amussis,	la règle.	Basis,	la base.
Gummis,	la gomme.	Pelvis,	le bassin.
Ravis,	l'enrouement.	Securis,	la hache.
Sitis,	la soif.	Tussis,	la toux.
Neapolis,	Naples.	Araris,	la Saône.
Tiberis,	le Tibre.	Vis,	la force.

Ce dernier nom fait au pluriel *vires*, *ium*.

Clavis, la clef, *sementis*, la semaille, ont l'accusatif en *em* ou en *im*.

Les noms *puppis*, la poupe ; *aqualis*, une aiguière ; *restis*, le câble ; *febris*, la fièvre ; *turris*, la tour, font plutôt leur accusatif en *im* qu'en *em*.

Mais *navis*, le vaisseau, *strigilis*, l'étrille, font plutôt *em* que *im*.

Les noms en *asis*, *esis*, *isis*, tirés du grec, ont l'accusatif en *im*, *in*. De plus leur génitif singulier est en *is* ou en *eos* ; *hæresis*, g. *is* ou *eos* ; leur génitif pluriel en *eon*, *hæreseon*, désinence grecque.

Heros, le héros, prend les terminaisons de *soror* ; de-plus, il peut prendre *a*, *heroa*, à l'accusatif singulier, *as*, *heroas*, à l'accusatif pluriel.

Ainsi se déclineront les noms tirés du grec :

𝟣°. En *yx*, *ygis* : *Phryx*, *ygis*, le Phrygien.

2°. Les noms de nation en *o* : *Macedo*, *onis*, le Macé-donien. L'accusatif pluriel en *as* est plus usité.

3°. En *as adis* : *Pallas*, *adis*, Minerve ; *Arcas adis*, Arcadien.

4°. En *er* : *aër*, *aeris*, l'air ; *œther*, *eris*, l'atmosphère ; *crater*, *eris*, la coupe.

5°. En *is*, *idis* : *Phyllis*, *idis*, Phyllis; *Amarillis*, *idis*, Amarillis ; *Iris*, *Iridis*, l'arc-en-ciel; *Tigris*, *Idis*, le Tigre; on dit aussi *irim*, *Tigrim*.

Mais les noms propres masculins font mieux *im* ou *in* : *Daphnis*, *im*, *in* ; de plus le vocatif des noms propres en *is* peut faire *i*, *ô iri*.

Voici des noms de la seconde et de la troisième déclinaison qui changent de genre et quelque fois de déclinaison au pluriel.

SINGULIER.		PLURIEL.
Avernus , m.	l'Averne.	Averna , orum.
Carbasus , m. et f.	la voile.	Carbasa , orum.
Jocus , m.	la raillerie.	Joci et joca , orum.
Locus , m.	le lieu.	Loci et loca , orum.
Sibilus , m.	le sifflement.	Sibila , orum.
Tartarus , m.	le Tartare.	Tartara , orum.
Balneum ,	le bain.	Balneæ , arum , balnea , orum.
Delicium ,	le délice.	Deliciæ , arum.
Epulum ,	le banquet.	Epulæ , arum.
Cœlum ,	le ciel.	Cœli , orum.
Elysium ,	l'Elysée.	Elysii , orum.
Jugerum ,	l'arpent.	Jugera, um.
Frenum ,	le frein.	Freni , m. et frena , orum.

Rastrum ,	le rateau.	Rostri , m.. et rostra , orum.
Supellex , lectilis f. ,	le meuble.	Supellectilia , ium.
Vas , vasis ,	le vase.	Vasa , vasorum.
Sal , is , m. et n.	sel ou mer.	Sales , salium , railleries fines.
Pinus , ûs , f.	pin (arbre).	Pini , orum.

Voici des noms qui n'ont point de singulier :

Facetiæ , arum ,	plaisanteries.
Nugæ , arum ,	bagatelles.
Athenæ , arum ,	Athènes.
Nuptiæ , arum ,	nôces.
Divitiæ , arum ,	richesses.
Grates , um ,	remerciemens.
Vepres , ium ,	buissons.

Voici des noms défectueux.

Inficias , acc. plur.	déni , réfus.
Ingratiis , abl. plur.	malgré soi.

Il y a des noms indéclinables aux deux nombres comme *nequam* , un vaurien.

Les noms d'hommes , d'âge et de métaux n'ont point de pluriel : Petrus , Pierre ; juventus , la jeunesse ; aurum , l'or.

Plusieurs mots français en *teur* et en *trice* sont tirés des mots latins en *tor* et en *trix* , comme *imperator* , *imperatrix* , empereur , impératrice ; *tutor* , *tutrix* , tuteur , tutrice.

Le latin a beaucoup de diminutifs qui ont une grâce particulière :

Adolescens , jeune-homme ; adolescentulus , très jeune-homme. Filius , fils ; filiolus , fils chéri. Ager , un champ ; agellus , un petit champ. Domus , maison ; domuncula , maisonnette. Homo , homme ; homunculus , petit homme. Capra , chèvre ; capella petite chèvre. Avis . oiseau ; avicula , petit oiseau.

QUATRIÈME DÉCLINAISON.

La quatrième déclinaison a le génitif singulier en *ûs*.

SINGULIER.			PLURIEL.		
N.	Man us , f.	la main.	N.	Man us ,	les mains.
G.	Man ûs ,	de la main.	G.	Man uum ,	des mains.
D.	Man ui ,	à la main.	D.	Man ibus ,	aux mains.
Abl.	Man u ,	de ou par la main.	Abl.	Man ibus ,	des ou par les mains.
Ac.	Man um ,	la main.	Ac.	Man us ,	les mains,
V.	ô Man us ,	ô main.	V.	ô Man us ,	ô mains.

Radical *man* ; figurative *n* du radical ; désinence *us*.

Déclinez de même :

Fructus , ûs ,	le fruit.		Visus , ûs	la vue.
Currus , ûs ,	le char.		Nexus , ûs ,	le nœud.

Cette terminaison ne désigne que des noms masculins , excepté manus , pinus , pin ; porticus , le portique ; tribus , la tribu ; specus , la caverne , qui sont féminins.

Les noms en *u* sont aussi de la quatrième déclinaison. Ils ne sont déclinables qu'au pluriel et ils sont neutres.

SINGULIER.			PLURIEL.		
N.	Gen u ,	le genou.	N.	Gen ua ,	les genoux.
G.	Gen u ,	du genou.	G.	Gen uum ,	des genoux.
D.	Gen u ,	au genou.	D.	Gen ibus ,	aux genoux.
Abl.	Gen u ,	de ou par le genou.	Abl.	Gen ibus ,	des ou par les genoux.
Ac.	Gen u ,	le genou.	Ac.	Gen ua ,	les genoux.
V.	ô Gen u ,	ô genou.	V.	ô Gen ua ,	ô genoux.

(1) La quatrième déclinaison n'est autre chose qu'une contraction de la troisième. En effet , si manus n'était pas contracté , il se déclinerait ainsi : N. manus ; — G. manuis ; — D. manui ; — Abl. manue ; Acc. manuem ; — plur. N. et Acc. manues ; — G. manuum ; — D. et Abl. mannibus.

Radical *gen* ; figurative *n* du radical ; terminaison *u*.

Déclinez de même :

Cornu , la corne.   Tonitru , le tonnerre.   Gelu , la gelée.

Jesus , Jesus , fait à l'accusatif Jesum ; aux autres cas il fait Jesu.

Les neuf noms suivans font *ubus* au datif et à l'ablati. pluriel.

Arcus , ûs , l'arc.	Partus , ûs , l'enfantement.
Artus , ûs , la jointure.	Portus , ûs , le port.
Lacus , ûs , le port.	Quercus , ûs , le chêne.
Specus, m. et f. , la caverne.	Tribus, f., la tribu.
Veru , la broche.	

Domus admet les désinences de la seconde et de la quatrième déclinaison. Il se décline de la manière suivante :

SINGULIER.		PLURIEL.	
N. (1) Dom us ,	la maison.	N. Dom us ,	les maisons.
G. Dom ûs *et* i,	de la maison.	G. Dom orum*et*uum,	des maisons.
D. Dom ui *et* o ,	à la maison.	D. Dom ibus ,	aux maisons.
Abl. Dom o ,	de ou par la maison.	Abl. Dom ibus ,	des ou par les maisons.
Ac. Dom um ,	la maison.	Ac. Dom us ,	les maisons.
V. ô Dom us	ô maison.	V. ô Dom us ,	ô maisons.

CINQUIÈME DÉCLINAISON.

La cinquième déclinaison a le génitif singulier en *ei*.

SINGULIER.		PLURIEL.	
N. Di es , m. et f. ,	le jour.	N. Di es ,	les jours.
G. Di eï ,	du jour.	G. Di erum ,	des jours.

(1) Tolle *me* , *mu* , *mis* , si declinare *domus* vis. Abstedius.

SINGULIER.   PLURIEL.

D.	Di ei,	au jour.	D.	Di ebus,	aux jours.
Abl.	Di e,	de ou par le jour.	Abl.	Di ebus,	des ou par les jours.
Ac.	Di em,	le jour.	Ac.	Di es,	les jours.
V.	ô Di es,	ô jour.	V.	ô Di es,	ô jours.

Radical *di* ; figurative *i* du radical ; désinence *es*.

Déclinez de même :

Facies, eï,	la figure.	Glacies, eï,	la glace.
Species, eï,	l'apparence.	Effigies, eï,	le portrait.
Res, eï,	la chose.	Series, eï,	la suite.

Cette déclinaison n'a que des noms féminins , excepté *dies* qui est masculin et féminin.

Si deux noms sont unis comme senatûs-consultum , g. sena-tûs-consulti , le décret du sénat , on ne décline que le second. De même plebiscitum , le décret du peuple ; fidei-commis-sum , le dépôt ; juris-peritus , i , le jurisconsulte ; adeodatus , dieudonné.

Dans les suivans on ne décline que le premier des deux' : pater-familiâs , g. patris-familiâs , le père de famille ; mater-familiâs , la mère de famille.

Dans toutes les déclinaisons les datifs et ablatifs pluriels sont semblables , ainsi que les nominatifs et vocatifs pluriels.

RÈGLE DES NOMS.

Un nom seul.

Si l'article *le* , *la* , *les* , est devant un nom , mettez en latin ce nom au nominatif singulier ou pluriel. L'on n'ex-prime jamais l'article.

Exemple : *Lã* rose , *rosa ; les* enfans , *pueri.*

Si *du, de la , des* , se trouve devant un nom , mettez en latin ce nom au génitif singulier ou pluriel.

Exemple : *De la* rose , rosæ ; *des* enfans , *puerorum.*

Si l'article *au , à la , aux* , se trouve devant un nom , mettez en latin ce nom au datif singulier ou pluriel.

Exemple : *A la* rose , rosæ ; *aux* enfans , pueris.

S'il y a *par le , par la , par les* , devant un nom , mettez en latin ce nom à l'ablatif singulier ou pluriel.

Exemple : *Par la* rose , rosâ ; *par les* enfans , pueris.

Si l'exclamation *ô* se trouve devant un nom , mettez ce nom au vocatif ;

Exemple : *O* seigneur ! *ô* domine !

Deux noms ensemble.

Deux noms français sont-ils de suite , comme *la rose fleur* ; mettez les en latin au même cas et au même nombre. Cet accord a lieu parcequ'on peut mettre *qui est* entre les deux noms.

Exemple : La rose *fleur* , c.-à-d. la rose *qui est* fleur , rosa flos.

Du seigneur *Dieu* , c.-à-d. du seigneur *qui est* Dieu , Domini Dei.

Aux enfans *écoliers* , c-.à-d. aux enfans *qui sont* écoliers , pueris discipulis.

Deux noms séparés par l'article.

L'article *de, du, des* , est-il entre deux noms , le second se met au même cas que le premier , lorsque *de, du, des* peut se tourner par *nommé.*

Exemple : La ville *de* Laon , c.-à-d. , la ville *nommée* Laon , urbs Laudunum.

Au fleuve *du* Rhône, c.-à-d., au fleuve *nommé* Rhône, flumini Rhodano.

Mais si *de*, *du*, *des* entre deux noms, peut se tourner par *propriété de*, le second se met nécessairement au génitif. Ex. :

La table *du* Seigneur, c.-à-d., la table *propriété du* Seigneur, mensa Domini.

Les roses fleurs *du* jardin, c.-à-d., les roses *qui sont* fleurs *propriété du* jardin, rosæ flores horti.

SECONDE ESPÈCE DE MOTS.

L'Adjectif(1).

L'adjectif est un mot qui s'ajoute au nom; il sert à marquer la qualité d'une personne ou d'une chose, comme le *bon* père, le livre *utile*. Ces mots *bon*, *utile*, sont des adjectifs qui expriment la qualité du père et la qualité du livre.

L'adjectif latin prend les trois genres. La terminaison *us* ou *er*, *a*, *um*, se rapporte à la première et à la seconde déclinaison, c.-à-d. à Dominus ou puer, rosa, templum. La troisième déclinaison a le génitif singulier en *is*.

MANIÈRE DE DÉCLINER L'ADJECTIF.

Première et seconde déclinaison.

SINGULIER.

N.	Bon us, *m.*	*bon.*	Bon a, *f.*	*bonne.*	Bon um, *n.*	*bon.*
G.	Bon i,		Bon æ,		Bon i,	
D.	Bon o,		Bon æ,		Bon o,	
Abl.	Bon o,		Bon à,		Bon o,	

---

(1) Adjectif; adjectivus, qui s'ajoute; de *adjicere*, ajouter. On connaît un adjectif quand on peut y joindre le mot *personne* ou *chose*. *Habile*, *agréable*, sont des adjectifs, parce qu'on peut dire : *personne* habile, *chose* agréable.

| Ac. | Bon um, | Bon am, | Bon um, |
| V. | ô Bon e, | ô Bon a, | ô Bon um., |

PLURIEL.

N.	Bon i, *bons.*	Bon æ , *bonnes.*	Bon a, *bons.*
G.	Bon orum,	Bon arum ,	Bon orum ,
D.	Bon is ,	Bon is,	Bon is,
Abl.	Bon is ,	Bon is,	Bon is,
Ac.	Bon os ,	Bon as ,	Bon a,
V.	ô Bon i ,	ô Bon æ ,	ô Bon a ,

Déclinez de même :

Sanctus, a, um, saint, sainte, saint.	Timidus , a , um , timide.
Plenus, a, um, plein, pleine, plein.	Doctus , a , um , savant, savante.
Humidulus, a, um , un peu humide.	Humidus , a , um , humide.
Nigellus , a , um , noirâtre.	Subrusticus , a, um, un peu grossier.

SINGULIER.

N.	Niger, *m. le Noir.*	Nigr a, *f. la Noire.*	Nigr um, *n. le Noir.*
G.	Nigr i ,	Nigr æ ,	Nigr i ,
D.	Nigr o ,	Nigr æ ,	Nigr o ,
Abl.	Nigr o ,	Nigr â ,	Nigr o ,
Ac.	Nigr um ,	Nigr am ,	Nigr um ,
V.	ô Niger ,	ô Nigr a ,	ô Nigr um.

PLURIEL.

N.	Nigr i , *les noirs.*	Nigr æ , *les noires.*	Nigr a , *les noirs.*
G.	Nigr orum ,	Nigr arum,	Nigr orum,
D.	Nigr is ,	Nigr is ,	Nigr is ,
Abl.	Nigr is,	Nigr is,	Nigr is,
Ac.	Nigr os ,	Nigr as ,	Nigr a ,
V.	ô Nigr i,	Nigr æ,	ô Nigr a.

Déclinez de même :

Pulcher, chra,chrum, beau,belle.   Miser,ra,rum, malheureux,malheureuse.

Troisième déclinaison.

1.° Cette déclinaison a des adjectifs qui n'ont qu'une terminaison pour les trois genres, excepté l'accusatif.

SINGULIER.

N. Prudens , *m. f. n.*
le prudent, la prudente , le prudent.

G.	Prudent ium ,	} *m. f. n.*
D.	Prudent ibus ,	
Abl.	Prudent ibus ,	

Ac. Prudent em , *m. f.* Prudens , *n.*
V. ô Prudens , *m. f. n.*

PLURIEL.

N. Prudentes, *m. f.* prudentia, *n.*
les prudens, les prudentes, les prudens.

G.	Prudent ium ,	} *m. f. n.*
D.	Prudent ibus ,	
Abl.	Prudent ibus ,	

Ac. Prudent es, *m. f.* prudent ia, *n.*
V. ô Prudent es, *m. f.* ô prudent ia, *n.*

Déclinez de même :

Sapiens , tis , sage.
Diligens , tis , diligent.
Felix , cis , heureux.

Velox , cis , prompt.
Audax , cis , hardi.
Vecors , cordis , insensé.

Mais l'ablatif est toujours en *e* dans les adjectifs suivans :
hospes , sospes , pubes , senex , pauper.

Les adjectifs en *ens* et en *ans* peuvent contracter leur
génitif pluriel en *ûm*. Frequentûm etc. Mais certains adjectifs dérivés d'un nom se déclinent comme ce nom : illex ,
génitif , illegis , vivant sans lois ; quadrupes , edis , muni de
quatre pieds ; Sonipes , edis , muni de pieds bruyants ; etc.

2.° Cette déclinaison a des adjectifs qui ont deux terminaisons : la première en *is* est pour le masculin et le féminin ;
l'autre en *e* est pour le neutre , comme :

SINGULIER.

N. Fort is, *m. f.*, Fort e , *n.*
   le courageux , la courageuse, le
   courageux.
G. Fort is,
D. Fort i , } *m. f. n.*
Abl. Fort i
Ac. Fort em, *m. f.*, Fort e , *n.*
V. ô Fort is, *m. f.*, ô Fort e , *n.*

PLURIEL.

N. Fort es, *m. f.*, Fortia , *n.*
   les courageux , les courageuses,
   les courageux.
G. Fort ium ,
D. Fort ibus, } *m. f. n.*
Abl. Fort ibus ,
Ac. Fort es, *m. f.*, Fort ia , *n.*
V. ô Fort es , *m. f.*, ô Fort ia, *n.*

Déclinez de même :

Facilis, *m. f.*, facile , *n.*, facile.
Levis , *m. f.*, leve , *n.*, léger.
Dulcis, *m. f.*, ce , *n.*, doux.

Comis , *m. f.*, me , *n.*, poli.
Agrestis , *m. f.*, te , *n.*, champêtre.
Utilis, *m. f.*, le , *n.*, utile.

3.° Cette déclinaison a des adjectifs qui ont trois terminaisons , une pour chaque genre , comme :

SINGULIER.

N. Celeber *m.*, br is *f.*, br e *n.*
   le célèbre , la célèbre , le célèbre.
G. Celebr is,
D. Celebr i, } *m. f. n.*
Abl. Celebr i,
Ac. Celebr em, *m. f.*, Celebr e , *n.*
V. ô Celeber, ô celebr is, ô celebr e.

PLURIEL.

N. Celebr es, *m. f.* br ia *n.*
   les célèbres.
G. Celebr ium ,
D. Celebr ibus, } *m. f. n.*
Abl. Celebr ibus ,
Ac. Celebr es , *m. f.*, celebr ia , *n.*
V. ô Celebr es, *m. f.*, ô celebr ia, *n.*

2.

Déclinez de même :

m.	f.	n.		m.	f.	n.
Saluber(1) , bris , bre , *salutaire*.				Celer , ris, re , *prompt , prompte, p.*		
Acer , acris, acre , *vif , vive, vif*.				Alacer , cris , cre, *actif, active, actif*.		

ACCORD DE L'ADJECTIF AVEC LE NOM.

Pater Bonus. Tout adjectif se met au même genre, au même nombre et au même cas que le nom auquel il est joint. Ex. :

SINGULIER.

m.	f.	n.
Pater bonus ,	mater bona ,	exemplum bonum ,
le père bon.	*la mère bonne.*	*l'exemple bon.*
Patris boni,	matris bonæ ,	exempli boni,
du père bon.	*de la mère bonne.*	*de l'exemple bon.*
Patri bono ,	matri bonæ,	exemplo bono,
au père bon.	*à la mère bonne.*	*à l'exemple bon.*
Patre bono ,	matre bonâ ,	exemplo bono ,
du ou par le bon père.	*de ou par la mère bonne.*	*de ou par l'exemple bon.*
Patrem bonum ,	matrem bonam ,	exemplum bonum ,
le père bon.	*la mère bonne.*	*l'exemple bon.*
ô Pater bone ,	ô mater bona ,	ô exemplum bonum ;
ô père bon.	*ô mère bonne.*	*ô exemple bon.*

PLURIEL.

Patres boni ,	matres bonæ,	exempla bona ,
les pères bons.	*les mères bonnes.*	*les exemples bons.*
Patrum bonorum ,	matrum bonarum ,	exemplorum bonorum,
des pères bons.	*des mères bonnes.*	*des exemples bons.*
Patribus bonis ,	matribus bonis ,	exemplis bonis ,
aux pères bons.	*aux mères bonnes.*	*aux exemples bons.*
Patribus bonis ,	matribus bonis ,	exemplis bonis ,
des pères bons.	*des mères bonnes.*	*des exemples bons.*
Patres bonos ,	matres bonas ,	exempla bona ,
les pères bons.	*les mères bonnes.*	*les exemples bons.*
ô Patres boni ,	ô matres bonæ ,	ô exempla bona ,
ô pères bons.	*ô mères bonnes.*	*ô exemples bons.*

On sera certain de la concordance de l'adjectif avec le nom , si l'on peut placer *qui est* ou *qui sont*, entre l'adjectif et le nom. Ex. :

---

(1) La terminaison en *is* s'emploie aussi au masculin , mais très-rarement.

Le père bon , c.-à-d. , le père *qui est* bon , Pater bonus ;
les mères bonnes , c.-à-d. , les mères *qui sont* bonnes , ma-
tres bonæ.

SINGULIER.

N. Labor brevis,   hora brevis,   tempus breve ,
    le travail court. *l'heure courte.*   *le temps court.*
G. Laboris brevis,   horæ brevis,   temporis brevis, etc.

PLURIEL.

N. Labores breves ,   horæ brèves ,   tempora brevia ,
    les travaux courts. *les heures courtes.* *les temps courts.*
G. Laborum brevium ,   horarum brevium ,   temporum brevium, etc.

Les mots respublica , gén. , reipublicæ, la république ; jus-
jurandum , gén. , jurisjurandi, le serment ; rosmarinus , gén.,
rorismarini , le romarin ; Jesus Christus , gén. , Jesu Christi,
Jésus-Christ , sont des noms accompagnés d'un adjectif.

DÉGRÉS DE QUALIFICATION.

On distingue dans les adjectis trois dégrés de qualification ,
ou manières de qualifier un objet : le *Positif* , le *Comparatif* , et le *Superlatif.*

Du Positif (1). L'adjectif est au positif, lorsque cet adjectif
exprime la simple qualité comme *savant* , *utile* , doctus , utilis.

Du Comparatif. L'adjectif est au comparatif , lorsqu'il
marque la qualité à un dégré *plus haut* , comme *plus* savant ;
plus utile , doctior, utilior.

Le comparatif latin se forme du cas en *i* , auquel on ajoute
or pour le masculin et le féminin , et *us* pour le neutre. Ainsi
du gén. sancti , on a sanctior, m. et f. , plus saint , plus
sainte ; sanctius , n. ; gén. sanctioris , pour les trois genres.
Ainsi du datif utili , on a utilior , m. et f. ; utilius , n. , plus
utile ; gén. utilioris pour les trois genres. Le masculin et le
féminin se déclinent comme soror , le neutre comme corpus.
Mais l'ablatif est en *i* ou en *c.*

---

(1) De ponere, établir , poser ; gradus positivus , premier dégré , base.

Mettez au comparatif les adjectifs suivans et déclinez-les :

Comp. mas. et fém.   *neut.*

Latus , large; gén. lati ,   latior ,   latius, plus large.
Diligens , dat. diligenti ,   gentior ,   gentius, plus diligent
Utilis , dat. utili ,   utilior ,   utilius, plus utile.

Accord du comparatif (1) *avec le nom.*

Le comparatif suit la règle de l'adjectif, et s'accorde aussi en genre, en nombre et en cas avec le nom au quel il est joint. Pour s'assurer avec quel nom le comparatif s'accorde, on place *qui est* ou *qui sont* avec le comparatif. Exemple :

SINGULIER.

	m.	*f.*	*n.*
N.	Rex nobilior, *le roi plus noble,*	regina nobilior, *la reine plus noble,*	donum nobilius. *le don plus noble.*
G.	Regis nobilioris,	reginæ nobilioris,	doni nobilioris.
D.	Regi nobiliori,	reginæ nobiliori,	dono nobiliori.
Abl.	Rege nobiliore *ou* i,	reginâ nobiliore *ou* i,	dono nobiliore ou i.
Ac.	Regem nobiliorem,	reginam nobiliorem,	donum nobilius.
N. ô	Rex nobilior,	ô regina nobilior,	ô donum nobilius.

PLURIEL.

N.	Reges nobiliores, *les rois plus nobles.*	reginæ nobiliores, *les reines plus nobles,*	dona nobiliora, *les dons plus nobles.*
G.	Regum nobiliorum,	reginarum nobiliorum,	donorum nobiliorum.
D.	Regibus nobilioribus,	reginis nobilioribus,	donis nobilioribus.
Abl.	Regibus nobilioribus,	reginis nobilioribus,	donis nobilioribus.
A.	Reges nobiliores,	reginas nobiliores,	dona nobiliora.
V. ô	Reges nobiliores,	ô reginæ nobiliores,	ô dona nobiliora.

Du Superlatif (2). L'adjectif est au *superlatif*, lorsqu'il marque la qualité dans un *très-haut* dégré ou dans *le plus haut* dégré, comme *très*-savant, doctissimus; *le plus* utile, utilissimus.

(1) De comparare , comparer. Gradus comparativus , dégré où l'adjectif exprime comparaison ou balancement entre deux objets. Il y a trois sortes des comparatifs : celui d'égalité : pain *aussi* blanc *que* la neige; celui de supériorité : pain *plus* blanc *que* la neige ; et celui d'infériorité : pain *moins* blanc *que* la neige. Nous ne parlons ici que du comparatif de supériorité.

(2) *Superlativus,* de superlatu , sup. de superferri , *être élevé pardessus.*

Le superlatif (1) latin se forme du cas en *i* auquel on ajoute *ssimus, a, um.* Ainsi du génitif docti, on formera doctissimus, a, um, très-savant: ainsi du datif utili, on formera utilissimus, a, um, très-utile.

Les adjectifs en *er* forment leur superlatif du nominatif masculin, en ajoutant *rimus, a, um*: miser, malheureux; superlatif miserrimus, a, um, très-malheureux; pulcher, beau; superl. pulcherrimus, a, um, très-beau.

Neuf adjectifs en *lis* forment leur superlatif en *illimus*: gracilis, mince; imbecillis, faible; agilis, léger; humilis, humble; facilis, facile; difficilis, difficile; similis, semblable; dissimilis, différent; verisimilis, vraisemblable; superl. gracillimus, humillimus, facillimus, etc.

Les adjectifs en *dicus, ficus, volus*, forment leur comp. en *entior*, m. f., *entius*, n., et leur superl. en *entissimus*: maledicus, médisant; maledicentior, m. f., maledicentissimus; mirificus, merveilleux; mirificentior; mirificentissimus; benevolus, bienveillant; benevolentior; benevolentissimus.

Les adjectifs suivans forment irrégulièrement leur comparatif et leur superlatif :

Positif.	Comparatif.	Superlatif.
Bonus, bon.	Melior, meilleur.	Optimus, très bon.
Malus, mauvais.	Pejor, plus mauvais.	Pessimus, très mauvais.
Magnus, grand.	Major, plus grand.	Maximus, très grand.
Parvus, petit.	Minor, plus petit.	Minimus, très petit.
Multus, quantité de.	Plus, plus de.	Plurimus, très grande quantité de.
Multi, beaucoup de.	Plures, plus de.	Plurimi, le plus de.
Pauci, peu de.	Pauciores, moins de.	Paucissimi, très peu de.
Intùs (ind.) au dedans.	Interior, intérieur.	Intimus, intime.
Exterus, étranger.	Exterior, extérieur.	Extremus ou extimus, extrême.

(1) On connaît le superlatif français, lorsque devant l'adjectif il y a *bien*, *très*, *fort*, *infiniment*, ou lorsque devant *plus* il y a *mon*, *ton*, *son*, *notre*, *votre*, *leur*, *le*, *la*, *les*: *mon plus* fidèle ami, c'est comme s'il y avait mon ami *le plus* fidèle, etc.

Le superlatif suit la règle de l'adjectif simple. Ex. :

Sing. Nom. Rex nobilissimus, regina nobilissima, donum nobilissimum.
Plur. Nom. Reges nobilissimi, reginæ nobilissimæ, dona nobilissima.

Citrà (prép.) en deçà.	Citerior, plus en deçà.	. . . .
Ultrà (prép.) au delà.	Ulterior, ultérieur.	Ultimus, très reculé.
Superus, d'en haut.	Superior, supérieur.	Supremus ou summus, suprême.
Inferus, placé en bas.	Inferior, inférieur.	Infimus ou imus, très bas.
Posterus, venant après.	Posterior, postérieur.	Postremus, dernier.
Antè (prép.) avant.	Anterior, antérieur.	. . . .
Propè (prép.) proche.	Propior, plus proche.	Proximus, très proche.
Nequam (ind.) méchant.	Nequior, plus méchant.	Nequissimus, très méchant.
Dives, riche.	Ditior, plus riche.	Ditissimus, très riche.
Juvenis, jeune.	Junior, plus jeune.	. . . .
Vetus, vieux.	Veterior, plus vieux.	Veterrimus, très vieux.

Les adjectifs qui ont pour figurative une de voyelles *e* , *i* , *u* , comme i done us, propre à ; nécessari us, nécessaire ; continu us, continuel, n'ont ni comp. ni superl. On exprime *plus* par *magis* ; *le plus*, etc. , par maximè, valdè, admodùm, perquàm. Exemple :

Magis pius, plus pieux ; maximè pius, très-pieux.

Il y a même de doubles superlatifs : longè augustissimus, infiniment auguste ; peroptimus, souverainement bon.

Les adjectifs sont quelquefois modifiés par des prépositions qui en augmentent ou diminuent la signification : Les prépositions *per*, *tout-à-fait*, et *præ*, *avant tout*, donnent à l'adjectif la force superlative : pergravis, prægravis sont équivalens à gravissimus, très grave. La préposition *sub*, *sous*, diminue la signification de l'adjectif. Amarus, amer ; subamarus, un peu amer. La préposition *in*, comme négative, indique l'absence de la qualité renfermée dans l'adjectif : doctus, savant ; indoctus, ignorant ; prudens, prudent ; imprudens, imprudent ; mitis, doux ; immitis, cruel ; gnarus, instruit ; ignarus, ignare ; licitus, permis ; illicitus, illicite ; reparabilis, réparable ; irreparabilis, irréparable. La préposition *in*, comme augmentative, signifie *dans*, *sur*, *contre* : latus, porté ; illatus, porté dans, sur ou contre.

Certains noms deviennent adjectifs, étant précédés de certaines particules. Mens, raison ; amens, demens, adjectif, privé de raison. Animus, souffle ; exanimus, inanimé. Unanimis, unanime. Spes, espérance ; exspes, privé d'espérance. Os, g. ossis, un os ; exos, privé d'os. Sors, partage ; exsors, exclu du partage. Sanguis, sang ; exsanguis, privé de sang ;

Cor , cœur; vecors , privé de courage. Pes , pied; bipes , pourvu de deux pieds. Manus , main; centimanus, pourvu de cent mains. Ces adjectifs n'ont ni comp. ni superl. , excepté vecors qui fait vecordissimus.

Ne donnez ni comp. , ni superl. aux adjectifs en *gus*, febrifugus; en *mus*, legitimus; en *fer*, lucifer; ni aux part. en *dus*, amandus; en *us*, amatus; en *ans*, amans; en *ens*, legens; exceptez quelques-uns en *ans* et en *us*, lorsqu'ils sont réputés adjectifs.

Il en est de même des adjectifs dérivés de noms de provinces, Asiaticus, Asiatique ; dérivés de noms de villes, Romanus, Romain ; Atheniensis, Athénien; dérivés de noms d'arbres , laureatus , orné de lauriers ; dérivés de noms de fleuves , Tiberinus , du Tibre; Alliensis , d'Allia , etc.

Accord du Superlatif avec le Nom.

Le superlatif suit la règle de l'adjectif, et s'accorde aussi en genre , en nombre et en cas avec le nom auquel il est joint. Pour s'assurer avec quel nom le superlatif s'accorde, on peut placer ces mots *qui est* ou *qui sont* entre le nom et le superlatif. Exemples :

Le disciple fort diligent, c'est-à-dire, *qui est* fort diligent : discipulus diligentissimus.

Les hommes très-habiles , c'est-à-dire, *qui sont* très-habiles : viri peritissimi.

ADJECTIFS DE NOMBRE.

Les adjectifs de nombre servent à indiquer le nombre ou le rang des choses. Il y en a de deux sortes : les adjectifs *Cardinaux* (1) qui fixent simplement le nombre , comme un , deux , trois , unus , duo , tres etc. Le reste est indéclinable jusqu'à cent ; les adjectifs *Ordinaux* (2) qui expriment

---

(1) De cardo , cardinis , m. gond , pivot. Les nombres *cardinaux* sont , pour ainsi dire , le *pivot* sur lequel roulent les adjectifs *ordinaux* : un , *unième* , deux — *deuxième*.

(2) De ordo , ordinis ; ordre , rang.

l'ordre et le rang ; premier , second , troisième , primus , secundus , tertius etc. déclinables partout.

Sing. N. unus, una , unum , un. G. unius. D. uni. Abl. uno , unâ, uno. Ac. unum , unam , unum. (1)

La désinence de unus s'adapte à quelques adjectifs *indéterminés* :

Ullus, ulla, ullum, (sans nég.) aucun. gén. ullius, dat.ulli,etc.

Alius , alia , aliud , autre. gén. alius , dat. alii , etc.

Alter, altera, alterum, autre, gén. alterius, dat. alteri , etc.

Uter , utra , utrum , lequel des deux, gén. utrius , dat. utri , etc.

Uterque , utraque , utrumque , l'un et l'autre ; gén. utriusque , dat. utrique, etc.

Alteruter , alterutra , alterutrum , l'un ou l'autre ; gén. alterutrius , dat. alterutri , etc.

Neuter , neutra , neutrum , ni l'un , ni l'autre ; gén. neutrius , dat. neutri , etc.

Plur. Nom. Duo , duæ , duo , deux ; gen. duorum , duarum , duorum ; dat. et abl. duobus , duabus , duobus ; acc. duos , duas , duo. De même ambo , ambæ , ambo , tous deux.

Plur. nom. et acc. tres *m.* et *f.* tria *n.* trois ; gén. trium , dat. et abl. tribus.

ADJECTIFS ET ADVERBES CARDINAUX.		ADJECTIFS ORDINAUX.
Unus , a , um , un.	Semel , 1 fois.	Primus , a , um , 1.er
Duo , æ , o, deux.	Bis, 2 f.	Secundus, 2.e
Tres , trois.	Ter , 3 f.	Tertius , 3.e
Quatuor , quatre,	Quater , 4 f.	Quartus , 4.e
Quinque , cinq.	Quinquies , 5 f.	Quintus , 5.e
Sex , six.	Sexies , 6 f.	Sextus , 6 •
Septem , sept.	Septies, 7 f.	Septimus , 7.e
Octo , huit.	Octies, 8 f.	Octavus , 8.e
Novem , neuf.	Novies , 9 f.	Nonus , 9.e
Decem , dix.	Decies , 10 f.	Decimus , 10.e
Undecim , onze.	Undecies, 11 f.	Undecimus , 11.e
Duodecim , douze.	Duodecies , 12f.	Duodecimus , 12.e

(1) Quelquefois unus prend un pluriel : *una* castra . un camp ; bina castra , deux camps.

Tredecim , treize.	Tredecies . 13 f.	Tredecimus , 13.e
Quatuordecim , quatorze.	Quatuordecies . 14 f.	Decimus quartus, 14.e
Quindecim, quinze.	Quindecies , 15 f.	Decimus quintus, 15.e
Sexdecin , seize.	Sexdecies, 16 f.	Decimus sextus, 16.e
Septemdecim , dix-sept.	Decies et septies , 17 f.	Decimusseptimus,17.e
Octodecim , dix-huit. (1)	Decies et octies , 18 f.	Decimus octavus ,18.e
Novemdecim , dix-neuf.	Decies et novies , 19 f.	Decimus nonus , 19.a
Viginti , vingt.	Vicies, 20 f.	Vigesimus , 20.e
Unus et viginti , vingt-un	Vicies et semel , 21 f.	Viges.(2)primus , 21.e
Triginta , trente.	Tricies , 30 f.	Trigesimus . 30.e
Unus et triginta, trente-un.	Tricies et semel , 31 f.	Triges. primus . 31.e
Quadraginta , quarante.	Qudragies , 40 f.	Quadragesimus , 40.e
Quinquaginta , cinquante.	Quinquagies , 50 f.	Quinquagesimus , 50.e
Sexaginta , soixante.	Sexagies , 60 f.	Sexagesimus , 60.e
Septuaginta , soixante-dix.	Septuagies , 70 f.	Septuagesimus , 70.e
Octoginta , quatrevingt.	Octogies , 80 f.	Octogesimus , 80.e
Nonaginta,quatrevingt-dix.	Nonagies , 90 f.	Nonagesimus , 90.e
Centum , cent.	Centies , 100 f.	Centesimus . 100.e
Centum et unus , cent-un.	Centies etsemel, 101 f.	Centes. primus , 101.e
Ducenti , æ , a , deux cens.	Ducenties , 200 f.	Ducentesimus . 200.e
Quinginti , cinq cens.	Quingenties , 500 f.	Quingentes. , 500.e
Nongenti , neuf cens.	Noningenties , 900 f.	Noningentes. , 900.e
Mille , mille,	Millies , 1000 f.	Millesimus , 1000.e
Duo millia , deux mille.	Bis millies , 2000 f.	Bis millesimus. 2000.e

Un million (ou dix fois cent mille) mille millia *ou* decies centum millia , suivi d'un génitif.

Deux millions d'écus (ou vingt fois cent mille écus) bis mille millia nummûm.

Trois millions (ou trente fois cent mille) ter mille milla.

Cent millions (ou cent mille fois mille) centies mille millia.

Nombre double et multiple.

Simplex , simple ; duplex , double ; triplex , triple ; decuplex , décuple etc. formé de *semel plicare* , plier en un ; *duo plicare ;* plier en deux etc.

Bifariàm , en deux ; trifariam en trois.

Biennium , l'espace de deux ans (bis annus). etc.

---

(1) On dit aussi duodeviginti , deux ôtés de vingt, c.-à-d. 18, Undeviginti , un ôté de 20 , c.-à-d. 19.

(2) Mais ou dira primus *et* vigesimus , en se servant de *et*.

TROISIÈME ESPÈCE DE MOTS.

Le Pronom (1).

Le pronom est un mot que l'on met à la place du nom, comme *je*, *tu*, *il*, *elle*, *mon*, *ton*, *son*, etc.

Il y a sept sortes de pronoms : les pronoms personnels, un pronom réfléchi, les pronoms adjectifs, les pronoms possessifs, un pronom relatif, les pronoms interrogatifs et les pronoms indéterminés.

Pronoms personnels.

Ces pronoms sont ainsi nommés, parce qu'ils remplacent les personnes.

Il y a trois personnes : la première est celle qui parle : *ego*, je ; *nos*, nous ; la seconde est celle à qui l'on parle : *tu*, toi ; *vos*, vous ; la troisième est celle de qui l'on parle : *ille*, *illa*, il, elle ; au pluriel *illi*, *illæ*, ils, elles. Comme *je* lis, *tu* lis, *il* lit, *nous* lisons ; *vous* lisez, *ils* lisent.

Pronom de la première personne, pour les trois genres.

SINGULIER. (2)	PLURIEL.
N. Ego, je *ou* moi.	N. Nos, nous.
G. Meî, de moi.	G. Nostrûm *ou* nostrî, de nous.
D. Mihi, à moi.	D. Nobis, à nous.
Abl. Me, de *ou* par moi.	Abl. Nobis, de *ou* par nous.
Ac. Me, moi *ou* me (3).	Ac. Nos, nous.
Sans vocatif.	V. ô Nos, ô nous.

(1) De *pro* à la place de et *nomen*, nom ; mot tenant la place du substantif. L'emploi du *pronom* fait éviter la répétition du nom. Par exemple on dira : Charles X aime *ses* peuples ; *il les* comble de biens. Faute des pronoms *ses*, *il*, *les*, ne serait-il pas fastidieux de dire : Charles X aime les peuples de *Charles X* ; Charles X comble de biens les peuples de *Charles X*.

(2) On peut attacher la particule indéclinable *met* à tous les cas, et dire : egomet, etc. ; nosmet.

(3) On dit aussi me me.

Pronom de la seconde personne, pour les trois genres.

SINGULIER. (1)

N. Tu, tu *ou* toi.
G. Tuî, de toi.
D. Tibi, à toi.
Abl. Te, de *ou* par toi.
Ac. Te, toi *ou* te.
V. ô Tu, ô toi.

PLURIEL.

N. Vos, vous.
G. Vestrûm *ou* vestrî, de vous.
D. Vobis, à vous.
Abl. Vobis, de *ou* par vous.
Ac. Vos, vous.
V. ô Vos, ô vous.

Pronom de la troisième personne.

SINGULIER.

N. Hic, hæc, hoc, il, elle, celui-ci, celle-ci, ceci.
G. Hujus, de lui, d'elle, de celui-ci.
D. Huic, à lui, à elle, à celui-ci, etc.
Abl. Hoc, hâc, hoc, de *ou* par lui, etc.
Ac. Hunc, hanc, hoc, lui, elle, etc.

PLURIEL.

N. Hi, hæ, hæc, ils, elles, ceux ci, celles-ci.
G. Horum *m. n.*, harum, d'eux, etc.
D. His, à eux, à elles, à ceux-ci.
Abl. His, de *ou* par eux, elles, etc.
Ac. Hos, has, hæc, eux, elles, etc.

Ce pronom sert à montrer des objets plus rapprochés. On peut dire aussi hic ce, hæc ce, hoc ce, etc.

Autre pronom de la troisième personne.

SINGULIER.

N. Ille, illa, illud, il, elle, celui-là, celle-là.
G. Illius, de lui, d'elle, de celui-là.
D. Illi (2), à lui, à elle, etc.
Abl. Illo, illâ, illo, de *ou* par lui, etc.
Ac. Illum, illam, illud, lui, elle, etc.

PLURIEL.

N. Illi, illæ, illa, ils, elles, eux-là, celles-là.
G. Illorum, arum, orum, d'eux, etc.
D. Illis, à eux, à elles, etc.
Abl. Illis, de *ou* par eux, elles, etc.
Ac. Illos, illas, illa, eux, elles, etc.

Ce pronom sert à montrer des objets plus éloignés.

Déclinez de même :

Iste, ista, istud, il, elle, celui-ci, *ou* celui-là.
Ipse, ipsa, ipsum, même. Ce dernier est de toute personne.

---

(1) On dit aussi au n. tute, tutemet; g. tuimet; d. tibimet; abl. temet; ac. tete. Pluriel, vosmet, etc.

(2) En poësie, on dit aux datifs olli, ollis; au nominatif plur. m. olli.

Autre de la troisième personne. ~

SINGULIER.	PLURIEL.
N. Is , ea , id , il , elle , cela.	N. Ii *ou* ei , eæ , ea , ils , elles.
G. Ejus , de lui , d'elle , de cela.	G. Eorum *m. n.*, earum, d'eux, etc.
D. Ei , à lui , à elle , à cela.	D. Iis *ou* eis , à eux , à elles , etc.
Abl. Eo , cà , eo , de *ou* par lui , etc.	Abl. Iis *ou* eis , de *ou* par eux , etc.
Ac. Eum , eam , id , lui , elle , cela.	Ac. Eos , eas , ea , les , eux , etc.

Ainsi se décline :

Idem, eadem, idem , le même , la même.

Pronom réfléchi de la troisième personne.

Ce pronom n'a ni nominatif, ni vocatif, et il est des deux nombres et des trois genres.

SINGULIER et PLURIEL.

G. Suî , de soi , de lui-même , d'eux-mêmes , d'elles-mêmes.
D. Sibi , à soi , à lui-même , à eux-mêmes , à elles-mêmes.
Ac. Se , soi , se , lui-même , eux mêmes , elles-mêmes.
Abl. Se , de *ou* par soi , d'eux-mêmes , d'elles-mêmes.

Pronoms adjectifs.

Les pronoms personnels hic, ille, ipse, iste, is, idem, sont adjectifs, lorsqu'ils sont joints à un nom ou pronom. (1) comme hic liber, ce livre ; idem homo. le même homme ; homo ipse, l'homme même. Suî ipsius, de soi-même ; suî ipsorum, d'eux-mêmes ; suî ipsarum, d'elles-mêmes.

Pronoms possessifs.

Les pronoms possessifs sont ainsi nommés , parcequ'ils marquent la possession.

Du génitif singulier *mei* de moi, se forme le pronom qui marque la possession de la première personne singulière :

S. N. Meus, mea , meum , mon , ma ; le mien , la mienne.
   V. O mi, (rarement ô meus) ô mea , ô meum.

---

(1) Après hoc , id , istud , illud , il est élégant de mettre le nom au génitif : istud sceleris , ce crime.

Tous les autres cas, aux deux nombres comme bonus.

Ainsi se déclinent, sans vocatifs : 1.° tuus, tua, tuam, ton, ta ; le tien, la tienne. Formé du génitif tuî, et marquant la possession de la seconde personne singulière ; 2.° suus, sua, suum, son, sa ; le sien, la sienne, leur. Formé du génitif suî, de soi, et marquant la possession de la troisième personne singulière, liber suus, son livre, ou de la troisième personne plurielle : liber suus, leur livre ; 5.° cujus, cuja, um ? à qui ? cujus equus ? à qui le cheval ? cujum pecus ? à qui le troupeau ?

Noster, nostra, nostrum ; notre ; le nôtre, la nôtre. Formé du génitif pluriel nostrî, et marquant la possession de la première personne plurielle.

Vester, vestra, vestrum ; votre ; le vôtre, la vôtre. Formé du génitif pluriel vestrî, et marquant la possession de la seconde personne plurielle. De nostrî, vestrî, viennent aussi les adjectifs nostras, atis, de notre pays ; vestras, atis, de votre pays. De cujus, vient cujas, atis, adj., de quel pays ?

Tous ces pronoms sont de vrais adjectifs qui prennent le genre, le nombre et le cas du mot auquel ils sont joints. Ex. :

Mon frère, frater meus ; notre mère, mater nostra (1).

Pronom relatif (2).

Ce pronom est nommé relatif, parcequ'il se rapporte à un nom ou pronom qui précède.

	SINGULIER.		PLURIEL.
N.	Qui, quæ, quod, qui, lequel.	N.	Qui, quæ, quæ, lesquels.
G.	Cujus, de qui, dont.	G.	Quorum m.n., quarum, de qui.
D.	Cui, à qui, auquel.	D.	Quibus ou queis, à qui, etc.
Abl.	Quo, quâ, quo, par qui, dont.	Abl.	Quibus ou queis, par qui, etc.
Ac.	Quem, quam, quod, que, lequel.	Ac.	Quos, quas, quæ, que, etc.

Ainsi se déclinent :

Quicumque, quæcumque, quodcumque, quiconque.

___

(1) Il est essentiel d'être bien rompu à ce genre d'exercice avant de passer plus loin.

(2) Relatif vient de referre, rapporter ; d'où relativus, qui a rapport à...

Quidam, quædam, quoddam *ou* quiddam, un certain, quelqu'un.
Quilibet, quælibet, quodlibet *ou* quidlibet, qui l'on veut, tout ce qui.
Quivis, .quævis, quodvis *ou* quidvis, quiconque, qui l'on voudra.

Les particules *cumque, dam, libet, vis,* sont invariables.
Ces quatre pronoms sont indéterminés, parce que les personnes
ne sont pas désignées. Ex. : *quiconque* manque de courage,
n'est pas digne de louange. *Quiconque* ne désigne aucune personne.

Accord du relatif avec l'antécédent (1).

Le relatif qui, quæ, quod, s'accorde seulement en genre et
en nombre avec son antécédent. Ex. :

Le frère qui, frater qui; — du frère qui, fratris qui; — à
la sœur qui, sorori quæ.

Qu'importe à quel cas se trouve l'antécédent, le *qui* français
sera toujours au nominatif latin; — *dont* sera toujours au génitif ou à l'ablatif; — *à qui*, toujours au datif; — *que*, toujours à l'accusatif. Ex. :

Le frère dont, frater cujus; — les frères dont, fratres quorum; — des temples auxquels; templorum quibus; — à nos
princes illustres que, nostris principibus egregiis quos.

Pronom interrogatif.

Ce pronom est ainsi nommé, parce qu'il sert à l'interrogation,
comme qui est venu ? qui cherchez-vous ?

S.   N.   Quis ? quæ ? quid ? (quod avec un nom), qui ? quel ? quoi ?
       G.   Cujus ? de qui ? de quel ?
       D.   Cui ? à qui ? à quel ?
       Abl. Quo ? quâ ? quo ? de qui ? de quel ? etc.
       Ac.   Quem ? quam ? quid ? (quod avec un nom), qui ? quel ? quoi ?

Le pluriel est semblable à celui du relatif qui, quæ, quod.

Déclinez de même cet autre pronom interrogatif :

Quisnam ? quænam ? quidnam *et* quodnam ? qui ? quel ? quoi ?

Et ces pronoms indéterminés :

Quispiam, quæpiam, quidpiam *et* quodpiam, quelqu'un, quelqu'une.

---

(1) De antecedere, *marcher avant* le relatif.

Quisquam , quæquam , quidquam *et* quodquam , quelqu'un , etc.
Quisque, quæque, quodque *et* quidque, chacun, chacune, chaque chose.

Les particules *nam, piam, quam , que*, mises à la fin du mot , sont invariables. Quisquis , quæquæ , quidquid. Quiconque , tout ce qui. C'est *quis* décliné deux fois. Unusquisque , unaquæque , unumquodque , chacun. On décline *unus* et *quis*. Ecquis ? ecqua ? ecquid *ou* ecquod ? qui ? quel ? quoi ? Ce pronom se décline comme *quis*, sauf la désinence *a* qu'il prend au nominatif singulier féminin , ainsi qu'aux nominatif et accusatif pluriels neutres. Sur ecquis se décline le pronom indéterminé aliquis, aliqua , aliquid *ou* aliquod, quelqu'un , quelque chose. Pluriel : aliquot , indéclinable.

Tous ces pronoms sont de vrais adjectifs qui s'accordent avec le substantif exprimé ou sous-entendu. Ex. :

Qui ? quis ? — de quel homme ? eccujus viri ? — Chaque enfant , quisque puer. — Chaque mère , quæque mater (1).

QUATRIÈME ESPÈCE DE MOTS.

Du Verbe. (2)

Le verbe (en latin verbum , parole) est ainsi nommé à cause de son usage indispensable dans le discours.

Le verbe sert à marquer *l'existence* ou *l'action* , c'est-à-dire à exprimer que l'on *est* ou que l'on fait une chose. Ainsi je *suis* est un verbe; je *marche* est un verbe; nous *lisons* est aussi un verbe. Ces mots marquent l'action *d'exister*, l'action de *marcher* et l'action de *lire*.

---

(1) Ici l'on fera de vive voix un résumé des règles vues jusqu'alors.

(2) Il n'y a proprement qu'un verbe, c'est *être*. Au lieu de dire : l'enfant *est* aimant , recevant , rendant , on dira mieux l'enfant *aime*, *reçoit*, *rend*. Ces verbes renferment l'idée de *être* et l'idée d'*aimer*; l'idée de *être* et l'idée de *recevoir*, etc.

On connaît un verbe en français, quand on peut y ajouter ces pronoms (1) *je*, *tu*, *il*, pour le singulier, *nous*, *vous*, *ils*, pour le pluriel, comme : je *lis*, tu *lis*, il *lit*, nous *lisons*, vous *lisez*, ils *lisent*.

Les pronoms *je*, *nous*, marquent la première personne, c.-à-d., celle qui parle; *tu*, *vous*, marquent la seconde, c.-à-d., celle à qui l'on parle; *il, elle, ils, elles*, marquent la troisième, c.-à-d., celle de qui l'on parle.

Le verbe se divise en cinq *modes* (2) ou sections. Chaque mode, excepté l'impératif, a ses *temps* propres.

1.° Le mode *indicatif* (de indicare, *montrer*), sert à *indiquer* ou *affirmer* qu'une chose *est, a été* ou *sera* : amo, j'aime; amavi, j'ai aimé; amabo, j'aimerai. Ce mode renferme en latin six temps : le *présent*, l'*imparfait*, le *parfait*, le *plusqueparfait*, le *futur simple* et le *futur passé*.

2.° Le mode *subjonctif* (de subjungere, *joindre dessous*) est ainsi nommé, parcequ'il est sous-joint, par une conjonction, à la proposition qui précède. Exemple : opto *ut* labores, je souhaite que tu travailles; la proposition subjonctive *labores* est sous-jointe, par la conjonction *ut*, à la proposition indicative *opto*. Ce mode s'emploie quand on *souhaite* ou qu'on *doute* qu'une chose se fasse. Il renferme quatre temps : le *présent*, l'*imparfait* ou 1.*er* *conditionnel*, le *parfait* et le *plusque-parfait* ou *conditionnel passé*.

3.° Le mode *impératif* (imperare, *commander*) s'emploie pour exprimer le commandement, comme : lege, *lis*. Ce mode n'a qu'un temps, et point de première personne au singulier.

4.° Le mode *infinitif* (infinitivus, *illimité*, de finire, *limiter*) exprime l'*action* d'une manière vague, sans nombre ni personne : *amare*, aimer; *monu isse*, avoir averti. Ce mode renferme six temps : le *présent*, l'*imparfait*, le *parfait*, le *plus-*

_____

(1) En latin : ego, tu, ille; nos, vos, illi.

(2) En latin *modus*, manière, situation, casement, répartition.

que-parfait, le *futur simple* ou 1.*er conditionnel*, et le *futur passé* ou *conditionnel passé*.

5.° Le mode *participe* (partem capiens, *prenant part*) est ainsi nommé, parce qu'il participe à la nature de l'adjectif et à celle du verbe : *de l'adjectif*, en ce qu'il s'accorde avec le nom; *du verbe*, en ce qu'il en exprime l'action et peut, comme lui, prendre un régime. Ce mode renferme cinq temps : le *présent*, l'*imparfait*, le *parfait*, le *plusque-parfait*, et le *futur simple* ou 1.*er conditionnel*.

Les temps sont les *époques* où se passe l'action contenue dans le verbe : am *o*, j'aime; am *abam*, j'aimais, etc. Chaque temps a deux nombres; chaque nombre a trois personnes ; chaque personne a une désinence propre, et les diverses désinences sont autant de formes sous lesquelles le verbe se montre.

DES CONJUGAISONS.

Conjuguer un verbe, c'est en réunir tous les modes, les temps, les nombres et les personnes; c'est les mettre sous le même joug (de *cum avec* et de *jugum*, joug).

Pour bien conjuguer, il est essentiel de connaître le radical *propre* et le radical *impropre* de chaque temps formateur. Le *propre* existe au présent des modes indicatif et subjonctif et aux temps qui en sont formés : c'est am, can, dans amo, amare, cano, canere ; le radical *impropre* existe au parfait, au supin, et aux temps qui en sont formés : c'est amav, cecin, dans amavi, cecini; c'est enfin amat, cant, dans amatum, cantum.

On compte huit sortes de verbes latins, le substantif, l'actif, le passif, le déponent, le neutre, l'irrégulier, le défectueux et l'unipersonnel.

Il y a quatre conjugaisons. On les distingue à la désinence du présent infinitif, et à celle de la seconde personne singulière du prés. indic.

La première conjugaison a le présent infinitif en *are*, amare, aimer, et la seconde personne du prés. indic. en *as*, amo, amas.

La seconde conjugaison a le présent infinitif en *ere*, mon-ere, avertir; et la seconde personne du présent indic. en *es*, moneo, mones.

La troisième conjugaison a le présent infinitif en *ere*, le-gere, lire; et la seconde personne du prés. indic. en *is*, lego, legis.

La quatrième conjugaison a le présent infinitif en *ire*, aud-ire, entendre; et la seconde personne du prés. indic. en *is*, audio, audis.

L'on récitera d'abord de chaque mode, le présent, ensuite l'imparfait, puis le parfait, etc.

Il est bon de commencer par le verbe *sum* (1), je suis, qui est ou *substantif* ou *auxiliaire* (2).

PRÉSENT DU MODE INDICATIF. Temps formateur.

SINGULIER.		PLURIEL.	
Ego sum,	*je suis.*	Nos sumus,	*nous sommes.*
Tu es,	*tu es.*	Vos estis,	*vous êtes.*
Ille, illa est,	*il, elle est.*	Illi, illæ sunt,	*ils, elles sont.*

PRÉSENT DU MODE SUBJONCTIF. Formé de *sum* en changeant *u* en *i*.

Sim,	*que je sois.*	Simus,	*que nous soyons.*
Sis,	*que tu sois.*	Sitis,	*que vous soyez.*
Sit,	*qu'il soit.*	Sint,	*qu'ils soient.*

PRÉSENT DU MODE IMPÉRATIF. C'est la 1.re syllabe de *esse*.

— —		Simus,	*soyons.*
Es *ou* esto,	*sois.*	Esto *ou* estote,	*soyez.*
Esto (ille),	*qu'il soit.*	Sunto,	*qu'ils soient.*

PRÉSENT DU MODE INFINITIF. Temps formateur.

Esse, *être, qu'il est ou qu'ils sont.*

_____

(1) Il est substantif comme Deus *est;* il est *auxiliaire*, c'est-à-dire, *aidant* à conjuguer les autres, comme ego *sum* amatus, j'ai été aimé.

(2) On peut ne pas exprimer les pronoms latins ego, tu, etc.

PRÉSENT DU MODE PARTICIPE. Ce temps manque ici.

IMPARFAIT DU MODE INDICATIF. Temps irrégulier.

SINGULIER.		PLURIEL.	
Eram ,	j'étais.	Eramus ,	nous étions.
Eras ,	tu étais.	Eratis ,	vous étiez.
Erat ,	il était.	Erant ,	ils étaient.

IMPARFAIT DU MODE SUBJONCTIF OU PREMIER CONDITIONNEL.
Formé de *esse* ou *fore* en ajoutant *m*.

Essem (1) ,	que je fusse.	Essemus ,	que nous fussions.
Esses ,	que tu fusses.	Essetis ,	que vous fussiez.
Esset ,	qu'il fût.	Essent ,	qu'ils fussent.

Ou: je serais, tu serais, il serait, nous serions, vous seriez, ils seraient.
Ou : Je fusse, tu fusses, il fût, nous fussions, vous fussiez, ils fussent.

IMPARFAIT DU MODE INFINITIF. Semblable au présent infinitif.

Esse , *qu'il était* ou *qu'ils étaient.*

PARFAIT DU MODE INDICATIF. Temps formateur.

Fu i ,	j'ai été.	Fu imus ,	nous avons été.
Fu isti ,	tu as été.	Fu istis ,	vous avez été.
Fu it ,	il a été.	Fu erunt, êre;	ils ont été.

Ou : Je fus, tu fus, il fut, nous fûmes, vous fûtes, ils furent. Ou : J'eus
été, tu eus été, il eut été, nous eûmes été, vous eûtes été, ils eurent été.

PARFAIT DU MODE SUBJONCTIF. Formé du parfait indicatif en
changeant *i* en *erim*.

Fu erim ,	que j'aie été.	Fu erimus ,	que nous ayons été.
Fu eris ,	que tu aies été.	Fu eritis ,	que vous ayez été.
Fu erit ,	qu'il ait été.	Fu erint ,	qu'ils aient été.

PARFAIT DU MODE INFINITIF. Formé du parfait indicatif en
changeant *i* en *isse*.

Fu isse, *qu'il a été* ou *qu'ils ont été.*

---

(1) On dit aussi : forem , fores, foret, foremus , foretis , forent.

PLUSQUE-PARFAIT DU MODE INDICATIF. Formé du parfait indicatif en changeant *i* en *eram*.

SINGULIER.   PLURIEL.

Fu eram ,	*j'avais été.*	Fu eramus ,	*nous avions été.*
Fu eras ,	*tu avais été.*	Fu eratis ,	*vous aviez été.*
Fu erat ,	*il avait été.*	Fu erant ,	*ils avaient été.*

PLUSQUE-PARFAIT DU MODE SUBJONCTIF OU CONDITIONNEL PASSÉ.
Formé du parfait indicatif en changeant *i* en *issem*.

Fu issem ,	*que j'eusse été.*	Fu issemus ,	*que nous eussions été.*
Fu isses ,	*que tu eusses été.*	Fu issetis ,	*que vous eussiez été.*
Fu isset ,	*qu'il eût été.*	Fu issent ,	*qu'ils eussent été.*

Ou : j'aurais, tu aurais, il aurait été, nous aurions, vous auriez, ils auraient été ; *ou* j'eusse, tu eusses, il eût été ; nous eussions, vous eussiez
ils eussent été.

PLUSQUE-PARFAIT DU MODE INFINITIF. Formé du parfait indicatif
en changeant *i* en *isse*.

Fu isse , *qu'il avait été* ou *qu'ils avaient été.*

———

FUTUR SIMPLE DU MODE INDICATIF. Temps irrégulier.

Ero ,	*je serai.*	Erimus,	*nous serons.*
Eris ,	*tu seras.*	Eritis ,	*vous serez.*
Erit ,	*il sera.*	Erunt,	*ils seront.*

FUTUR SIMPLE DU MODE INFINITIF OU PREMIER CONDITIONNEL.
C'est *esse* et l'accusatif de *futurus*.

Sing. Esse fut urum , esse fut uram , *devoir être , qu'il sera* ou *serait.*
Plur. Esse fut uros , esse fut uras , *qu'ils seront* ou *seraient.*

FUTUR SIMPLE DU MODE PARTICIPE OU PREMIER CONDITIONNEL.
Formé du vieux supin *futum*, dont on change *um* en
urus , ura , urum.

Fut urus, ura, urum , *devant être , qui sera* ou *serait.*

———

FUTUR PASSÉ DU MODE INDICATIF. Formé du parfait indicatif en
changeant *i* en *ero*.

Fu ero ,	*j'aurai été.*	Fu erimus,	*nous aurons été.*
Fu eris,	*tu auras été.*	Fu eritis ,	*vous aurez été.*
Fu erit ,	*il aura été.*	Fu erint ,	*ils auront été.*

FUTUR PASSÉ DU MODE INFINITIF OU CONDITIONNEL PASSÉ. C'est *fuisse* et l'accusatif de *futurus*.

Sing. Fuisse fut urum , fuisse fut uram , *avoir dû être , qu'il aura ou aurait été.*

Plur. Fuisse fut uros , fuisse futuras , *qu'ils auront ou auraient été.*

Ainsi se conjuguent les composés de *Sum* (1) ; ils ne sont autre chose que *sum* précédé d'une des prépositions *ad, ab, in,* etc. Cependant prosum , je sers , fait prodes. Le *d* se met partout devant la voyelle, par euphonie. Au lieu de potis sum , je suis capable , potis es, potis fui, potis esse ; on dira possum , potes , potui , posse, pouvoir.

_____

Du sujet : Ego sum.

Ce qui est ou *ce qui fait* l'action contenue dans le verbe se nomme *sujet* (2) du verbe. Le sujet vient toujours en réponse à la question *qui est-ce qui* attachée au verbe , et il se met toujours au nominatif. Ex. :

Je suis , — D. *qui est-ce qui* est? R. moi : *ego* sum.

L'enfant joue , — D. *qui est-ce qui* fait l'action de jouer ? R. L'enfant : *puer* ludit.

Accord du sujet avec le verbe : Nos adsumus.

Le verbe s'accorde en nombre et en personne avec son sujet exprimé ou sous-entendu. Ex. :

Nous *sommes* auprès , nos *adsumus.* Le verbe est à la première personne , parceque le sujet *nos* est au pluriel et de la première personne. Ici le sujet est exprimé.

Nous *étions* loin , *aberamus.* Ici le verbe s'accorde avec le sujet sous-entendu.

Accord de l'attribut avec le sujet : virtus est laudanda.

Le verbe *sum* veut même cas après qu'avant lui. Le mot qui

_____

(1) *Sum* vient du futur grec *asomai.* On a dit d'abord *esom ,* ensuite *esum , es , est , esumus , estis , esunt.* On trouve *esunto* pour *sunto ; escit* pour *erit; escunt* pour *erunt ; siem , sies , siet* pour *sim , sis , sit.* D'autres temps sont pris du verbe *phuo* (naître), d'où vient *fuo , is , it ,* je suis ; infinitif *fuere ,* par syncope *fure* ou *fore ;* d'où vient encore *fuam , as , at ,* pour *sim , sis , sit.*

(2) Le sujet fait l'action, l'objet la reçoit.

le suit se nomme *attribut* (1), et l'attribut peut être précédé de *qualifié*. Ex. :

La vertu est *louable*, c.-à-d. est *qualifiée* louable : virtus est *laudanda*.

DES VERBES ACTIFS.

Le verbe actif (2) renferme une action qui retombe directement sur le régime (3) ou complément (4). Louer *Dieu*; l'action de *louer* retombe directement sur *Dieu*. *Louer* est donc un verbe actif.

On connaît aussi le verbe actif, lorsqu'on peut mettre après ce verbe, les mots *quelqu'un* ou *quelque chose*.

On appelle *voix active* une suite de désinences qui font connaître que le sujet fait l'action.

PREMIÈRE CONJUGAISON : as, are.

PRÉSENT DU MODE INDICATIF. Temps formateur.

SINGULIER.		PLURIEL.	
Am o,	*j'aime.*	Am amus,	*nous aimons.*
Am as,	*tu aimes.*	Am atis,	*vous aimez.*
Am at,	*il aime.*	Am ant,	*ils aiment.*

PRÉSENT DU MODE SUBJONCTIF. Formé du présent indicatif en changeant *o* en *em* pour la première conjugaison.

Am em,	*que j'aime.*	Am emus,	*que nous aimions.*

---

(1) Attribut, res attributa, qualité attribuée par le verbe au sujet.
(2) Activus, de agere, faire une action.
(3) Regere, régir; regimen, chose régie.
(1) De complere, remplir, vient complementum, sens complété.

SINGULIER.		PLURIEL.	
Am es ,	*que tu aimes.*	Am etis ,	*que vous aimiez.*
Am et,	*qu'il aime.*	Am ent ,	*qu'ils aiment.*

PRÉSENT DU MODE IMPÉRATIF. Formé du présent infinitif en ôtant la finale *re* dans les quatre conjugaisons.

		Am emus ,	*aimons.*
Am a , *ou* ato ,	*aime.*	Am ate, *ou* atote,	*aimez.*
Am ato (ille) ,	*qu'il aime.*	Am anto ,	*qu'ils aiment.*

PRÉSENT DU MODE INFINITIF. Temps formateur.

Am are, *aimer, qu'il aime* ou *qu'ils aiment.*

PRÉSENT DU MODE PARTICIPE. Formé du présent indicatif en changeant *o* en *ans*, à la première conjugaison.

Am ans, gén. antis, *aimant, qui aime.* (Se décline comme prudens.)

Le présent de chaque mode a pour radical propre *am*, et pour figurative la dernière lettre de ce radical.

IMPARFAIT DU MODE INDICATIF. Formé du présent indicatif en changeant *o* en *abam* à la première conjugaison.

Am abam ,	*j'aimais.*	Am abamus,	*nous aimions.*
Am abas,	*tu aimais.*	Am abatis ,	*vous aimiez.*
Am abat,	*il aimait.*	Am abant ,	*ils aimaient.*

IMPARFAIT DU MODE SUBJONCTIF OU 1.ᵉʳ CONDITIONNEL. Formé du présent infinitif en ajoutant *m* pour les quatre conjugaisons.

Am arem ,	*que j'aimasse.*	Am aremus ,	*que nous aimassions.*
Am ares,	*que tu aimasses.*	Am aretis,	*que vous aimassiez.*
Am aret,	*qu'il aimât.*	Am arent ,	*qu'ils aimassent.*

Ou : J'aimerais, tu aimerais, il aimerait, nous aimerions, vous aimeriez, ils aimeraient.

IMPARFAIT DU MODE INFINITIF, pareil au présent de l'infinitif.

Amare , *qu'il aimait* ou *qu'ils aimaient.*

IMPARFAIT DU MODE PARTICIPE, pareil au présent du participe.

Amans , antis , *qui aimait.*

A l'imparfait de chaque mode , même radical *propre* , *am* , et même figurative qu'au présent.

***

PARFAIT DU MODE INDICATIF , temps formateur pour les quatre conjugaisons.

SINGULIER.		PLURIEL.	
Amav i, (1)	*j'ai aimé.*	Amav imus ,	*nous avons aimé.*
Amav isti ,	*tu as aimé.*	Amav istis ,	*vous avez aimé.*
Amav it ,	*il a aimé.*	Amav erunt, êre,	*ils ont aimé.*

On dit aussi : j'aimai, tu aimas, il aima , nous aimâmes, vous aimâtes , ils aimèrent. Ou : j'eus , tu eus , il eut aimé, nous eûmes , vous eûtes , ils eurent aimé.

PARFAIT DU MODE SUBJONCTIF , formé du parfait indicatif en changeant *i* en *erim* pour les quatre conjugaisons.

Amav erim ,	*que j'aie aimé.*	Amav erimus ,	*que nous ayons*
Amav eris ,	*que tu aies aimé.*	Amav eritis ,	*que vous ayez*
Amav erit ,	*qu'il ait aimé.*	Amav erint ,	*qu'ils aient*

aimé.

PARFAIT DU MODE INFINITIF , formé du parfait indicatif en changeant *i* en *isse* , pour les quatre conjugaisons.

Amav isse , *avoir aimé , qu'il a* ou *qu'ils ont aimé.*

Le parfait du participe *ayant aimé* , manque dans les verbes de désinence active.

Le parfait de chaque mode a pour radical *impropre* amav , et pour figurative la dernière lettre de ce radical.

***

PLUSQUE-PARFAIT DU MODE INDICATIF , formé du parfait indicatif, en changeant *i* en *eram*, pour les quatre conjugaisons.

Amav eram ,	*j'avais aimé.*	Amav eramus ,	*nous avions aimé.*
Amav eras ,	*tu avais aimé.*	Amav eratis,	*vous aviez aimé.*
Amav erat ,	*il avait aimé.*	Amav erant,	*ils avaient aimé.*

---

(1) Par syncope et contraction on dit : am àsti, am àstis, am àrunt, ou am àre. Tous les verbes qui ont le parfait en avi, evi, ivi, ovi admettent la contraction dans tous les temps formés de ce parfait.

PLUSQUE-PARFAIT DU MODE SUBJONCTIF OU CONDITIONNEL PASSÉ, formé du présent indicatif, en changeant *i* en *issem*, pour les quatre conjugaisons.

SINGULIER.		PLURIEL.	
Amav issem,	*que j'eusse aimé.*	Amav issemus,	*que nous eussions*
Amav isses,	*que tu eusses aimé.*	Amav issetis,	*que vous eussiez*
Amav isset,	*qu'il eût aimé.*	Amav issent,	*qu'ils eussent*

aimé.

Ou : J'aurais, tu aurais, il aurait aimé, nous aurions, vous auriez, ils auraient aimé. Ou : J'eusse, tu eusses, il eût aimé, nous eussions, vous eussiez, ils eussent aimé.

PLUSQUE-PARFAIT DU MODE INFINITIF, pareil au parfait de l'infinitif.

Amav isse; *qu'il avait aimé, qu'ils avaient aimé.*

Au plusque-parfait de chaque mode même radical *impropre mav* qu'au parfait indicatif.

———

FUTUR DU MODE INDICATIF. Formé du présent indicatif en changeant *o* en *abo* à la première conjugaison.

Am abo,	*j'aimerai.*	Am abimus,	*nous aimerons.*
Am abis,	*tu aimeras.*	Am abitis,	*vous aimerez.*
Am abit,	*il aimera.*	Am abunt,	*ils aimeront.*

Même radical propre *am*, et même figurat. qu'au prés. de l'indicatif.

FUTUR DU MODE INFINITIF OU 1.er CONDITIONNEL. C'est *esse* et l'accusatif du participe *urus, ura, urum*, pour les quatre conjugaisons.

Sing. Esse amat urum, uram, *devoir aimer, qu'il aimera* ou *aimerait.*
Plur. Esse amat uros, uras, *devoir aimer, qu'ils aimeront* ou *aimeraient.*

Même radical impropre *amat*, qu'au supin.

FUTUR DU MODE PARTICIPE OU 1.er CONDITIONNEL. Formé du supin en *um*, en changeant *um* en *urus, ura, urum*, pour les quatre conjugaisons.

Amat urus, ura, urum, *devant aimer, qui aimera* ou *qui aimerait.*

Ce futur part. a le même radical *impropre amat* que le supin.

FUTUR PASSÉ DU MODE INDICATIF, formé du parfait indicatif
en changeant *i* en *ero* pour les quatre conjugaisons.

SINGULIER.		PLURIEL.	
Amav ero,	*j'aurai aimé.*	Amav erimus,	*nous aurons aimé.*
Amav eris,	*tu auras aimé.*	Amav eritis,	*vous aurez aimé.*
Amav erit,	*il aura aimé.*	Amav erint,	*ils auront aimé.*

Ce futur passé a le même radical *impropre amav* que le
parfait indicatif.

FUTUR PASSÉ DU MODE INFINITIF OU CONDITIONNEL, PASSÉ. C'est
fuisse avec l'accusatif du même participe *urus, ura, urum,*
pour les quatre conjugaisons.

Sing. Fuisse amat urum, uram, *avoir dû aimer, qu'il aura* ou *aurait aimé.*

Plur. Fuisse amat uros, uras, *avoir dû aimer, qu'ils auront* ou *auraient aimé.*

Même radical impropre *amat*, qu'au supin.

Le supin et les gérondifs n'appartiennent à aucun mode.

SUPIN (temps formateur), amat um, à aimer.

Radical impropre *amat*.

GÉRONDIFS. Formés du présent indicatif en changeant *o* en *andi,*
ando, andum, pour la première conjugaison.

Am andi, (gén. indéclin.) *d'aimer.* — Amando, (dat. et abl. indécl.) *en
aimant.* — Amandum, (nom. et acc.) *à* ou *pour aimer.*

Ainsi se conjuguent :

Présent.	Infinitif.	Parfait.	Supin.	
Formo, as,	formare,	formavi,	formatum,	*former.*
Do, das,	dare,	dedi,	datum,	*donner.*
Apto, as,	aptare,	aptavi,	aptatum,	*ajuster.*
Sono, as,	sonare,	sonui,	sonitum,	*retentir.*

SECONDE CONJUGAISON.

PRÉSENT DU MODE INDICATIF.

SINGULIER.		PLURIEL.	
Mon eo,	*j'avertis.*	Mon emus,	*nous avertissons.*
Mon es,	*tu avertis.*	Mon etis,	*vous avertissez.*
Mon et,	*il avertit.*	Mon eut,	*ils avertissent.*

PRÉSENT DU MODE SUBJONCTIF. Formé du présent indicatif en changeant *eo* en *eam*, à la seconde conjugaison.

Mon eam,	*que j'avertisse.*	Mon eamus,	*que nous avertissions.*
Mon eas,	*que tu avertisses.*	Mon eatis,	*que vous avertissiez.*
Mon eat,	*qu'il avertisse.*	Mon eant,	*qu'ils avertissent.*

PRÉSENT DU MODE IMPÉRATIF.

		Mon eamus,	*avertissons.*
Mon e, eto,	*avertis.*	Mon ete, etote,	*avertissez.*
Mon eto, (ille)	*qu'il avertisse.*	Mon ento,	*qu'ils avertissent.*

PRÉSENT DU MODE INFINITIF.

Monere, *avertir, qu'il avertit ou qu'ils avertissent.*

PRÉSENT DU MODE PARTICIPE. Formé du présent indicatif en changeant *eo* en *ens* à la seconde conjugaison.

Mon ens, gén. entis, *avertissant, qui avertit* (se décline).

Le présent de chaque mode a pour radical propre *mon*, et pour figurative la dernière lettre du radical.

IMPARFAIT DE L'INDICATIF. Formé du présent en changeant *eo* en *ebam*, à la seconde conjugaison.

Mon ebam,	*j'avertissais.*	Mon ebamus,	*nous avertissions.*
Mon ebas,	*tu avertissais.*	Mon ebatis,	*vous avertissiez.*
Mon ebat,	*il avertissait.*	Mon ebant,	*ils avertissaient.*

DÉSINENCE ACTIVE.

IMPARFAIT DU SUBJONCTIF.

SINGULIER. **PLURIEL.**

Mon erem , *que j'avertisse.* Mon eremus , *que nous avertissions.*
Mon eres , *que tu avertisses.* Mon eretis , *que vous avertissiez.*
Mon eret , *qu'il avertît.* Mon erent , *qu'ils avertissent.*

Ou : j'avertirais , tu avertirais, il avertirait , nous avertirions , vous avertiriez, ils avertiraient.

IMPARFAIT DE L'INFINITIF.

Monere , *qu'il avertissait* ou *qu'ils avertissaient.*

IMPARFAIT DU PARTICIPE.

Mon ens , entis , *qui avertissait.*

A l'imparfait de chaque mode , même radical propre et même figurative qu'au présent.

PARFAIT DE L'INDICATIF.

Monu i, *j'ai averti.* Monu imus, *nous avons averti.*
Monu isti, *tu as averti.* Monu istis , *vous avez averti.*
Monu it, *il a averti.* Monu erunt, ère, *ils ont averti.*

Ou : J'avertis , tu avertis, il avertit , nous avertîmes , vous avertîtes , ils avertirent ; *ou bien* : j'eus , tu eus , il eut averti , nous eûmes , vous eûtes , ils eurent averti .

PARFAIT DU SUBJONCTIF.

Monu erim , *que j'aie averti.* Monu erimus, *que nous ayons averti.*
Monu eris , *que tu aies averti.* Monu eritis, *que vous ayez averti.*
Monu erit , *qu'il ait averti.* Monu erint , *qu'ils aient averti.*

PARFAIT DE L'INFINITIF.

Monu isse , *avoir averti , qu'il a* ou *qu'ils ont averti.*

Le parfait de chaque mode a pour radical impropre *monu* , et pour figurative la dernière lettre de ce radical

---

PLUSQUE-PARFAIT DE L'INDICATIF.

Monu eram , *j'avais averti.* Monu eramus, *nous avions averti.*

SINGULIER.		PLURIEL.	
Monu eras,	*tu avais averti,*	Monu eratis,	*vous aviez averti,*
Monu erat,	*il avait averti.*	Monu erant,	*ils avaient averti.*

PLUSQUE-PARFAIT DU SUBJONCTIF.

Monu issem,	*que j'eusse averti.*	Monu issemus,	*que nous eussions*
Monu isses,	*que tu eusses averti.*	Monu issetis,	*que vous eussiez*
Monu isset,	*qu'il eût averti.*	Monu issent,	*qu'ils eussent*

averti.

Ou : J'aurais, tu aurais, il aurait averti, nous aurions, vous auriez, ils auraient averti: ou : j'eusse, tu eusses, il eût averti, nous eussions, vous eussiez, ils eussent averti.

Monu isse, *qu'il avait* ou *qu'ils avaient averti.*

Au plusque-parfait de chaque mode, même radical impropre qu'au parfait indicatif.

FUTUR DE L'INDICATIF. Formé du présent indicatif en changeant *eo* en *ebo*.

Mon ebo,	*j'avertirai.*	Mon ebimus,	*nous avertirons,*
Mon ebis,	*tu avertiras.*	Mon ebitis,	*vous avertirez.*
Mon ebit,	*il avertira.*	Mon ebunt,	*ils avertiront.*

Ce futur de l'indicatif a le même radical propre et la même figurative que le présent.

FUTUR DE L'INFINITIF.

Sing. Esse monit urum, uram, *devoir avertir, qu'il avertira* ou *avertirait:*
Plur. Esse monit uros, uras, *qu'ils avertiront* ou *avertiraient.*

Radical *monit*, pareil à celui du supin.

FUTUR DU PARTICIPE.

Monit urus, ura, urum, *devant avertir, près de* ou *sur le point d'avertrir.*

Ce futur participe a le même *radical impropre monit* supin.

FUTUR PASSÉ DU MODE INDICATIF.

SINGULIER.		PLURIEL.	
Monu ero,	j'aurai averti.	Monu erimus,	nous aurons averti.
Monu eris,	tu auras averti.	Monu eritis,	vous aurez averti.
Monu erit,	il aura averti.	Monu erint,	ils auront averti.

Ce futur passé a le même radical impropre *monit*, que le part. indic.

FUTUR PASSÉ DU MODE INFINITIF OU CONDITIONNEL PASSÉ.

Sing. Fuisse monit urum, uram, *avoir dû avertir, qu'il aura* ou *aurait averti.*

Plur. Fuisse monit uros, uras, *qu'ils auront* ou *auraient averti.*

Radical *monit* pareil à celui du supin.

SUPIN.

Monit um, *à avertir.*

Il a pour radical impropre *monit.*

GÉRONDIFS. Formés du présent indicatif en changeant *eo* en *endi*, etc. à la seconde conjugaison.

Mon endi, *d'avertir.* — endo, *en avertissant.* — endum, *à* ou *pour avertir.*

Ainsi se conjuguent :

Présent.	Infinitif.	Parfait.	Supin.	
Doc eo, es,	docere,	docui,	doctum,	enseigner.
Mord eo, es,	mordere,	momordi,	morsum,	mordre.
Torqu eo, es,	torquere,	torsi,	tortum,	torturer.
Del eo, es,	delere,	delevi,	deletum,	détruire.
Lug eo, es,	lugere,	luxi,	luctum,	regretter.

TROISIÈME CONJUGAISON : is ere.

PRÉSENT DE L'INDICATIF.

SINGULIER.		PLURIEL.	
Scrib o,	j'écris	Scrib imus,	nous écrivons.
Scrib is,	tu écris.	Scrib itis,	vous écrivez.
Scrib it,	il écrit.	Scrib unt,	ils écrivent.

PRÉSENT DU SUBJONCTIF. Formé du présent de l'indicatif en changeant *o* en *àm* ; *io* en *iam*, *ias*, à la 3.ᵉ conjugaison.

SINGULIER.		PLURIEL.	
Scrib am,	*que j'écrive.*	Scrib amus,	*que nous écrivions.*
Scrib as,	*que tu écrives.*	Scrib atis,	*que vous écriviez.*
Scrib at,	*qu'il écrive.*	Scrib ant,	*qu'ils écrivent.*

PRÉSENT DE L'IMPÉRATIF.

———	———	Scrib amus(1),	*écrivons.*
Scrib e, ito,	*écris.*	Scrib ite, itote,	*écrivez.*
Scrib ito (ille),	*qu'il écrive.*	Scrib unto,	*qu'ils écrivent.*

PRÉSENT DE L'INFINITIF.

Scribere, *écrire, qu'il écrit, qu'ils écrivent.*

PRÉSENT DU PARTICIPE. Formé du présent indicatif en changeant *o* en *ens* ; *io* en *iens*, à la troisième conjugaison.

Scribens, entis, *écrivant, qui écrit.*

Le présent de chaque mode a pour radical propre *scrib*, et pour figurative la dernière lettre de ce radical.

IMPARFAIT DE L'INDICATIF. Formé du présent indicatif en changeant *o* en *ebam* ; *io* en *iebam*, à la troisième conjugaison.

Scrib ebam,	*j'écrivais.*	Scrib ebamus,	*nous écrivions.*
Scrib ebas,	*tu écrivais.*	Scrib ebatis,	*vous écriviez.*
Scrib ebat,	*il écrivait.*	Scrib ebant,	*ils écrivaient.*

IMPARFAIT DU SUBJONCTIF OU PREMIER CONDITIONNEL.

Scrib erem,	*que j'écrivisse.*	Scrib eremus,	*que nous écrivissions.*
Scrib eres,	*que tu écrivisses.*	Scrib eretis,	*que vous écrivissiez.*
Scrib eret,	*qu'il écrivît.*	Scrib erent,	*qu'ils écrivissent.*

Ou : J'écrirais, tu écrirais, il écrirait, nous écririons, vous écririez, ils écriraient.

IMPARFAIT DE L'INFINITIF.

Scrib ere, *qu'il écrivait* ou *qu'ils écrivaient.*

IMPARFAIT DU PARTICIPE.

Scrib ens, entis, *qui écrivait.*

---

(1) Iamus, iunto dans les verbes en *io*.

4

A l'imparfait de chaque mode même radical propre *scrib*, et même figurative qu'au présent.

PARFAIT DE L'INDICATIF.

SINGULIER.		PLURIEL.	
Scrips i,	*j'ai écrit.*	Scrips imus ,	*nous avons écrit.*
Scrips isti,	*tu as écrit.*	Scrips istis ,	*vous avez écrit.*
Scrips it,	*il a écrit.*	Scrips erunt, ère,	*ils ont écrit.*

On dit aussi : J'écrivis, tu écrivis, il écrivit, nous écrivîmes, vous écrivîtes, ils écrivirent. Ou : J'eus, tu eus, il eut écrit ; nous eûmes, vous eûtes, ils eurent écrit.

PARFAIT DU SUBJONCTIF.

Scrips erim ,	*que j'aie écrit.*	Scrips erimus,	*que nous ayons écrit.*
Scrips eris ,	*que tu aies écrit.*	Scrips eritis,	*que vous ayez écrit.*
Scrips erit ,	*qu'il ait écrit.*	Scrips erint ,	*qu'ils aient écrit,*

PARFAIT DE L'INFINITIF.

Scrips isse , *avoir écrit, qu'il a ou qu'ils ont écrit.*

Le parfait de chaque mode a pour radical impropre *scrips*, et pour figurative la dernière lettre de ce radical.

PLUSQUE-PARFAIT DE L'INDICATIF.

Scrips eram,	*j'avais écrit.*	Scrips eramus,	*nous avions écrit.*
Scrips eras,	*tu avais écrit.*	Scrips eratis,	*vous aviez écrit.*
Scrips erat,	*il avait écrit.*	Scrips erant ,	*ils avaient écrit.*

PLUSQUE-PARFAIT DU SUBJONCTIF OU CONDITIONNEL PASSÉ.

Scrips issem,	*que j'eusse écrit.*	Scrips issemus,	*que nous eussions écrit.*
Scrips isses ,	*que tu eusses écrit.*	Scrips issetis ,	*que vous eussiez écrit.*
Scrips isset ,	*qu'il eût écrit.*	Scrips issent,	*qu'ils eussent écrit.*

Ou : J'aurais , tu aurais , il aurait écrit ; nous aurions, vous auriez, ils auraient écrit. Ou : J'eus, tu eus, il eût écrit, nous eussions , vous eussiez, ils eussent écrit. On dit aussi : J'eusse, tu eusses écrit, etc.

PLUSQUE-PARFAIT DE L'INFINITIF.

Scrips isse , *qu'il avait* ou *qu'ils avaient écrit.*

Au plusque-parfait de chaque mode , même radical impropre *scrips*, qu'au parfait indicatif.

FUTUR DE L'INDICATIF. Formé du présent indicatif en changeant *o* en *am ; io* en *iam*, à la troisième conjugaison.

Scrib am ,	*j'écrirai.*	Scrib emus,	*nous écrirons.*
Scrib es ,	*tu écriras.*	Scrib etis,	*vous écrirez.*
Scrib et,	*il écrira.*	Scrib ent ,	*ils écriront.*

Ce futur indicatif a le même radical propre *scrib*, et la même figurative que le présent.

FUTUR DE L'INFINITIF OU PREMIER CONDITIONNEL.

Sing. Esse script urum, uram , *devoir écrire*, *qu'il écrira ou écrirait.*
Plur. Esse script uros, uras , *qu'ils écriront ou écriraient.*

FUTUR DU PARTICIPE OU PREMIER CONDITIONNEL.

Script urus , ura , urum, *devant écrire*, *près de* ou *sur le point d'écrire.*

Ce futur participe a le même radical impropre *script*, que le supin.

FUTUR PASSÉ DE L'INDICATIF.

Scrips ero,	*j'aurai écrit.*	Scrips erimus,	*nous aurons écrit.*
Scrips eris,	*tu auras écrit.*	Scrips eritis,	*vous aurez écrit.*
Scrips erit,	*il aura écrit.*	Scrips erint,	*ils auront écrit.*

Ce futur passé a le même radical impropre *scrips*, que le parfait.

FUTUR PASSÉ DE L'INFINITIF OU CONDITIONNEL PASSÉ.

Sing. Fuisse script urum, uram , *avoir dû écrire*, *qu'il aura* ou *aurait écrit.*
Plur. Fuisse script uros , uras , *qu'ils auront ou auraient écrit.*

C'est le radical du supin.

SUPIN.

Script um , *à écrire.*

Il a pour radical impropre *script*, et pour figurative la dernière lettre de ce radical.

GÉRONDIFS. Formés du présent indicatif en changeant *o* en *endi ; io* en *iendi etc.*, à la troisième conjugaison.

Scrib endi, *d'écrire.* — endo, *en écrivant*, — endum, *à* ou *pour écrire.*

4.

Indicatif.	Infinitif.	Parfait.	Supin.
Leg o, is,	legere,	legi,	lectum,	lire.
Par io, is,	parere,	peperi,	partum,	produire.
Trah o, is,	trahere,	traxi,	tractum,	traîner.
Cred o, is,	credere,	credidi,	creditum,	croire.
Tend o, is,	tendere,	tetendi,	tensum,	tendre.

QUATRIÈME CONJUGAISON : is ire.

PRÉSENT DE L'INDICATIF.

SINGULIER.		PLURIEL.	
Aud io,	j'entends.	Aud imus,	nous entendons.
Aud is,	tu entends.	Aud itis,	vous entendez.
Aud it,	il entend.	Aud iunt,	ils entendent.

PRÉSENT DU SUBJONCTIF. Formé du présent indicatif en changeant *io* en *iam, ias,* à la quatrième conjugaison.

Aud iam,	que j'entende.	Aud iamus,	que nous entendions.
Aud ias,	que tu entendes.	Aud iatis,	que vous entendiez.
Aud iat,	qu'il entende.	Aud iant,	qu'ils entendent.

PRÉSENT DE L'IMPÉRATIF.

		Aud iamus,	entendons.
Aud i (ito),	entends.	Aud ite (itote),	entendez.
Aud ito (ille),	qu'il entende.	Aud iunto,	qu'ils entendent.

PRÉSENT DE L'INFINITIF.

Aud ire, *entendre, qu'il entend ou qu'ils entendent.*

PRÉSENT DU PARTICIPE. Formé du présent indicatif en changeant *io* en *iens.*

Aud iens, ientis, *entendant, qui entend.*

Le présent de chaque mode a pour radical propre *aud,* et
pour figurative la dernière lettre de ce radical.

IMPARFAIT INDICATIF. Formé du présent indicatif en changeant. *io* en *iebăm*, à la quatrième conjugaison.

SINGULIER.		PLURIEL.	
Aud iebam,	*j'entendais.*	Aud iebamus,	*nous entendions.*
Aud iebas,	*tu entendais.*	Aud iebatis,	*vous entendiez.*
Aud iebat,	*il entendait.*	Aud iebant,	*ils entendaient.*

IMPARFAIT SUBJONCTIF OU 1.er CONDITIONNEL.

Aud irem,	*que j'entendisse.*	Aud iremus,	*que nous entendissions.*
Aud ires,	*que tu entendisses.*	Aud iretis,	*que vous entendissiez.*
Aud iret,	*qu'il entendît.*	Aud irent,	*qu'ils entendissent.*

Ou : J'entendrais, tu entendrais, il entendrait, nous entendrions, vous entendriez, ils entendraient.

IMPARFAIT INFINITIF.

Aud ire, *qu'il entendait* ou *qu'ils entendaient.*

IMPARFAIT DU PARTICIPE.

Aud iens, ientis, *qui entendait.*

A l'imparfait de chaque mode, même radical propre *aud* et même figurative qu'au présent.

PARFAIT DE L'INDICATIF.

Audiv i,	*j'ai entendu.*	Audiv imus,	*nous avons entendu.*
Audiv isti,	*tu as entendu.*	Audiv istis,	*vous avez entendu.*
Audiv it,	*il a entendu.*	Audiv erunt,êre,	*ils avaient entendu.*

On dit aussi : J'entendis, tu entendis, il entendit, nous entendîmes, vous entendîtes, ils entendirent. Ou : J'eus, tu eus, il eut entendu, nous eûmes, vous eûtes, ils eurent entendu.

PARFAIT DU SUBJONCTIF.

Audiv erim,	*que j'aie entendu.*	Audiv erimus,	*que nous ayons*
Audiv eris,	*que tu aies entendu.*	Audiv eritis,	*que vous ayez*
Audiv erit,	*qu'il ait entendu.*	Audiv erint	*qu'ils aient*

entendu.

PARFAIT INFINITIF.

Audiv isse, *avoir entendu, qu'il a* ou *qu'ils ont entendu.*

Le parfait de chaque mode a pour radical impropre *audiv,* et pour figurative la dernière lettre de ce radical.

————

PLUSQUE-PARFAIT DE L'INDICATIF.

SINGULIER.		PLURIEL.	
Audiv eram ,	*j'avais entendu.*	Audiv eramus,	*nous avions entendu.*
Audiv eras,	*tu avais entendu.*	Audiv eratis ,	*vous aviez entendu.*
Audiv erat ,	*il avait entendu.*	Audiv erant ,	*ils avaient entendu.*

PLUSQUE-PARFAIT DU SUBJONCTIF OU CONDITIONNEL PASSÉ.

Audiv issem ,	*que j'eusse entendu:*	Audiv issemus,	*que nous eussions*
Audiv isses ,	*que tu eusses entendu.*	Audiv issetis ,	*que vous eussiez*
Audiv isset,	*qu'il eût entendu.*	Audiv issent ,	*qu'ils eussent*

entendu.

Ou : J'aurais, tu aurais, il aurait entendu ; nous aurions, vous auriez, ils auraient entendu. On dit aussi : J'eusse, tu eusses, il eût entendu ; nous eussions , vous eussiez , ils eussent entendu.

PLUSQUE-PARFAIT INFINITIF.

Audiv isse , *qu'il avait* ou *qu'ils avaient entendu.*

Au plusque-parfait de chaque mode même radical impropre *audiv,* qu'au parfait indicatif.

————

FUTUR DE L'INDICATIF. Formé du présent indicatif en changeant *io* en *iam*, *ies*, à la quatrième conjugaison.

Aud iam ,	*j'entendrai.*	Aud iemus ,	*nous entendrons.*
Aud ies ,	*tu entendras.*	Aud ietis,	*vous entendrez.*
Aud iet ,	*il entendra.*	Aud ient ,	*ils entendront.*

Ce futur indicatif a le même radical propre *aud*, que le présent.

FUTUR DE L'INFINITIF OU 1.er CONDITIONNEL.

Sing. Esse audit urum , uram , *devoir entendre, qu'il entendra* ou *entendrait.*
Plur. Esse audit uros , uras , *qu'ils entendront* ou *entendraient.*

FUTUR DU PARTICIPE OU 1.er CONDITIONNEL.

Audit urus , ura , urum , *devant entendre , près de* ou *sur le point d'entendre.*

Ce futur part. a le même radical imp. *audit*, que le supin.

FUTUR PASSÉ DE L'INDICATIF.

Audiv ero ,	*j'aurai entendu.*	Audiv erimus ,	*nous aurons entendu.*
Audiv eris ,	*tu auras entendu.*	Audiv eritis,	*vous aurez entendu.*
Audiv erit ,	*il aura entendu.*	Audiv erint ,	*ils auront entendu.*

Ce futur passé a le même radical impropre *audiv*, que le parfait indicatif.

FUTUR PASSÉ DE L'INFINITIF OU CONDITIONNEL PASSÉ.

Sing. Fuisse audit urum , uram , *avoir dû entendre , qu'il aura* ou *aurait entendu.*

Plur. Fuisse audit uros , uras , *qu'ils auront* ou *auraient entendu.*

SUPIN.

Audit um , *à entendre.*

Il a pour radical impropre *audit*.

GÉRONDIFS. Formés du présent indicatif en changeant *io* en *iendi etc.*, pour la quatrième conjugaison.

Aud iendi , *d'entendre ;* — iendo, *en entendant;* — iendum , *à* ou *pour entendre.*

Ainsi se conjuguent :

Indicatif.	Infinitif.	Parfait.	Supin.	
Mun io, is ,	munire ,	munivi,	munitum,	*fortifier.*
Sepel io, is ,	sepelire,	sepelivi ,	sepultum ,	*ensevelir.*
Erud io, is ,	erudire,	erudivi ,	eruditum,	*instruire.*
Aper io, is ,	aperire,	aperui ,	apertum ,	*ouvrir.*

RÉGIME DES VERBES ACTIFS.

Tout verbe actif gouverne l'accusatif. Ce cas est un régime direct, et ce régime vient toujours en réponse à l'interrogation *quoi* faite sur le verbe. Ex. :

J'aime , (D. *quoi ?* R.) Dieu : amo Deum.

La mort n'épouvante pas , (D. *quoi ?* R.) le sage : mors non terret sapientem.

RÉGIME DES VERBES NEUTRES.

Il y a des verbes neutres de désinence active. Les uns gouvernent le génitif. Ex. : Ayez pitié d'un prince arcadien , arcadii *miserescite* regis.

D'autres gouvernent le datif. Ex. : Je ne céderai pas au dépit , non iracundiæ *parebo.*

D'autres enfin veulent l'ablatif. Ex. : L'homme probe se réjouit du bonheur d'autrui , vir probus *gaudet* felicitate alienâ.

Attribut des verbes neutres.

Les verbes neutres sont-ils suivis d'un attribut , ils veulent après eux même cas que devant. Un mot , comme on sait , est attribut , s'il peut-être précédé de *qualifié.* Ex. :

Le globe de la terre ne demeure pas (*qualifié*) *immobile* , orbis terrarum non stat immobilis.

Je marche (*qualifiée*) *reine* des Dieux et (*qualifiée*) *sœur* de Jupiter , incedo divûm regina , Jovisque soror.

VERBES PASSIFS.

On appelle *passifs* (1) les verbes qui expriment une action soufferte par le sujet : les méchans *sont punis*; le verbe exprime l'action d'être puni; cette action est soufferte par le sujet. Tout verbe actif peut devenir passif.

En latin (2) on forme le passif en ajoutant *r* à la désinence

---

(1) De passum, supin de pati, souffrir, endurer.

(2) En français un verbe passif se conjugue d'un bout à l'autre avec l'auxiliaire *être.*

active *o*; amo, *amor*, et en changeant *m* en *r*, amabam, *amabar*. Mais pour le parfait et les autres temps composés, l'on prend *sum* ou *fui*, et le parfait du participe en *us, a, um: sum* ou *fui amatus*.

PREMIÈRE CONJUGAISON PASSIVE : or, aris-ari.

PRÉSENT DU MODE INDICATIF.

SINGULIER.		PLURIEL.	
Am or,	*je suis aimé* ou *aimée.*	Am amur,	*nous sommes aimés,etc.*
Am aris (are),	*tu es aimé , etc.*	Am amini,	*vous êtes aimés.*
Am atur,	*il est aimé.*	Am antur,	*ils sont aimés.*

PRÉSENT DU MODE SUBJONCTIF.

Am er,	*que je sois aimé...ée.*	Am emur,	*que nous soyons aimés.*
Am eris (ere),	*que tu sois aimé , etc.*	Am emini,	*que vous soyez aimés.*
Am etur,	*qu'il soit aimé.*	Am entur,	*qu'ils soient aimés.*

PRÉSENT DU MODE IMPÉRATIF. Semblable au présent infinitif actif dans les quatre conjugaisons.

		Am emur,	*soyons aimés..ées.*
Am are (ator),	*sois aimé...ée.*	Am amini,	*soyez aimés, etc.*
Am ator (ille),	*qu'il soit aimé , etc.*	Am antor,	*qu'ils soient aimés.*

PRÉSENT DU MODE INFINITIF. Formé du présent infinitif actif en changeant *are* en *ari*.

Am ari, *être aimé, qu'il est aimé* ou *qu'ils sont aimés.*

Le présent du participe manque dans les verbes de désinence passive.

IMPARFAIT DE L'INDICATIF.

Am abar,	*j'étais aimé* ou *aimée.*	Am abamur,	*nous étions aimés..ées.*
Am abaris (re),	*tu étais aimé , etc.*	Am abamini,	*vous étiez aimés , etc.*
Am abatur,	*il était aimé.*	Am abantur,	*ils étaient aimés.*

IMPARFAIT DU SUBJONCTIF.

Am arer,	*que je fusse aimé...ée.*	Am aremur,	*que nous fussions aimés.*
Am areris (re),	*que tu fusses aimé,etc.*	Am aremini,	*que vous fussiez aimés.*
Am aretur,	*qu'il fût aimé.*	Am arentur,	*qu'ils fussent aimés.*

Ou : Je serais, tu serais, il serait aimé; nous serions, vous seriez, ils seraient aimés. Ou bien ; Je fusse, tu fusses, il fût aimé ; nous fussions, vous fussiez, ils fussent aimés.

PARFAIT DU MODE INDICATIF. C'est le nominatif du parfait participe avec le présent *sum*, ou le parfait *fui*, dans les quatre conjugaisons.

S. Ego (1) sum *ou* fui amat us, a, um, *j'ai été aimé ou aimée.*
Tu es *ou* fuisti amat us, etc.,   *tu as été aimé, etc.*
Ille est *ou* fuit amat us,   *il a été aimé.*
P. Nos sumus *ou* fuimus amat i, æ, a, *nous avons été aimés ou aimées.*
Vos estis *ou* fuistis amat i, etc., *vous avez été aimés, etc.*
Illi sunt *ou* fuerunt amat i,   *ils ont été aimés.*

Ou : Je fus, tu fus, il fut aimé ; nous fûmes, vous fûtes, ils furent aimés. On dit aussi : J'eus été aimé, etc.

PARFAIT DU SUBJONCTIF. C'est le nominatif du parfait participe avec *sim* ou *fuerim*, dans les quatre conjugaisons.

Sing. Sim *ou* fuerim amat us, a, um, *que j'aie été aimé ou aimée.*
Sis *ou* fueris amat us, etc.,   *que tu aies été aimé, etc.*
Sit *ou* fuerit amat us,   *qu'il ait été aimé.*
Plur. Simus *ou* fuerimus amat i, æ, a, *que nous ayons été aimés ou aimées.*
Sitis *ou* fueritis amat i, etc.,   *que vous ayez été aimés, etc.*
Sint *ou* fuerint amat i,   *qu'ils aient été aimés.*

PARFAIT DU MODE INFINITIF. C'est l'accusatif du parfait part. avec *esse* ou *fuisse*, dans les quatre conjugaisons.

Esse amat um, am ; os, as, *avoir été aimé* ou *qu'il a été aimé* ou *qu'ils ont été aimés.*

PARFAIT DU MODE PARTICIPE. Formé du supin en *u*, en changeant *u* en *us, a, um*, dans les quatre conjugaisons.

Amat us, a, um, *aimé, aimée ; ayant été aimé, qui a été aimé ou aimée.*

PLUSQUE-PARFAIT DU MODE INDICATIF. C'est le nomin. du parf. part. avec *eram* ou *fueram* dans les quatre conjugaisons.

Sing. Eram *ou* fueram amat us,   *j'avais été aimé.*
Eras *ou* fueras amat us,   *tu avais été aimé.*
Erat *ou* fuerat amat us,   *il avait été aimé.*

---

(1) On peut ne pas exprimer les pronoms ego, tu, etc.

Plur. Eramus *ou* fueramus amat i ,   *nous avions été aimés.*
      Eratis *ou* fueratis amat i ,   *vous aviez été aimés.*
      Erant *ou* fuerant amat i ,   *ils avaient été aimés.*

PLUSQUE-PARFAIT DU SUBJONCTIF OU CONDITIONNEL PASSÉ. C'est le nomin. du parf. participe avec *essem ou fuissem*, dans les quatre conjugaisons.

Sing. Essem *ou* fuissem amat us ,   *que j'eusse été aimé.*
      Esses *ou* fuisses amat us ,   *que tu eusses été aimé.*
      Esset *ou* fuisset amat us ,   *qu'il eût été aimé.*
Plur. Essemus *ou* fuissemus amat i , *que nous eussions été aimés.*
      Essetis *ou* fuissetis amat i ,   *que vous eussiez été aimés.*
      Essent *ou* fuissent amat i ,   *qu'ils eussent été aimés.*

Ou : J'aurais été, tu aurais été, il aurait été aimé ; nous aurions été, vous auriez été, ils auraient été aimés. Ou bien : J'eusse été, tu eusses été, il eût été aimé ; nous eussions été ; vous eussiez été, ils eussent été aimés.

PLUSQUE-PARFAIT DE L'INFINITIF. C'est l'accus. du parf. part. avec *fuisse* dans les quatre conjugaisons.

Fuisse amat um , am ; os, as , *qu'il avait été aimé*, ou *qu'ils avaient été aimés.*

PLUSQUE-PARFAIT DU PARTICIPE. Semblable au parf. du part. *amatus.*

Amat us , a , um , *qui avait été aimé* ou *aimée.*

FUTUR DE L'INDICATIF.

SINGULIER.		PLURIEL.	
Am abor ,	*je serai aimé.*	Am abimur ,	*nous serons aimés.*
Am aberis(ere),	*tu seras aimé.*	Am abimini ,	*vous serez aimés.*
Am abitur ,	*il sera aimé.*	Am abuntur ,	*ils seront aimés.*

FUTUR DE L'INFINITIF. C'est le supin en *um* suivi de *iri* ; ou l'accus. du futur part. en *dus, da, dum*, avec *esse* dans les quatre conjugaisons.

Amat um iri (invar.) *ou* esse am andum ; andam ; andos, andas , *devoir être aimé , qu'il sera* ou *serait aimé; qu'ils seront* ou *seraient aimés.*

FUTUR DU PARTICIPE. Formé du prés. indic. en changeant *o* en *andus, anda, andum*, à la première conjugaison.

Am andus , anda , andum , *devant être* ou *pour être aimé.*

FUTUR PASSÉ DE L'INDICATIF. C'est le nomin. du parf. part. avec *ero* ou *fuero*, dans les quatre conjugaisons.

Sing.	Ero *ou* fuero amat us,	*j'aurai été aimé.*
	Eris *ou* fueris amat us,	*tu auras été aimé.*
	Erit *ou* fuerit amat us,	*il aura été aimé.*
Plur.	Erimus *ou* fuerimus amat i,	*nous aurons été aimés.*
	Eritis *ou* fueritis amat i,	*vous aurez été aimés.*
	Erunt *ou* fuerint amat i,	*ils auront été aimés.*

FUTUR PASSÉ DE L'INFINITIF OU CONDITIONNEL PASSÉ. C'est *fuisse* et l'acc. du futur part. en *dus, da, dum*, dans les quatre conjugaisons.

Fuisse am andum, andam; andos, andas, *avoir dû être aimé, qu'il aura été* ou *aurait été aimé; qu'ils auront été* ou *auraient été aimés.*

SUPIN. Formé de celui de l'actif en ôtant *m* finale, dans les quatre conjugaisons.

Amat u, *à être aimé.*

SECONDE CONJUGAISON PASSIVE : eor, eris-eri.

PRÉSENT DE L'INDICATIF.

SINGULIER.		PLURIEL.	
Mon eor,	*je suis averti.*	Mon emur,	*nous sommes avertis.*
Mon eris (ere),	*tu es averti.*	Mon emini,	*vous êtes avertis.*
Mon etur,	*il est averti.*	Mon entur,	*ils sont avertis.*

PRÉSENT DU SUBJONCTIF.

Mon ear,	*que je sois averti.*	Mon eamur,	*que nous soyons avertis.*
Mon earis (re),	*que tu sois averti.*	Mon eamini,	*que vous soyez avertis.*
Mon eatur,	*qu'il soit averti.*	Mon eantur,	*qu'ils soient avertis.*

PRÉSENT DE L'IMPÉRATIF.

		Mon eamur,	*soyons avertis.*
Mon ere(etor), *sois averti.*		Mon emini,	*soyez avertis.*
Mon etor(ille), *qu'il soit averti.*		Mon entor,	*qu'ils soient avertis.*

PRÉSENT DE L'INFINITIF. Formé de celui de l'act. en changeant *ere* en *eri.*

Mon eri, *être averti, qu'il est averti, qu'ils sont avertis.*

IMPARFAIT DE L'INDICATIF.

SINGULIER.		PLURIEL.	
Mon ebar,	*j'étais averti.*	Mon ebamur,	*nous étions avertis.*
Mon ebaris,	*tu étais averti.*	Mon ebamini,	*vous étiez avertis.*
Mon ebatur,	*il était averti.*	Mon ebantur,	*ils étaient avertis.*

IMPARFAIT DU SUBJONCTIF OU PREMIER CONDITIONNEL.

Mon erer,	*que je fusse averti.*	Mon eremur,	*que nous fussions*	
Mon ereris(re),	*que tu fusses averti.*	Mon eremini,	*que vous fussiez*	*averti*
Mon eretur,	*qu'il fût averti.*	Mon erentur,	*qu'ils fussent*	

Ou : Je serais, tu serais, il serait averti ; nous serions, vous seriez, ils seraient avertis. Ou bien : Je fusse, tu fusses, il fût averti ; nous fussions, vous fussiez, ils fussent avertis.

IMPARFAIT DE L'INFINITIF.

Mon eri, *qu'il était averti, qu'ils étaient avertis.*

PARFAIT DE L'INDICATIF.

Sing.	Sum *ou* fui monit us,	*j'ai été averti.*
	Es *ou* fuisti monit us,	*tu as été averti.*
	Est *ou* fuit monit us,	*il a été averti.*
Plur.	Sumus *ou* fuimus monit i,	*nous avons été avertis.*
	Estis *ou* fuistis monit i,	*vous avez été avertis.*
	Sunt *ou* fuerunt monit i,	*ils ont été avertis.*

Ou : Je fus, tu fus, il fut averti ; nous fûmes, vous fûtes, ils furent avertis. On dit aussi : J'eus été, tu eus été, il eut été averti ; nous eûmes été, vous eûtes été, ils eurent été avertis.

PARFAIT DU SUBJONCTIF.

Sing.	Sim *ou* fuerim monit us,	*que j'aie été averti.*
	Sis *ou* fueris monit us,	*que tu aies été averti.*
	Sit *ou* fuerit monit us,	*qu'il ait été averti.*
Plur.	Simus *ou* fuerimus monit i,	*que nous ayons été avertis.*
	Sitis *ou* fueritis monit i,	*que vous ayez été avertis.*
	Sint *ou* fuerint monit i,	*qu'ils aient été avertis.*

PARFAIT DE L'INFINITIF.

Esse monit um, am ; os, as, *avoir été averti, qu'il a été averti, ou qu'ils ont été avertis.*

PARFAIT DU PARTICIPE.

Monit us, a, um, *averti, avertie, ayant été averti, qui a été averti.*

PLUSQUE-PARFAIT DE L'INDICATIF.

Sing. Eram *ou* fueram monit us ,   *j'avais été averti.*
     Eras *ou* fueras monit us ,   *tu avais été averti.*
     Erat *ou* fuerat monit us ,   *il avait été averti.*
Plur. Eramus *ou* fueramus monit i , *nous avions été avertis.*
     Eratis *ou* fueratis monit i ,   *vous aviez été avertis.*
     Erant *ou* fuerant monit i ,   *ils avaient été avertis.*

PLUSQUE-PARFAIT DU SUBJONCTIF OU CONDITIONNEL PASSÉ.

Sing. Essem *ou* fuissem monit us ,   *que j'eusse été averti.*
     Esses *ou* fuisses monit us ,   *que tu eusses été averti.*
     Esset *ou* fuisset monit us ,   *qu'il eût été averti.*
Plur. Essemus *ou* fuissemus monit i , *que nous eussions été avertis.*
     Essetis *ou* fuissetis monit i , *que vous eussiez été avertis.*
     Essent *ou* fuissent monit i ,   *qu'ils eussent été avertis.*

Ou : J'aurais été, tu aurais été, il aurait été averti; nous aurions été, vous auriez été, ils auraient été avertis. Ou : J'eusse été, tu eusses été, il eût été averti; nous eussions été, vous eussiez été, ils eussent été avertis.

PLUSQUE-PARFAIT DE L'INFINITIF.

Fuisse monit um , am ;. os , as , *qu'il avait été averti ou qu'ils avaient été avertis.*

PLUSQUE-PARFAIT DU PARTICIPE.

Monit us , a , um , *qui avait été averti.*

————

FUTUR DE L'INDICATIF.

SINGULIER.

Mon ebor ,   *je serai averti.*
Mon eberis , *tu seras averti.*
Mon ebitur , *il sera averti.*

PLURIEL.

Mon ebimur , *nous serons avertis.*
Mon ebimini , *vous serez avertis.*
Mon ebuntur , *ils seront avertis.*

FUTUR DE L'INFINITIF OÙ PREMIER CONDITIONNEL.

Monit um iri (invar.) *ou* esse mon endum, endam; endos, endas , *devoir être averti, qu'il sera ou serait averti ; qu'ils seront ou seraient avertis.*

FUTUR DU PARTICIPE. Formé du prés. indic. en changeant *eo* en *endus , enda , endum.*

Mon endus, enda, endum , *devant être ou pour être averti.*

————

FUTUR PASSÉ DE L'INDICATIF.

Sing. Ero *ou* fuero monit us ,   *j'aurai été averti.*

Eris *ou* fueris monit us,   *tu auras été averti.*
Erit *ou* fuerit monit us,   *il aura été averti.*
Plur. Erimus *ou* fuerimus monit i, *nous aurons été avertis.*
Eritis *ou* fueritis monit i, *vous aurez été avertis.*
Erunt *ou* fuerint monit i, *ils auront été avertis.*

FUTUR PASSÉ DE L'INFINITIF OU CONDITIONNEL PASSÉ.

Fuisse mon endum , endam; endos, endas, *avoir dû être averti, qu'il aura été ou aurait été averti ; qu'ils auront été ou auroient été avertis.*

— — —

SUPIN.

Monit u , *à être averti.*

============

TROISIÈME CONJUGAISON : or, ior, eris, i.

PRÉSENT DE L'INDICATIF.

SINGULIER.   **PLURIEL.**

Scrib or,   *je suis écrit.*   Scrib imur, *nous sommes écrits.*
Scrib eris(ere), *tu es écrit.*   Scrib imini, *vous êtes écrits.*
Scrib itur,   *il est écrit.*   Scrib untur(1),*ils sont écrits.*

PRÉSENT DU SUBJONCTIF.

Scrib ar (2) , *que je sois écrit.* Scrib amur, *que nous soyons écrits.*
Scrib aris(are), *que tu sois écrit.* Scrib amini, *que vous soyez écrits,*
Scrib atur;   *qu'il soit écrit.* Scrib antur, *qu'ils soient écrits.*

PRÉSENT DE L'IMPÉRATIF.

                      Scrib amur (3),*soyons écrits.*
Scrib ere(itor), *sois écrit.*   Scrib imini, *soyez écrits.*
Scrib itor(ille), *qu'il soit écrit.* Scrib untor, *qu'ils soient écrits.*

PRÉSENT DE L'INFINITIF. Formé de celui de l'act. en changeant *ere* en *i.*

Scrib i, *être écrit, qu'il est écrit, qu'ils sont écrits.*

———

(1) *Les verbes en* or, ior, *font* eris *ou* ere *à la seconde personne. Ceux en* io , ior, *font* iunt, iuntur *à la troisième personne plurielle.*

(2) Iar, iaris, atur, iamur, iamini, iantur, *dans les verbes en* ior.

(3) Iamur, iuntor, *dans les verbes en* ior.

IMPARFAIT DE L'INFINITIF.

SINGULIER.		PLURIEL.	
Scrib ebar (1),	*j'étais écrit.*	Scrib ebamur,	*nous étions écrits.*
Scrib ebaris(re),	*tu étais écrit.*	Scrib ebamini,	*vous étiez écrits.*
Scrib ebatur,	*il était écrit.*	Scrib ebantur,	*ils étaient écrits.*

IMPARFAIT DU SUBJONCTIF OU PREMIER CONDITIONNEL.

Scrib erer,	*que je fusse écrit.*	Scrib eremur,	*que nous fussions écrits.*
Scrib ereris(re),	*que tu fusses écrit.*	Scrib eremini,	*que vous fassiez écrits.*
Scrib eretur,	*qu'il fût écrit.*	Scrib erentur,	*qu'ils fussent écrits.*

Ou : Je serais, tu serais, il serait écrit; nous serions, vous seriez, ils seraient écrits. Ou bien : Je fusse, tu fusses, il fût écrit ; nous fussions, vous fussiez, ils fussent écrits.

IMPARFAIT DE L'INFINITIF.

Scrib i, *qu'il était écrit, qu'ils étaient écrits.*

PARFAIT DE L'INDICATIF.

Sing.	Sum *ou* fui script us,	*j'ai été écrit.*
	Es *ou* fuisti script us,	*tu as été écrit.*
	Est *ou* fuit script us,	*il a été écrit.*
Plur.	Sumus *ou* fuimus script i,	*nous avons été écrits.*
	Estis *ou* fuistis script i,	*vous avez été écrits.*
	Sunt *ou* fuerunt script i,	*ils ont été écrits.*

Ou : Je fus, tu fus, il fut écrit; nous fûmes, vous fûmes, ils furent écrits. On dit aussi : J'eus été, tu eus été, il eut été écrit; nous eûmes été, vous eûtes été, ils eurent été écrits.

PARFAIT DU SUBJONCTIF.

Sing.	Sim *ou* fuerim script us,	*que j'aie été écrit.*
	Sis *ou* fueris script us,	*que tu aies été écrit.*
	Sit *ou* fuerit script us,	*qu'il ait été écrit.*
Plur.	Simus *ou* fuerimus script i,	*que nous ayons été écrits.*
	Sitis *ou* fueritis script i,	*que vous ayez été écrits.*
	Sint *ou* fuerint script i,	*qu'ils aient été écrits.*

PARFAIT DE L'INFINITIF.

Esse script um, am; os, as, *avoir été écrit, qu'il a été écrit, qu'ils ont été écrits.*

---

(1) Iebar, iebaris, etc., dans les verbes en *ior*.

PARFAIT DU PARTICIPE.

Script us, a , um, *écrit, écrite ; ayant été écrit, qui a été écrit.*

PLUSQUE-PARFAIT DE L'INDICATIF.

Sing. Eram *ou* fueram script us,   *j'avais été écrit.*
     Eras *ou* fueras script us,   *tu avais été écrit.*
     Erat *ou* fuerat script us,   *il avait été écrit.*
Plur. Eramus *ou* fueramus script i, *nous avions été écrits.*
     Eratis *ou* fueratis script i,   *vous aviez été écrits.*
     Erant *ou* fuerant script i ,   *ils avaient été écrits.*

PLUSQUE-PARFAIT DU SUBJONCTIF OU CONDITIONNEL PASSÉ.

Sing. Essem *ou* fuissem script us ,   *que j'eusse été écrit.*
     Esses *ou* fuisses script us,   *que tu eusses été écrit.*
     Esset *ou* fuisset script us ,   *qu'il eût été écrit.*
Plur. Essemus *ou* fuissemus script i, *que nous eussions été écrits.*
     Essetis *ou* fuissetis script i,   *que vous eussiez été écrits.*
     Essent *ou* fuissent script i,   *qu'ils eussent été écrits.*

Ou : J'aurais été, tu aurais été, il aurait été écrit; nous aurions été, vous auriez été, ils auraient été écrits. On dit aussi : J'eusse été , tu eusses été, il eût été écrit; nous eussions été , vous eussiez été, ils eussent été écrits.

PLUSQUE-PARFAIT DE L'INFINITIF.

Fuisse script um, am; os , as, *qu'il avait été écrit, ou qu'ils avaient été écrits.*

PLUSQUE-PARFAIT DU PARTICIPE.

Script us , a , um , *qui avait été écrit.*

FUTUR DE L'INDICATIF.

SINGULIER.   **PLURIEL.**

Scrib ar, (1)   *je serai écrit.*   Scrib emur,   *nous serons écrits.*
Scrib eris (ere), *tu seras écrit.*   Scrib emini,   *vous serez écrits.*
Scrib etur,   *il sera écrit.*   Scrib entur ,   *ils seront écrits.*

FUTUR DE L'INFINITIF OU PREMIER CONDITIONNEL.

Script um, iri (inv.) *ou* esse scrib endum, endam; endos, endas, *devoir être écrit, qu'il sera ou serait écrit; qu'ils seront ou seraient écrits.*

---

(1) Iar, ieris, ietur, iemur, iemini, ientur , dans les verbes en *ior.*

FUTUR DU PARTICIPE. Formé du présent indicatif en changeant *o* en *endus; io* en *iendus.*

Scrib endus, enda; endum, *devant être ou pour être écrit.*

FUTUR PASSÉ DE L'INDICATIF.

Sing. Ero *ou* fuero script us,   *j'aurai été écrit.*
      Eris *ou* fueris script us,   *tu auras été écrit.*
      Erit *ou* fuerit script us,   *il aura été écrit.*
Plur. Erimus *ou* fuerimus script i,   *nous aurons été écrits.*
      Eritis *ou* fueritis script i,   *vous aurez été écrits.*
      Erunt *ou* fuerint script i,   *ils auront été écrits.*

FUTUR PASSÉ DE L'INFINITIF OU CONDITIONNEL PASSÉ.

Fuisse scrib endum, endam; endos, endas, *avoir dû être écrit, qu'il aura été ou aurait été écrit; qu'ils auront été ou auraient été écrits.*

SUPIN.

Script u, *à être écrit.*

QUATRIÈME CONJUGAISON : ior, iris-iri.

PRÉSENT DE L'INDICATIF.

SINGULIER.   PLURIEL.

Aud ior,   *je suis entendu.*   Aud imur,   *nous sommes entendus.*
Aud iris (ire), *tu es entendu.*   Aud imini,   *vous êtes entendus,*
Aud itur,   *il est entendu.*   Aud iuntur,   *ils sont entendus.*

PRÉSENT DU SUBJONCTIF.

Aud iar,   *que je sois entendu.* Aud iamur, *que nous soyons entendus.*
Aud iaris(iare), *que tu sois entendu.* Aud iamini, *que vous soyez entendus.*
Aud iatur,   *qu'il soit entendu.* Aud iantur, *qu'ils soient entendus.*

PRÉSENT DE L'IMPÉRATIF.

                                        Aud iamur,   *soyons entendus.*
──────────   ──────────   Aud imini,   *soyez entendus.*
Aud ire (itor), *sois entendu.*   Aud iantor,   *qu'ils soient entendus.*
Aud itor.(ille), *qu'il soit entendu.*

PRÉSENT DE L'INFINITIF. Formé de celui de l'actif en changeant *ire* en *iri.*

Aud iri, *être entendu, qu'il est entendu; qu'ils sont entendus.*

IMPARFAIT DE L'INDICATIF.

SINGULIER.		PLURIEL.	
Aud iebar,	*j'étais entendu.*	Aud iebamur,	*nous étions entendus.*
Aud iebaris,	*tu étais entendu.*	Aud iebamini,	*vous étiez entendus.*
Aud iebatur,	*il était entendu.*	Aud iebantur,	*ils étaient entendus.*

IMPARFAIT DU SUBJONCTIF OU PREMIER CONDITIONNEL.

Aud irer,	*que je fusse entendu.*	Aud iremur,	*que nous fussions*
Aud ireris,	*que tu fusses entendu.*	Aud iremini,	*que vous fussiez*
Aud iretur,	*qu'il fût entendu.*	Aud irentur,	*qu'ils fussent*

entendus.

Ou : Je serais, tu serais, il serait entendu; nous serions, vous seriez, ils seraient entendus. On dit aussi : Je fusse, tu fusses, il fût entendu; nous fussions, vous fussiez, ils fussent entendus.

IMPARFAIT DE L'INFINITIF.

Aud iri, *qu'il était entendu, qu'ils étaient entendus.*

PARFAIT DE L'INDICATIF.

Sing.	Sum *ou* fui audit us,	*j'ai été entendu.*
	Es *ou* fuisti audit us,	*tu as été entendu.*
	Est *ou* fuit audit us,	*il a été entendu.*
Plur.	Sumus *ou* fuimus audit i,	*nous avons été entendus.*
	Estis *ou* fuistis audit i,	*vous avez été entendus.*
	Sunt *ou* fuerunt audit i,	*ils ont été entendus.*

Ou : Je fus, tu fus, il fut entendu; nous fûmes, vous fûtes, ils furent entendus. On dit aussi : J'eus été, tu eus été, il eut été entendu; nous eûmes été, vous eûtes été, ils eurent été entendus.

PARFAIT DU SUBJONCTIF.

Sing.	Sim *ou* fuerim audit us,	*que j'aie été entendu.*
	Sis *ou* fueris audit us,	*que tu aies été entendu.*
	Sit *ou* fuerit audit us,	*qu'il ait été entendu.*
Plur.	Simus *ou* fuerimus audit i,	*que nous ayons été entendus.*
	Sitis *ou* fueritis audit i,	*que vous ayez été entendus.*
	Sint *ou* fuerint audit i,	*qu'ils aient été entendus.*

PARFAIT DE L'INFINITIF.

Esse audit um, am; os, as, *avoir été entendu, qu'il a été entendu; qu'ils ont été entendus.*

PARFAIT DU PARTICIPE.

Audit us, a, um, *entendu, entendue; ayant été entendu, qui a été entendu.*

5.

PLUSQUE-PARFAIT DE L'INDICATIF.

Sing. Eram *ou* fueram audit us,   *j'avais été entendu.*
Eras *ou* fueras audit us,   *tu avais été entendu.*
Erat *ou* fuerat audit us,   *il avait été entendu.*
Plur. Eramus *ou* fueramus audit i,   *nous avions été entendus.*
Eratis *ou* fueratis audit i,   *vous aviez été entendus.*
Erant *ou* fuerant audit i,   *ils avaient été entendus.*

PLUSQUE-PARFAIT DU SUBJONCTIF OU CONDITIONNEL PASSÉ.

Sing. Essem *ou* fuissem audit us,   *que j'eusse été entendu.*
Esses *ou* fuisses audit us,   *que tu eusses été entendu.*
Esset *ou* fuisset audit us,   *qu'il eût été entendu.*
Plur. Essemus *ou* fuissemus audit i,   *que nous eussions été entendus.*
Essetis *ou* fuissetis audit i,   *que vous eussiez été entendus.*
Essent *ou* fuissent audit i,   *qu'ils eussent été entendus.*

Ou : J'aurais été, tu aurais été, il aurait été entendu ; nous aurions été, vous auriez été, ils auraient été entendus. Ou bien : J'eusse été, tu eusses été, il eût été entendu ; nous eussions été, vous eussiez été ; ils eussent été entendus.

PLUSQUE-PARFAIT DE L'INFINITIF.

Fuisse audit um, am ; os, as, *qu'il avait été entendu ; qu'ils avaient été entendus.*

PLUSQUE-PARFAIT DU PARTICIPE.

Audit us, a, um, *qui avait été entendu.*

FUTUR DE L'INDICATIF.

SINGULIER.

Aud iar,   *je serai entendu.*
Aud ieris (iere), *tu seras entendu.*
Aud ietur,   *il sera entendu.*

PLURIEL.

Aud iemur,   *nous serons entendus.*
Aud iemini,   *vous serez entendus.*
Aud ientur,   *ils seront entendus.*

FUTUR DE L'INFINITIF OU PREMIER CONDITIONNEL.

Audit um iri (inv.) *ou* esse and iendum, iendam ; iendos, iendas, *devoir être entendu, qu'il sera ou serait entendu ; qu'ils seront ou seraient entendus.*

FUTUR DU PARTICIPE. Formé du présent indicatif en changeant *io* en *iendus.*

Aud iendus, ienda, iendum, *devant être ou pour être entendu.*

FUTUR PASSÉ DE L'INDICATIF.

Sing. Ero *ou* fuero audit us,   *j'aurai été entendu.*

Eris *ou* fueris audit us, tu auras été entendu.
Erit *ou* fuerit audit us, il aura été entendu.
Plur. Erimus *ou* fuerimus audit i, nous aurons été entendus.
Eritis *ou* fueritis audit i, vous aurez été entendus.
Erunt *ou* fuerint audit i, ils auront été entendus.

FUTUR PASSÉ DU MODE INFINITIF OU CONDITIONNEL PASSÉ.

Fuisse aud iendum, iendam; iendos, iendas, *avoir dû être entendu, qu'il* aura été ou *aurait été entendu ; qu'ils auront été* ou *auraient été entendus.*

SUPIN.

Audit. u, *à être entendu.*

RÉGIME DU VERBE PASSIF.

Le régime du verbe passif produit l'action renfermée dans le verbe. Les méchans sont punis *de Dieu;* Dieu voilà le régime qui fait l'action de punir.

Après le verbe passif, le mot précédé de la préposition *de* ou *par* est régime de ce verbe. Si ce régime est un objet animé, on le met à l'ablatif avec *à* devant une consonne, *ab* devant une voyelle, une *h* ou un *j*. Pour connaître ce régime, on fera sur le verbe la question *de qui, par qui;* le régime viendra en réponse. Ex. :

Alcibiade fut instruit (D. *par qui?* R.) *par Socrate,* Alcibiades fuit eruditus *à Socrate.*

Mais on sous-entend la préposition (excepté devant natura) si le régime est un objet inanimé. De plus, cet objet répond à la question de quoi, par quoi. Ex. :

L'avare est rongé (D. de quoi? R.) *de souois,* avarus conficitur *ærumnis.*

Avec probor, je suis approuvé; improbor, je suis désapprouvé; videor, je suis vu; quelques particicipes en us, a, um, et tous ceux en dus, da, dum, on met mieux le régime au datif. Ex. :

Ce sentiment n'est point approuvé *de nous,* c.-à-d. *à nous,* hæc sententia non probatur *nobis.*

La vertu doit être pratiquée *par tout le monde*, virtus est colenda *omnibus*.

Cela n'a pas besoin d'être fait *par vous*, id non *vobis* est faciendum.

———

Attribut des verbes passifs. Ego nominor leo.

Le mot qui n'est séparé du verbe passif par aucune des deux prépositions *de* ou *par*, n'est pas régime, mais attribut; et cet attribut est reconnu tel s'il peut être précédé de *qualifié*. Ex. :

Je me nomme (qualifié) *lion*, ego nominor *leo*.

Charles fut sacré (qualifié) *Roi*, Carolus est inauguratus *Rex*.

Si le verbe n'a ni régime, ni attribut, le présent et l'imparfait de l'indicatif français se traduisent par le parfait et par le plusque-parfait indicatif. Ex. :

L'ouvrage est fini, c.-à-d. *a été fini*, opus *est perfectum*.

La lettre était écrite, c.-à-d. *avait été*, litteræ *erant scriptæ*. Mais on ne mettrait ni fuit, ni fuerant.

═══════

VERBES DÉPONENS.

Les verbes déponens ont la désinence passive et la signification active : *imitor*, j'imite; *polliceor*, je promets. On les nomme déponens, de *deponere*, déposer, parce qu'ils déposent la signification passive qu'ils avaient autrefois (1).

Ces verbes se conjuguent comme les quatre conjugaisons passives. Pour former les temps de ces verbes, il faut leur supposer un actif. Nous ne citerons que la première personne de chaque temps.

———

(1) Verbes déponens pris passivement : pauper aspernatur, Cic., le pauvre est méprisé. — Admirari ob ornamenta, Can., être admiré pour la parure. — Quidquid nequit ulcisci, Sall., tout ce qui ne peut être vengé. — Sapientia adipiscitur, Tac., la sagesse est acquise. Les étudians n'imiteront pas ces exceptions.

PREMIÈRE CONJUGAISON.

Même désinence que *amor*, *aris*, *ari*.

Présent de l'indicatif. Imit or, aris *ou* are, *j'imite*, etc.
Présent du subjonctif. Imit er, eris *ou* ere, *que j'imite*, etc.
Présent de l'impératif. Imit are (ator), *imite*, etc.
Présent de l'infinitif. Imit ari, *imiter*, *qu'il imite* ou *qu'ils imitent*.
Présent du participe. Imit ans, antis, *imitant*, *qui imite*.

Imparf. de l'indicatif. Imit abar, abaris *ou* abare, *j'imitais*, etc.
Imparf. du subjonctif. Imit arer, areris *ou* arere, *que j'imitasse*, etc., *on j'imiterais.*
Imparf. de l'infinitif. Imit ari, *qu'il imitait* ou *qu'ils imitaient.*
Imparf. du participe. Imit ans, antis, *qui imitait.*

Parfait de l'indicatif. Sum *ou* fui imitat us *j'ai imité*, etc., *ou j'imitai*, *ou bien j'eus imité.*
Parfait du subjonctif. Sim *ou* fuerim imitat us, *que j'aie imité*, etc.
Parfait de l'infinitif. Esse imitat um, am ; os, as, *avoir imité*, *qu'il a* ou *qu'ils ont imité.*
Parfait du participe. Imitat us, a, um, *ayant imité*, *qui a imité.*

Plusque-parf. de l'ind. Eram *ou* fueram imitat us, *j'avais imité*, etc.
Plusque-parf. du subj. Essem *ou* fuissem imitat us, *que j'eusse imité*, etc., *ou j'aurais imité*, etc.
Plusque-parf. de l'inf. Fuisse imitat um, am ; os, as, *qu'il avait* ou *qu'ils avaient imité.*
Plusque-parf. du part. Imitat us, a, um, *qui avait imité.*

Futur de l'indicatif. Imit abor, aberis *ou* abere *j'imiterai*, etc.
Futur de l'infinitif. Esse imitat urum, uram ; uros, uras, *devoir imiter*, *qu'il imitera* ou *imiterait* ; *qu'ils imiteront* ou *imiteraient.*
Futur du part. actif. Imitat urus, ura, urum, *devant imiter*, *près d'imiter.*
Futur du part. passif. Imit andus, anda, andum, *devant être imité*, *qui doit être* ou *qui a besoin d'être imité.*

Futur passé de l'indic. Ero *ou* fuero imitat us, *j'aurai imité*, etc.
Futur passé de l'infin. Fuisse imitat urum, uram ; uros, uras, *avoir dû imiter*, *qu'il aura* ou *aurait imité* ; *qu'ils auront* ou *auraient imité.*

Supin actif. Imitat um, *à imiter.*
Supin passif. Imitat u, *à être imité.*
Gérondifs. Imit andi, *d'imiter* ; imit ando *en imitant*, imit andum, *à* ou *pour imiter.*

VERBES DÉPONENS.

Ainsi se conjuguent :

Indicatif.	*Infinitif.*	*Supin.*	
Mir or, aris,	mir ari,	mirat um,	*admirer.*
Vener or, aris,	vener ari,	venerat um,	*respecter.*
Prec or, aris,	prec ari,	precat um,	*prier.*
Hort or, aris,	hort ari,	hortat um,	*exhorter.*

SECONDE CONJUGAISON.

Même désinence que *mon eor, eris-eri.*

Présent de l'indicatif. Tu eor, eris ou ere, je défends, etc.
Présent du subjonctif. Tu ear, earis ou eare, que je défende, etc.
Présent de l'impératif. Tu ere ou etor, défends, etc.
Présent de l'infinitif. Tu eri, défendre, qu'il défend ; qu'ils défendent.
Présent du participe. Tu ens, entis, qui défend.

Imparf. de l'indicatif. Tu ebar, ebaris ou ebare, je défendais, etc.
Imparf. du subjonctif. Tu erer, ereris ou erere, que je défendisse, etc., ou je défendrais, etc.
Imparf. de l'infinitif. Tu eri, qu'il défendait ; qu'ils défendaient.
Imparf. du participe. Tu ens, entis, qui défendait.

Parfait de l'indicatif. Sum ou fui tuit us, j'ai défendu, etc., ou je défendis, etc., ou j'eus défendu, etc.
Parfait du subjonctif. Sim ou fuerim tuitus, que j'aie défendu, etc.
Parfait de l'infinitif. Esse ou fuisse tuit um, am ; os, as, avoir défendu, qu'il a ou qu'ils ont défendu.
Parfait du participe. Tuit us, a, um, ayant défendu, qui a défendu.

Plusque-parf. de l'ind. Eram ou fueram tuit us, j'avais défendu, etc.
Plusque-parf. du subj. Essem ou fuissem tuit us, que j'eusse défendu, etc., ou j'aurais défendu, etc, ou j'eusse défendu, etc.
Plusque-parf. de l'inf. Fuisse tuit um, am ; os, as, qu'il avait ou qu'ils avaient défendu.
Plusque-parf. du part. Tuit us, a, um, qui avait défendu.

Futur de l'indicatif. Tu ebor, eberis ou ebere, je défendrai, etc.
Futur de l'infinitif. Esse tuit urum, uram ; uros, uras, devoir défendre, qu'il défendra ou défendrait ; qu'ils défendront ou défendraient.
Futur du part. actif. Tuit urus, ura, urum, devant ou près de défendre.
Futur du part. passif. Tu endus, enda, endum, devant être ou qui a besoin d'être défendu.

Futur passé de l'ind. Ero ou fuero tuit us, j'aurai défendu, etc.

Futur passé de l'infin. Fuisse tuit urum, uram ; uros, uras, *avoir dû défendre, qu'il aura* ou *aurait défendu ; qu'ils auront
ou auraient défendu.*

Supin actif.   Tuit um, *à défendre.*
Supin passif.   Tuit u, *à être défendu.*
Gérondifs.   Tu endi, *de. défendre'; tu* endo, *en défendant ;
tu endum, à* ou *pour défendre.*

Ainsi se conjuguent :

Indicatif.	*Infinitif.*	*Supin.*	
Ver eor, eris,	ver eri,	verit um,	*craindre.*
Pollic eor, eris,	pollic eri,	pollicit um,	*promettre.*
R. eor, eris,	r eri,	rat um,	*consulter.*
Mer eor, eris,	mer eri,	merit um,	*mériter.*

TROISIÈME CONJUGAISON.

Même désinence que *scrib or* ou *accip ior, eris-i.*

Présent de l'indicatif. Ut or, eris ou ere, *je me sers, etc.*
Présent du subjonctif. Ut ar, aris ou are (1), *que je me serve, etc.*
Présent de l'impératif. Ut ere (itor), *sers-toi, etc.*
Présent de l'infinitif. Ut i, *se servir, qu'il se sert, qu'ils se servent.*
Présent du participe. Ut ens (2), entis, *se servant, qui se sert.*

Imparf. de l'indicatif. Ut ebar (3), ebaris ou ebare, *je me servais, etc.*
Imparf. du subjonctif. Ut erer, ereris ou erere, *que je me servisse,* ou *je
me servirais, etc.*
Imparf. de l'infinitif. Ut i, *qu'il se servait, qu'ils se servaient.*
Imparf. du participe. Ut ens, entis, *qui se servait.*

Parfait de l'indicatif. Sum ou fui us us, *je me suis servi, etc.,* ou *je me
servis, etc.,* ou *je me fus servi.*
Parfait du subjonctif. Sim ou fuerim us us, *que je me sois servi, etc.*
Parfait de l'infinitif. Esse ou fuisse us um, am ; os, as, *s'être servi, qu'il
s'est servi* ou *qu'ils se sont servis.*
Parfait du participe. Us us, a, um, *s'étant servi, qui s'est servi.*

Plusque-parf. de l'ind. Eram ou fueram us us, *je m'étais servi.*
Plusque-parf. du subj. Essem ou fuissem us us, *que je me fusse servi, etc.,*
ou *je me serais servi, etc.,* ou *je me fusse servi, etc.*

---

(1) Iar, iaris, dans les verbes en *ior.*

(2) Iens, dans les verbes en *ior.*

(3) Iebar, dans les verbes en *ior.*

Plusque-parf. de l'inf. Fuisse us um , am ; os , as, *qu'il s'était servi, qu'ils s'étaient servis.*

Plusque-parf. du part. Us us , a , um , *qui s'était servi.*

Futur de l'indicatif. Ut ar (1), eris *ou* ere, *je me servirai,* etc.

Futur de l'infinitif. Esse us urum , uram ; uros , uras , *devoir se servir, qu'il se servira* ou *se servirait; qu'ils se serviront* ou *se serviraient.*

Futur du part. actif. Us urus , ura , urum , *devant* ou *près de se servir.*

Futur du part. passif. Ut endus (2) , enda , endum , *dont on doit se servir.*

Futur passé de l'ind. Ero *ou* fuero us us , *je me serai servi ,* etc.

Futur passé de l'inf. Fuisse us urum , uram ; uros , uras , *avoir dû se servir, qu'il se sera* ou *se serait servi ; qu'ils se seront* ou *se seraient servis.*

Supin actif. Us um, *à se servir.*

Supin passif. Us u, *à être employé.*

Gérondifs. Ut endi (3) , *de se servir;* ut endo, *en se servant;* ut endum, *à* ou *pour se servir.*

Ainsi se conjuguent :

Indicatif.	*Infinitif.*	*Supin.*	
Adipisc or , eris ,	adipisc i ,	adeptum ,	*obtenir.*
Ulcisc or , eris ,	ulcisc i ,	ultum ,	*se venger.*
Pat ior , eris ,	pat i ,	passum ,	*souffrir.*
Mor ior , eris ,	mor i ,	mortuus sum (4) ,	*mourir.*
Nasc or , cris ,	nasc i ,	natus sum (5) ,	*naître.*

QUATRIÈME CONJUGAISON.

Même désinence que *audior, iris-iri.*

Présent de l'indicatif. Larg ior , iris *ou* ire , *je donne,* etc.

Présent du subjonctif. Larg iar , iaris *ou* iare , *que je donne,* etc.

Présent de l'impératif. Larg ire *ou* itor , *donne,* etc.

Présent de l'infinitif. Larg iri , *donner, qu'il donne* ou *qu'ils donnent.*

Présent du participe. Larg iens , ientis , *donnant, qui donne.*

Imparf. de l'indicatif. Larg iebar , iebaris *ou* iebare , *je donnais,* etc.

---

(1) Iar , ieris , dans les verbes en *ior.*

(2) Iendus , dans les verbes en *ior.*

(3) Iendi , etc. , dans les verbes en *ior.*

(4) Au futur du participe actif *moriturus.*

(5) Au futur du participe actif *nasciturus.*

Imparf. du subjonctif. Larg irer, *que je donnasse, etc.*, ou *je donnerais, etc.*
Imparf. de l'infinitif. Larg iri, *qu'il donnait* ou *qu'ils donnaient.*
Imparf. du participe. Larg iens, ientis, *qui donnait.*

Parfait de l'indicatif. Sum *ou* fui largit us, *j'ai donné, etc.*, ou *je don-*
nai, etc., ou j'eus donné, etc.
Parfait du subjonctif. Sim *ou* fuerim largit us, *que j'aie donné, etc.*
Parfait de l'infinitif. Esse largit um, am; os, as, *avoir donné, qu'il a*
ou qu'ils ont donné.
Parfait du participe. Largit us, a, um, *ayant donné, qui a donné.*

Plusque-parf. de l'ind. Eram *ou* fueram largit us, *j'avais donné, etc.*
Plusque-parf. du subj. Essem *ou* fuissem largit us, *que j'eusse donné, etc.,*
ou j'aurais ou *j'eusse donné, etc.*
Plusque-parf. de l'inf. Fuisse largit um, am; os, as, *qu'il avait ou qu'ils*
avaient donné.
Plusque-parf. du part. Largit us, a, um, *qui avait donné.*

Futur de l'indicatif. Larg iar, ieris *ou* iere, *je donnerai, etc.*
Futur de l'infinitif. Esse largit urum, uram; uros, uras, *devoir donner,*
qu'il donnera ou *donnerait; qu'ils donneront* ou
donneraient.
Futur du part. actif. Largit urus, ura, urum, *devant donner, près de donner.*
Futur du part. passif. Larg iendus, ienda, iendum, *devant être* ou *qui a*
besoin d'être donné.

Futur passé de l'indic. Ero *ou* fuero largit us, *j'aurai donné, etc.*
Futur passé de l'inf. Fuisse largit urum, uram; uros, uras, *avoir dû don-*
ner, qu'il aura ou *aurait donné; qu'ils auront* ou
auraient donné.

Supin actif. Largit um, *à donner.*
Supin passif. Largit u, *à être donné.*
Gérondifs. Larg iendi, *de donner;* larg iendo, *en donnant;*
larg iendum, *à* ou *pour donner.*

Ainsi se conjuguent :

Indicatif.	*Infinitif.*		*Supin.*
Exper ior, iris,	exper iri,	expertum,	*éprouver.*
Ment ior, iris,	ment iri,	mentitum,	*mentir.*
Or ior, iris,	or iri,	ortum (1),	*paraître.*
Met ior, iris,	met iri,	mensum,	*mesurer.*

RÉGIME DES VERBES DÉPONENS.

Les verbes déponens *actifs* gouvernent l'accusatif, et ce

---

(1) Au futur du participe actif *oriturus.*

régime *direct* répond , comme on sait, à la question quoi
faite sur le verbe. Ex :

J'imite (D. quoi? R.) *mon père,* imitor *patrem* meum.

L'art n'atteint pas (D. quoi? R.) *la nature,* ars non asse-
quitur *naturam.*

Il y a des verbes déponens *neutres* : ils gouvernent le génitif. Ex. :

Ayons pitié *des pauvres ,* misereamur *pauperum.* — Ou le
datif. Ex. : Secourons les malheureux , opitulemur *miseris.*
— Ou l'ablatif. Ex. : Servons-nous *de livres* choisis , selectis
utamur *libris.*

Attribut des verbes déponens neutres.

Les verbes déponens *neutres* sont-ils suivis d'un attribut ,
ils veulent après eux même cas que devant. On sait qu'avant
l'attribut on peut mettre *qualifié.* Ex. :

Aristide mourut *(qualifié) pauvre ,* Aristides mortuus est
pauper.

Irrégularités à la seconde conjugaison.

On voit quelques verbes prenant la désinence active de
moneo dans leurs temps simples : *gaudeo , es , ere ,* etc. ;
et la désinence passive de *monitus* dans les temps composés :
sum ou *fui gavisus ,* je me suis réjoui. Audeo, es , ere , sum
ou fui ausus , oser; — mœreo, es, ere, sum *ou* fui' mœstus ,
être chagrin; — soleo, es', ere , sum *ou* fui solitus , avoir
coutume.

Fido, is, ere, sum *ou* fui fisus, se fier (3.ᵉ conjugaison).

Plusieurs de ces verbes ont le part. en *us* comme ausus,
ayant osé; en *urus,* ausurus, devant oser, et en *dus,* au-
dendus , devant être osé.

Fio (1), fis, fieri, sum *ou* fui factus, être fait, repré-
sente le passif de *fac io.* Ce verbe a aussi dans ses temps

---

(1) Du grec *phuo,* delà *fuo ;* Tros Rutulusve *fuat* (en poësie). Virg.

simples la désinence active, et dans ses temps composés la désinence passive. Il a tous ses temps; nous n'indiquerons que ceux qui sont irréguliers.

Présent de l'impératif. Fi ou fito, *deviens;* fite ou fitote, *devenez.*
Présent de l'infinitif. Fieri, *devenir.*
Fut. du part. passif. Faciendus, da, dum, *devant devenir* ou *devant être fait.*

Mais les composés de *facio*, tels que *affic io*, *effic io*, *confic io* (1), *refic io*, *suffic io*, etc., forment régulièrement leur passif. Mais si un nom entre dans la composition du verbe, comme *labefacio*, *madefacio*, *tumefacio*, *rarefacio*, etc., le passif demeure irrégulier, *labefio*, etc.

Régime des verbes de désinence active et passive.

Les verbes *audeo*, et *mœreo* sont réputés actifs. Ex. :

Ils bravèrent les dangers, ausi sunt *pericula.* sous-entendu *adire.* — S'affliger d'un accident, mœrere *casum.* sous-entendu *secundum*, sur.

Ce sont plutôt des verbes neutres, et ils gouvernent l'ablatif. Ex. :

Il s'afflige des avantages d'autrui, mœret *bonis alienis.*
Ils se réjouissent du carnage, gaudent *sanguine.*

Attribut des verbes de désinence active et passive.

Ces verbes sont-ils suivis d'un attribut, ils veulent après eux même cas que devant. On sait que l'attribut est reconnu tel, lorsqu'il peut-être précédé de *qualifié.* Ex. : tu ne te réjouis pas *(qualifié) exilé*, tu non gaudes *exul.*

Irrégularités à la troisième conjugaison.

Fero (2), fers, ferre, tuli, latum, *porter.* Ces temps formateurs, quoique sans analogie entr'eux, forment régulièrement

(1) *Confic io*, prend aussi la désinence irrégulière en poësie. Hoc confit quod volo, Tér. on fait ce que je veux.

(2) Ce verbe, du grec *phero*, je porte, a pris plusieurs temps de l'inusité *tulo*, parfait tetuli; supin tulatum, d'où est venu latum.

leurs dérivés. Ce verbe et ses composés n'offrent d'irrégularités qu'aux temps suivans :

PRÉSENT DE L'INDICATIF.

SINGULIER.		PLURIEL.	
Fer o,	*je porte.*	Fer imus,	*nous portons.*
Fer s,	*tu portes.*	Fer tis,	*vous portez.*
Fer t,	*il porte.*	Fer unt,	*ils portent.*

PRÉSENT DE L'IMPÉRATIF.

		Fer amus,	*portons.*
Fer (1), (ferto),	*porte.*	Fer te (tote),	*portez.*
Fer to (ille),	*qu'il porte.*	Fer unto,	*qu'ils portent.*

PRÉSENT DE L'INFINITIF.

Ferre, *porter, qu'il porte.*

IMPARFAIT DU SUBJONCTIF.

Fer rem,	*que je portasse.*	Fer remus,	*que nous portassions.*
Fer res,	*que tu portasses.*	Fer retis,	*que vous portassiez.*
Fer ret,	*qu'il portât.*	Fer rent,	*qu'ils portassent.*

Ainsi se conjuguent ses composés : Affer o, affers, afferre,
attuli, ablatum, *apporter.* Effer o, effers, efferre, extuli,
elatum, *emporter.* Offer o, offers, offerre, obtuli, oblatum,
offrir, etc., etc.

Passif : Fer or, fer ris *ou* fer re; fer ri, sum *ou* fui latus,
être porté. Il n'y a d'indiqués que les temps irréguliers. Ce
verbe a tous ses temps.

PRÉSENT DE L'INDICATIF.

SINGULIER.		PLURIEL.	
Fer or,	*je suis porté.*	Fer imur,	*nous sommes portés.*
Fer ris (ferre),	*tu es porté.*	Fer imini,	*vous êtes portés.*
Fer tur,	*il est porté.*	Fer untur,	*ils sont portés.*

PRÉSENT DE L'IMPÉRATIF.

		Fer amur,	*soyons portés.*
Fer re (tor),	*sois porté.*	Fer imini,	*soyez portés.*
Fer tor (ille),	*qu'il soit porté.*	Fer untor,	*qu'ils soient portés.*

(1) *Dicere, ducere, facere* font *dic, duc, fac.*

PRÉSENT DE L'INFINITIF.

Fer ri, *être porté.*

IMPARFAIT DU SUBJONCTIF.

SINGULIER.		PLURIEL.	
Fer rer,	*que je fusse porté.*	Fer remur,	*que nous fussions portés*
Fer reris(rere),	*que tu fusses porté.*	Fer remini,	*que vous fussiez portés.*
Fer retur,	*qu'il fût porté.*	Fer rentur,	*qu'ils fussent portés.*

Verbes *volo*, je veux; *nolo* (pour *non volo*), je ne veux pas; *malo* (pour *magis volo*), j'aime mieux.

PRÉSENT DE L'INDICATIF.

SINGULIER.			PLURIEL.		
Volo.	Nolo.	Malo.	Volumus.	Nolumus.	Malumus.
Vis.	Non vis.	Mavis.	Vultis.	Non vultis.	Mavultis.
Vult.	Non vult.	Mavult.	Volunt.	Nolunt.	Malunt.

PRÉSENT DU SUBJONCTIF.

Vel im.	Nol im.	Mal im.	Vel imus.	Nol imus.	Mal imus
Que je veuille, etc.					

PRÉSENT DE L'IMPÉRATIF. (*Nolo* seul en a un.)

———	———	Nol imus, *ne veuillons pas.*
Nol i (ito), *ne veuille pas.*		Nol ite(itote), *ne veuillez pas.*
Nol ito (ille), *qu'il ne veuille pas.*		Nol unto, *qu'ils ne veuillent pas.*

PRÉSENT DE L'INFINITIF.

Velle.   Nolle.   Malle.

PRÉSENT DU PARTICIPE.

Volens. (Les deux autres n'en ont pas.)

IMPARFAIT DE L'INDICATIF.

Vol ebam, ebas. Nol ebam, ebas. Mal ebam, ebas, etc.

IMPARFAIT DU SUBJONCTIF.

Vell em, es. Noll em, es. Mall em, es, etc.

FUTUR DE L'INDICATIF.

Vol am, es. Nol am, es. Mal am, es, etc.

PARFAIT DE L'INDICATIF.

Volu i, isti. Nolu i, isti. Malu i, isti, etc.

Tous les temps formés de ce parfait existent.

Aucun de ces trois verbes n'a de supin.

Irrégularités à la quatrième conjugaison.

Eo (1), is, ire, ivi, itum, *aller.* Ce verbe et ses composés n'offrent d'irrégularité qu'aux temps suivans. Nous n'indiquons que les temps irréguliers.

PRÉSENT DE L'INDICATIF.

SINGULIER.		PLURIEL.	
Eo,	*je vais ou je vas.*	Imus,	*nous allons.*
Is,	*tu vas.*	Itis,	*vous allez.*
It,	*il va.*	Eunt,	*ils vont.*

PRÉSENT DU SUBJONCTIF.

Eam,	*que j'aille.*	Eamus,	*que nous allions.*
Eas,	*que tu ailles.*	Eatis,	*que vous alliez.*
Eat,	*qu'il aille.*	Eant,	*qu'ils aillent.*

PRÉSENT DE L'IMPÉRATIF.

———	———	Eamus,	*allons.*
I *ou* ito,	*va.*	Ite *ou* itote,	*allez.*
Ito (ille),	*qu'il aille.*	Eunto,	*qu'ils aillent.*

PRÉSENT DE L'INFINITIF.

Ire, *aller.*

PRÉSENT DU PARTICIPE.

Iens, euntis, *allant.*

IMPARFAIT DE L'INDICATIF.

Ibam,	*j'allais.*	Ibamus,	*nous allions.*
Ibas,	*tu allais.*	Ibatis,	*vous alliez.*
Ibat,	*il allait.*	Ibant,	*ils allaient.*

FUTUR DE L'INDICATIF.

Ibo,	*j'irai.*	Ibimus,	*nous irons.*
Ibis,	*tu iras.*	Ibitis,	*vous irez.*
Ibit,	*il ira.*	Ibunt,	*ils iront.*

---

(1) Du grec *eô*, jè vais. On disait d'abord *eis, ei, eire.* Delà par contraction *is, it, ire.*

GÉRONDIFS.

Eundi, *d'aller*. — Eundo, *en allant*. — Eundum, *à ou pour aller*.

Ainsi se conjuguent ses composés : Ad eo (1), is, ire, ivi, itum, *aller trouver*. Ex eo, is, ire, ivi, itum, *sortir*, etc.

Circum ire, *aller autour*, perd *m* avant *i* seulement : circum eo, circu is, etc., cependant Q. Curce conserve *m* partout.

Les deux composés *in eo, je commence; ob eo*, je m'acquitte, peuvent seuls devenir passifs, in eor, ob eor.

Sur *eo* l'on conjugue aussi qu eo (2), qu is, qu ire, qu ivi, qu itum, *pouvoir;* nequ eo, is, ire, ivi, itum, *ne pouvoir pas*. Tous deux sans impératif. Térence dit au passif : non *quita est* nosci, elle n'a pu être connue.

Il y a quatre sémi-verbes : *memini* (3), je me souviens; *novi*, je connais; *odi*, je hais; *cœpi*, je commence. Ils ne sont chacun qu'une moitié de verbe, puisqu'ils n'ont que la désinence propre au parfait et aux temps qui en sont formés.

PRÉSENT DE L'INDICATIF. Désinence du parfait.

SINGULIER.		PLURIEL.	
Memin i,	*je me souviens.*	Memin imus,	*nous nous souvenons.*
Memin isti,	*tu te souviens.*	Memin istis,	*vous vous souvenez.*
Memin it,	*il se souvient.*	Memin erunt, ère, *ils se souviennent.*	

PRÉSENT DU SUBJONCTIF. Désinence du parfait.

Memin erim,	*que je me souvienne.*	Memin erimus,	*que nous nous souvenions.*
Memin eris,	*que tu te souviennes.*	Memin eritis,	*que vous vous souveniez.*
Memin erit,	*qu'il se souvienne.*	Memin erint,	*qu'ils se souviennent.*

PRÉSENT DE L'IMPÉRATIF. Ce verbe seul a ce temps.

SINGULIER.		PLURIEL.	
Mem ento,	*souviens-toi.*	Mem entote,	*souvenez-vous.*

---

(1) Quelques-uns de ces composés font aussi au futur iam, ies, transiam, præteriam. Mais le futur en ibo est bien préférable.

(2) *Qu eo*, selon quelques auteurs, est formé de *quiris eo*, je marche Romain, ou j'ai du pouvoir, je puis. On connaît les prérogatives attachées au nom *Romain*. — *Nequ eo* (non quiris eo), je ne puis pas.

(3) Ce verbe n'a pas de présent, parce qu'il signifie j'ai confié à ma mémoire. Il vient de l'inusité *meno*, parfait *memini*, et du grec *mimnémi*, je me rappelle. — *Novi* vient de *nosco*. — *Odi* fait aussi *sum* ou *fui osus*, j'ai haï. *Eram* ou *fueram osus*, etc. — *Cœpi* vient de *cœpio*, peu usité, d'où vient *sum cœptus*, très-usité, j'ai été commencé.

6

Mem ento(ille), *qu'il se souvienne.*

PRÉSENT DE L'INFINITIF.

Memin isse, *se souvenir.*

IMPARFAIT DE L'INDICATIF. Désinence du plusque-parfait.

SINGULIER.	PLURIEL.
Memin eram, *je me souvenais.*	Memin eramus, *nous nous souvenions.*
Memin eras, *tu te souvenais.*	Memin eratis, *vous vous souveniez.*
Memin erat, *il se souvenait.*	Memin erant, *ils se souvenaient.*

IMPARFAIT DU SUBJONCTIF. Désinence du plusque-parfait.

Memin issem, *que je me souvinsse.*	Memin issemus, *que n. n. souvinssions.*
Memin isses, *que tu te souvinsses.*	Memin issetis, *que v. v. souvinssiez.*
Memin isset, *qu'il se souvînt.*	Memin issent, *qu'ils se souvinssent.*

Ou : Je me souviendrais, etc.

IMPARFAIT DE L'INFINITIF. Désinence du parfait.

Memin isse, *qu'il se souvenait.*

FUTUR DE L'INDICATIF. Désinence du futur passé.

Memin ero, *je me souviendrai.*	Memin erimus, *nous nous souviendrons.*
Memin eris, *tu te souviendras.*	Memin eritis, *vous vous souviendrez.*
Memin erit, *il se souviendra.*	Memin erint, *ils se souviendront.*

Pour traduire le parfait *je me suis souvenu* et les autres temps composés, on emprunte du verbe *recordor*, le parfait sum *ou* fui recordatus, etc.

Tous ces verbes à désinence irrégulière sont ou actifs ou neutres.

VERBES DÉFECTUEUX.

On appelle *défectueux* les verbes auxquels il manque des modes ou des temps ou des personnes. Voici tout ce qu'ils ont d'usité :

PRÉSENT DE L'INDICATIF.

SINGULIER.		PLURIEL.	
A io,	*je dis.*		
A is,	*tu dis.*		
A it,	*il dit.*	A iunt,	*ils disent.*

PRÉSENT DU SUBJONCTIF.

A iat,	*qu'il dise.*	A iant,	*qu'ils disent.*

PRÉSENT DE L'IMPÉRATIF.

Ai, *dis.*

PRÉSENT DU PARTICIPE.

Aiens, aientis, *disant.*

IMPARFAIT DE L'INDICATIF.

A iebam,	*je disais.*	A iebamus,	*nous disions.*
A iebas,	*tu disais.*	A iebatis,	*vous disiez.*
A iebat,	*il disait.*	A iebant,	*ils disaient.*

PARFAIT DE L'INDICATIF.

A isti,	*tu as dit.*	A istis,	*vous avez dit.*

PRÉSENT DE L'INDICATIF.

Inqu am *ou* io,	*dis-je.*	Inqu imus,	*disons-nous.*
Inqu is,	*dis-tu.*	Inqu imus,	*dites-vous.*
Inqu it,	*dit-il.*	Inqu iunt,	*disent-ils.*

PRÉSENT DU SUBJONCTIF.

Inqu iat,	*qu'il dise.*	Inqu iant,	*qu'ils disent.*

PRÉSENT DE L'IMPÉRATIF.

Inqu e *ou* inqu ito, *dis.*

IMPARFAIT DE L'INDICATIF.

Inqu iebam,	*disais-je.*	Inqu iebamus,	*disions-nous.*
Inqu iebas,	*disais-tu.*	Inqu iebatis,	*disiez-vous.*
Inqu iebat,	*disait-il.*	Inqu iebant,	*disaient-ils.*

PARFAIT DE L'INDICATIF.

Inqu isti,	*as-tu dit.*	Inqu istis,	*avez-vous dit.*

FUTUR DE L'INDICATIF.

Inqu ies,	*diras-tu.*		
Inqu iet,	*dira-t-il.*	Inqu ient,	*diront-ils.*

Le verbe *edo, edis, edi, esum* ou *estum*, manger, et ses composés *comed o*, dissiper, *exed o*, ronger, sont réguliers. On peut cependant les conjuguer de la manière suivante :

PRÉSENT DE L'INDICATIF.

SINGULIER. PLURIEL.

Es,com es,ex es, p.edis,etc. *tu manges.* Estis,com estis,ex estis, *vous mangez.*

6.

Est, com est, ex est, *il mange.*

PRÉSENT DE L'IMPÉRATIF.

Es, com es, ex es,   Este, com est e ,ex este ,
ou esto , com esto,   *ou* estote, com estote,
ex esto, p. ede, etc., *mange,*   ex estote, p. edite, etc., *mangez.*

PRÉSENT DE L'INFINITIF.

Esse, com esse, ex esse, *manger*, pour edere, etc.

IMPARFAIT DU SUBJONCTIF.

Essem, com essem, ex essem, *que je mangeasse* , etc. , pour ederem , etc.

Edo n'a au passif que *editur* ou *estur.* Mais *comedo, exedo* ont tous les temps du passif.

Présent du subj. Faxim, *que je fasse ,* faxis, faxit, etc.; pour fecerim , etc.
Futur de l'indic. Faxo (1), *je ferai ,* faxis, faxit etc., pour fecero, etc.

Présent du subj. Ausim , *que j'ose* ou *j'oserais ,* ausis , ausit, etc. ; pour au-
       serim , inusité de *ausi* vieux parf. de *audeo.*

Présent de l'ind. Quæso (2), *je vous prie,* quæsumus, *nous vous prions.*

Présent de l'imp. Cedo (3), *donne , dis.*

Présent de l'ind. Infit (4) , *il commence.*

Présent de l'ind. Defit (5) , *cela manque à…*
Présent du subj. Defiat, *que cela manque.*
Présent de l'inf. Defieri, *manquer.*
Futur de l'indic. Defiet, *cela manquera.*

Présent de l'imp. Ave ou aveto , *(sois salué) bon jour;* avete ou avetote *(soyez*
                  salués), bon jour.
Présent de l'inf. Avere , *être salué.*

Présent de l'imp. Salve ou salveto , *(sois sauf) bon jour;* Salvete ou salvetote
               (soyez saufs) bon jour.
Présent de l'inf. Salvere, *être en bonne santé.*
Futur de l'indic. Salvebis, *tu seras en bonne santé.*

Présent de l'imp. Vale , *porte-toi bien ;* Valete, *portez-vous bien, adieu.*

---

(1) *Faxo* vient du futur grec αξω, *j'agirai. Faxo* et *faxim* répondent à l'optatif grec et marquent le souhait.

(2) Pour *quœro , quœrimus ,* je demande.

(3) Pour *cedito ;* syncope *cedio ;* contraction *cedo.*

(4) Infit : *in* marque la présence. — (5) Defit : *de* marque l'absence.

Sing. Age, agedum. *Plur.* agite, agitedum, *courage. Sing.* Apage, *retire-toi. Plur.* Apagite, *loin d'ici.*

Il y a encore des verbes défectueux, mais en usage seulement dans les poëtes comiques : *Sodes* pour *si audes*, si tu oses. *Sultis* pour *si vultis*, si vous voulez. *Capsis* pour *cape si vis*, prends si tu veux. *Sis* pour *si vis*, si tu veux. *Ambest* pour *am est* (en grec *amphi*, autour) il est ici près. *Potin ?* pour *potes ne ?* peux-tu ? etc.

VERBES UNIPERSONNELS.

On nomme *unipersonnels* les verbes qui n'ont que la troisième personne singulière dans chaque temps. Ils manquent du mode impératif et du mode participe.

Dans les quatre conjugaisons, il y a des verbes *unipersonnels* de désinence active : Tonat (1), tonare, tonuit, *il tonne.* Dilucet, dilucere, diluxit, *il fait jour.* Pluit, pluere, pluit, *il pleut.* Expedit, expedire, expedivit, *il est avantageux.*

Fulgurat, *il éclaire* (pour *fulgur meat, l'éclair passe*); oportet, *il faut* (pour *opera est, la peine est*); ningit, *il neige* (pour *ninguis it, la neige va*); refert, retulit, *il importe* (pour *res fert, l'intérêt porte*); libet, ere, buit *ou* est libitum, *il plaît;* licet, ere, cuit *ou* est licitum, *il est permis;* decet, ere, decuit, *il convient.*

Il faut toujours l'accusatif *me, te, nos, vos, illum, illam* ou *illos, illas*, ou un nom devant les cinq unipersonnels *pænitet, tere, tuit,* se repentir; *pudet, dere, duit,* avoir honte; *tædet, dere, duit,* s'ennuyer; *piget, gere, guit ou est pigitum,* être fâché; *miseret, cre ou miserescit, cre, est misertum,* avoir pitié. Voici comment on les conjugue :

PRÉSENT DE L'INDICATIF.

Sing. Me pœnitet (2), *je me repens.*

Plur. Nos pœnitet, *nous nous repentons.*

---

(1) Le sujet demeure sous-entendu : c'est pour *cœlum* tonat, le *Ciel* tonne ; *lux* dilucet, la *lumière* luit ; *pluvia* it, la *pluie* va ; *id* expeditum it, cela va dégager.

(2) On dit au futur part. passif : *pœnitendus,* Liv. ; *pudendus,* Cic. ; *pigendus,* Ov. ; dont on doit rougir. Salluste a dit *pœniturus,* devant se repentir.

Te pœnitet,
tu te repens.
Fratrem pœnitet ;
le frère se repent.

Vos pœnitet,
vous vous repentez.
Fratres pœnitet,
les frères se repentent.

Ainsi des autres temps. C'est comme s'il y avait *pœnœ tenet me,* etc., le repentir tient moi ; *pudor tenet me,* la honte tient moi ; *pigor,* inusité, *tenet me,* le regret tient moi ; *miseratio tenet me,* la pitié tient moi ; *tœdium tenet me,* l'ennui tient moi.

Devant ces cinq verbes tous les verbes deviennent *unipersonnels,* exceptons *volo, nolo, malo, audeo, cupio, amo.* Ex.:

PRÉSENT DE L'INDICATIF.

Sing. Solet me pœnitere,
j'ai coutume de me repentir.
Solet te pœnitere,
tu as coutume de te repentir.
Solet illum pœnitere,
il a coutume de se repentir.

Plur. Solet nos pœnitere,
nous avons coutume de nous repentir.
Solet vos pœnitere,
vous avez coutume de vous repentir.
Solet illos pœnitere,
ils ont coutume de se repentir.

Pour *pœna solet tenere me,* etc., le repentir a coutume de tenir moi, etc.

Au parfait on met l'unipersonnel au neutre, et l'on dit : *Solitum est me pœnitere, j'ai eu coutume* de me repentir. *Solitum est te pœnitere, tu as eu coutume* de te repentir, etc. Ainsi des autres temps composés. C'est comme s'il y avait *pœna* est *negotium* solitum tenere me, *le repentir* est *la chose* accoutumée à me tenir, etc.

———

Dans les quatre conjugaisons de désinence active, on peut rendre *unipersonnels passifs* tous les verbes actifs et même tous les verbes neutres. Ex. : On raconte, *narratur ;* on a dit, *dictum est ;* on favorise, *favetur ;* on est venu, *ventum est.* Le sujet *negotium* demeure sous-entendu.

On peut aussi rendre *unipersonnels* tous les verbes actifs, neutres, déponens, en les mettant à la troisième personne plurielle de chaque temps. Ex. : On raconte, *narrant ;* on a dit, *dixerunt ;* on favorise, *favent ;* on est venu, *venerunt ;* on admirera, *admirabuntur.* Le sujet *homines* demeure sous-entendu.

DE L'ADVERBE.

L'adverbe est un mot invariable qui se joint au *verbe*, à *l'adjectif* et même à un *autre adverbe*, pour en modifier la signification. Fénélon vivait *saintement;* il était *très*-charitable. *Saintement* indique de quelle manière vivait Fénélon; *très*, à quel dégré il était charitable. Ces deux adverbes modifient donc le verbe et l'adjectif auxquels ils sont respectivement joints. Il y a des adverbes de plusieurs sortes; ils marquent :

Le temps.

Hactenùs (p. hâc die tenùs), jusqu'ici.
Hodie (p. hoc die), aujourd'hui.
Cras, demain.
Heri, hier.
Adhùc (p. ad hoc tempus), jusqu'alors.
Pridiè (p. priori die), la veille.
Postridiè (p. posterâ die), le lendemain.
Perindiè, après-demain.
Quotidiè (p. quotâ die), chaque jour.
Tunc *ou* tunc temporis, alors.
Pridem (p. tempus prius ante diem), depuis long-temps.

La quantité.

Multùm (de multus, a, um), beaucoup.
Parùm (de parvus, a, um), peu.
Tantùm (de tantus, a, um), tant.
Tantulùm (de tantulus, a, um), tant soit peu.
Quantùm (de quantus), combien.
Plùs *ou* magis, davantage: (de magis *m. f.*, mage, *n.*) plus grand.
Minùs (de minor), moins.
Minimùm (de minimus), le moins.
Affatim, sat, satis (de satis, e) assez.
Nimis, nimiùm (de nimis, e) excessif, trop.

L'indication.

En (du grec *entha*, là), voici.
Eccè (de hîc ce, ici), voilà.

Le nombre.

Semel, une fois.

Bis, deux fois.
Ter, trois fois.
Quater, quatre fois.
Quinquies, cinq fois, etc.
Quoties ? combien de fois ?
Centies, cent fois.
Millies, mille fois, etc.

L'affirmation.

Etiàm, ità, oui.
Sanè, certè, profectò, quidem, equidem (p. ego quidem), assurément.

La négation.

Non, haud, nihil, ne pas, ne rien.
Minimè, point du tout.
Nequaquàm, neutiquàm, nullement.

Le doute.

Forsan, forsitan, peut-être.
Fortè, fortassè, par hasard.

L'interrogation.

Cur ? quare ? quid ? quid ità ? quamobrem ? (p. ob quam rem ?) pourquoi.
Quomodò ? (pour quonam modo ?) comment ?

L'union.

Simul, unà, pariter, ensemble, pareillement.
Conjunctim (s. in), en réunion.
Generatim (s. in), en général.
Gregatim (s. in), en troupes.

La division.

Partim (s. in), en partie.
Seorsùm, privatim, en particulier, à part.
Aliorsùm, vers un autre endroit.
Alioqui (alioquin dev. une voyelle), autrement.
Aliter, différemment.

La réciprocité.

Mutuò, invicem, mutuellement.
Vicissim, tour-à-tour.

Le lieu.

A la question ubi? *où* est-il? on répond : hîc, etc., *ici* (où je suis).
A la question quò? *où* va-t-il? on répond : hùc, etc., *ici* (où je suis).
A la question undè? *d'où* vient il?

on répond : hinc, etc., *d'ici* (où je suis).
A la question quà? *par où* passe-t-il? on répond hâc, etc., *par ici* (où je suis).

La manière.

Seriò (s. in), sérieusement.
Obviam (ob, devant, viam, chemin), au-devant.
Amussim (s. ad), selon la règle.
Ergò (ablatif grec latinisé, affaire), à cause de.
Instar (anc. subst. n. ind.), comme, en place de.
On dit indifféremment primùm, secundùm, etc., pour la première, la seconde, la troisième fois (S. per tempus), ou primò, secundò, tertiò (1), etc. (S. in tempore, loco, ordine).

Les adverbes qui marquent *la manière,* viennent en réponse à la question de *quelle manière?* Ils prennent, comme leurs adjectifs, les trois dégrés. Au positif, ils sont terminés en *è,* quelquefois en *ò,* lorsqu'ils se forment d'adjectifs de la seconde déclinaison; presque toujours en *ter,* lorsqu'ils viennent d'adjectifs de la seconde déclinaison. Leur comparatif est toujours en *iùs,* et leur superlatif en *è.*

Positif.	Comparatif.	Superlatif.
De doctus : Doctè, savamment ;	doctiùs,	doctissimè.
De miser : Miserè, malheureusement ;	miseriùs,	miserrimè.
De citus : Citò, vîte;	citiùs,	citissimè.
De honorificus : Honorificè, honorab.ᵗ;	honorificentiùs,	honorificentissimè
De diligens : Diligenter, diligemment;	diligentiùs,	diligentissimè.
De fortis : Fortiter, vaillamment;	fortiùs,	fortissimè.
De celer : Celeriter, promptement;	celeriùs,	celerrimè.

Les adverbes suivans sont irréguliers au comp. et au superl.:

De bonus : Benè, bien ;	meliùs, mieux ;	optimè, fort bien.
De magnus : Multùm, beaucoup;	magis, plus ;	maximè, le plus.
De malus : Malè, mal ;	pejùs, plus mal ;	pessimè, très-mal.
De parvus : Parùm, peu ;	minùs, moins ;	minimè, très-peu.

Certains adverbes manquent d'adjectif *formateur :* sæpè,

(1) Pompée consulta les savans pour savoir s'il devait mettre *tertiùm consul* ou *tertiò consul* au frontispice d'un temple élevé à la victoire ; Cicéron, n'osant décider, lui conseilla de mettre en abrégé : *Tert. consul.*

souvent; sæpiùs, sæpissimè. Propè, proche; propiùs, proximè.

Certains adverbes n'ont pas de *positif*: de *okus* (grec), vîte, viennent ociùs, ocissimè.

Certains adverbes n'ont que le positif et le superlatif: nuper, récemment; nuperrimè.

DE LA PRÉPOSITION.

La préposition est une particule invariable qui sert à indiquer le rapport des mots, et qui se place avant son régime, sans lequel elle ne formerait point de sens. Exemples: L'amitié est un bienfait *de* Dieu; *sans* elle l'homme vit abandonné *sur* la terre. Ces expressions *de, sans, sur,* ne formeraient aucun sens, si elles n'étaient suivies d'un complément.

Les prépositions gouvernent l'accusatif ou l'ablatif.

Il y a trente à trente-deux prépositions qui régissent l'accusatif:

Ad, auprès, chez, pour. Ad urbem esse, être auprès de la ville.

Adversùm, adversus, contre, vis-à-vis. Adversùs hostes, contre les ennemis.

Antè, avant, devant. Antè alios, devant les autres.

Apud, chez, auprès. Apud patrem meum habitat, il demeure chez mon père.

Circà, auprès, environ. Circà forum, auprès du barreau.

Circiter, environ, vers. Circiter eam horam, environ cette heure-là.

Circùm, autour. Circùm mœnia, autour des remparts.

Cis, citrà, deçà, en deçà. Citrà Euphratem, en deçà de l'Euphrate.

Contrà, contre, vis-à-vis. Contrà autoritatem, contre l'autorité.

Ergà, envers, à l'égard de. Caritas ergà proximum, charité envers le prochain.

Extrà, hors, excepté, outre, Extrà urbem, hors de la ville.

Infrà, sous, au-dessous. Infrà omnes, au-dessous de tous.

Inter, entre, parmi. Inter cœteros, parmi les autres.

Intrà, dans, dans l'espace de. Intrà parietes, au-dedans des murs.

Juxtà, auprès de, tout contre. Juxtà viam, auprès du chemin.

Ob, à cause de, pour, devant. Ob oculos, devant les yeux.

Penès, en la puissance de. Penès Romanos, en la puissance des Romains.

Per, par, durant, au travers de. Per diem, durant le jour.

Ponè, après, derrière. Ponè ædem, derrière le temple.

Post, après, depuis, dans, derrière. Post tergum, derrière le dos.

Præter, excepté, outre, devant. Omnes præter eum, tous excepté lui.

Propter, à cause de, en considération de. Propter honestatem, à cause de l'honnêteté.

Secundùm, selon, après. Secundùm philosophos, selon les philosophes.
Secùs, le long de. Secùs viam stare, se tenir le long du chemin.
Suprà, sur, au-dessus de. Suprà leges, au-dessus des lois.
Trans, au-delà de. Trans maria, au delà des mers.
Ultrà, par delà, au-delà de. Ultrà Tiberim, au-delà du Tibre.
Usquè, jusqu'à. Romam usque, jusqu'à Rome.
Versùs, du côté de. Orientem versùs, du côté de l'Orient.

Ces deux dernières se placent ordinairement après leur régime. Elles sont quelquefois accompagnées de la préposition *ad.* Ab ovo *usque ad* mala, Hor. depuis l'œuf jusqu'au dessert; ou bien *ad* mala *usque.* Versùs admet *in* : *in* forum *versùs,* vers la place publique.

Inter se met entre ses deux régimes : patrem *inter* et matrem, entre le père et la mère.

Il y a douze à quinze prépositions qui gouvernent l'ablatif :

A, ab, abs, de, par, depuis, de chez. A morte Cæsaris, depuis la mort de César. Elle marque la séparation et l'éloignement.
Absque, sans. Absque nobis, sans nous.
Clàm, à l'insu de. Clàm hominibus, à l'insu des hommes.
Coràm, devant, en présence de. Coràm Rege, en présence du Roi.
De, sur, touchant, de, pour. Multis de causis, pour plusieurs raisons.
E ou ex, de, hors de. E flammâ, hors de la flamme. Elle marque la sortie.
Palàm, devant, en présence de. Palàm omnibus, devant tout le monde.
Præ, devant, au prix de, au-dessus de. Præ nobis, au prix de nous.
Pro, pour, au lieu de, selon. Pro patriâ, pour la patrie.
Sine, sans. Sine amore, sans affection.
Cum, avec. Cum civibus, avec les citoyens.
Tenùs, jusqu'à. Capulo tenùs, jusqu'à la garde.

Tenùs se place toujours après son régime; et, si le régime est pluriel, cette préposition régit le génitif : aurium *tenùs* (1), jusqu'aux oreilles.

La préposition *cum* se place après les pronoms me, te, se, nobis, vobis, quo, quâ, quibus : mecum, avec moi; tecum, avec toi; secum, avec soi, etc. Cependant on voit des exceptions à cette règle, même dans les bons auteurs : ejus gentis, *cum quâ* bellum est, captivus, Tac., un captif de cette nation *avec laquelle* on est en guerre.

Les quatre prépositions suivantes gouvernent l'accusatif

(1) Ovide a cependant dit : Pectoribus tenùs, jusqu'à la poitrine. Cela ne doit être imité qu'en poësie.

avec un verbe de mouvement, et l'ablatif avec un verbe de repos :

In, en, dans, sur. Deambulare in horto, se promener dans le jardin. (On ne sort pas du lieu.)

In urbem ingredi, entrer dans la ville. (Il y a changement d'un lieu à l'autre.)

In signifiant pour, contre, envers, veut l'accusatif.

Sub, sous, vers. Sub nomine pacis bellum latet, la guerre est cachée sous le nom de paix.

Sub noctem cura recurrit, Virg., l'inquiétude revient sur le soir.

Subter, sous, au-dessous de. Ferre libet, subter densâ testudine, casus, Virg., en faisant la tortue, on peut soutenir l'effort des ennemis.

Subter fastigia tecti AEneam duxit, Virg., Evandre mena Énée dans son palais.

Super, sur, au-dessus de. Super fronde viridi, sur un vert feuillage.

Super ripas fluvius effusus, Liv., fleuve qui coule au-dessus de ses rives.

La préposition, unie à un verbe, peut conserver sa force : abire oppido, s'éloigner de la ville ; circum equitare mœnia, aller à cheval autour des remparts. Quelquefois aussi elle perd de sa force : imponere humeris, mettre sur ses épaules. Ad hærere alicui, être attaché à quelqu'un. On peut même répéter la préposition : ad nos intempestivè ad eunt, ils nous viennent trouver à contre-temps.

DE LA CONJONCTION.

La conjonction (1) est une particule invariable qui sert à unir les phrases et à lier les idées. Exemples : Faisons le bien ; *car* il est beau d'être bon. Aidons les malheureux, *parcequ'*ils sont nos frères.

Il y a plusieurs sortes de conjonctions. Elles indiquent :

L'union.

Et, ac, atque, (que après un mot) et.
Etiam, quoque, aussi.
Præterea, en outre.
Cùm, tùm, non-seulement, mais encore.

La séparation.

Aut, vel (ve après un mot), ou, ou bien.

Sive, soit que. (Régit le mode subj.)
Nec, neque, ni, ne, et ne pas.

La comparaison.

Perindè ac si, de même que si. Subj.
Quasi, tanquàm, comme si. Subj.
Seu, sicut, sicuti, velut, veluti, comme.
Ut, uti, quemadmodum (p. ad modum ad quem), de même que. Ind.
Ità, sic, de même, ainsi.

(1) Conjunctio, union ; de cum, avec, et jungere, joindre.

La conclusion.

Ergò, igitur, itaque, ideò, idcircò, quocircà, quapropter, ainsi. C'est pour cela que.

La restriction, l'opposition.

Sed, sedenim, at (autem, verò, après un mot), mais.

Tamen, attamen, nihilominùs, cependant.

Etsi, etiamsi, quanquàm, quamvis, tametsi, quoique, quand même. L'indic. ou le subj.

Licet, quoique, encore que. Subj.

Cùm, quoique. Subj.

Cœterùm, au reste.

Imò, imò verò, quin, quinimò, quinetiam, quinpotiùs, bien plus; il y a plus.

Le motif.

Nam, namque, etenim (enim après un mot), car.

Quoniam, quia, indic. Quòd proptereà ou ideò, quòd, indic. ou subj., parce que.

Quippè qui, ut potè qui, quippè quùm, puisque, comme, vu que. Mieux le subj.

Si quidem, quandoquidem, puisque. Mieux l'indic.

Ità ut, tàm ut, adeo ut, de sorte que, tellement que. Subj.

Ut, quò, afin que; ne, neve, neu, afin que ne pas. Subj.

La condition.

Dùm, modò, dum modò, pourvu que. Subj.

Si, si modò, si, si tant est que. Subj. ou indic.

Ni, nisi, nisi si, à moins que. Subj.

Si minùs, sin minùs, sin aliter, si ne pas; si tu écoutes, si audis, si audies, si audiveris, indic. ou si audias. Subj.

Le temps.

Dùm, cùm, tandis que, lorsque, pendant que, dans le temps que. Subj. devant l'imp. et le plusqueparfait.

Postquàm, posteà quàm, après que, depuis que. Indic. ou subj.

Antequàm, priusquàm, avant que. S.

Quoàd, tant que, jusqu'à ce que. S.

Ut, ubi, dès que. Indic.

Simùl ou simùl ac ou atque, aussitôt que. Indic.

Statim ut, dès l'instant que. Indic.

Vix... quùm, à peine... que. Indic.

Nunc quùm, maintenant que. Indic.

Heri quùm, hier que. Subj.

Le doute.

Utrùm, an (ne après un mot), si (entre deux verbes), pour savoir si. Subj.

DE L'INTERJECTION.

L'interjection (1) est une exclamation que l'on jette brusquement au milieu du discours et qui indique une vive émotion de l'âme. Les interjections expriment :

La joie :	Evax! ah! oh! ho!
La douleur :	Heu! hei! hélas! ouf!
La menace :	Væ! malheur à!
L'admiration :	Papæ! hui! ah! ha! oh! ho!
L'indignation :	Proh! heu! oh! ô!
L'apostrophe :	O! heus! ô! holà! hem!

(1) De interjicere, jetter, entre.

Les interjections *ô! heu! proh!* veulent le nominatif, l'accusatif ou le vocatif. Ex. : *ô qualis* (1) *domus!* ô quelle maison. — *ô me* (2) *miserum !* que je suis malheureux! — *ô tempora !* ô temps!

Hei! væ! se joignent toujours au datif. Ex. : *hei mihi!* malheur à moi !

Maintenant qu'on a vu les neuf parties du discours, il est bon de savoir qu'il y a quatre sortes de propositions : 1.° la proposition *principale* renferme l'idée essentielle : Dieu a créé le monde ; 2.° la proposition relative est amenée par le relatif *qui, que, dont, au quel* : Dieu, *qui est tout-puissant*, a créé le monde : L'homme (*qui est*) *courageux dans le malheur*, est digne de louanges ; 3.° la proposition *conjonctive* est amenée par une conjonction : Noé lâcha le corbeau, *lorsque la pluie fut passée* ; 4.° enfin la proposition *subjonctive* est amenée par *de* ou *que* conjonctif : je vous conseille *de lire avec fruit*, et je pense *que vous deviendrez savant*. *Lorsque* exprime circonstance de temps ; *de, que,* circonstance de fin, et servant de régime à la proposition principale.

---

(1) Sous-entendu *est.*
(2) Sous-entendu *voco* j'appelle, ou *sentio* je sens.

SECONDE PARTIE.

SYNTAXE LATINE (1).

Lᴀ syntaxe assigne aux diverses parties du discours la désinence et la place voulues par l'usage.

Il y a deux syntaxes : la syntaxe de *concordance*, par laquelle un mot s'accorde avec un autre mot en genre, en nombre, en cas : et la syntaxe de *régime*, par laquelle un mot régit un autre mot à tel cas, ou tel mode, tel temps, tel nombre, telle personne.

SYNTAXE DE CONCORDANCE.

ACCORD DE DEUX SUBSTANTIFS : Ludovicus Rex.

Quand plusieurs substantifs désignent une même personne ou une même chose, on les met au même cas. Cet accord a lieu, si l'on peut mettre *qui est* ou *qui sont* entre les deux noms. Ex. : .

Louis Roi, c.-à-d. Louis *qui est* Roi : Ludovicus Rex. — De Louis Roi, c.-à-d. de Louis *qui est* Roi : Ludovici Regis.

Titus, l'amour et les délices, (c.-à-d. *qui est*) : Titus, amor ac deliciæ.

Romulus et Rémus frères, (c.-à-d. *qui sont*) : Romulus et Remus fratres.

Urbs Roma. — *De, du, de la, des* entre deux noms, peuvent-ils se tourner par *nommé ;* on met ces deux noms au même cas. Ex. :

La ville *de* Rome, c.-à-d. la ville *nommée* Rome : Urbs Roma.

Le fleuve *du* Rhin (c.-à-d. *nommé*) : Flumen Rhenus. — La forêt *des* Ardennes, (c.-à-d. *nommée*) sylva Arduenna.

ACCORD DE L'ADJECTIF AVEC LE NOM : Deus *sanctus*.

L'adjectif s'accorde en genre, en nombre et en cas avec le nom qu'il qualifie. Cet accord a lieu, si l'on peut mettre *qui est* ou *qui sont* entre le nom et l'adjectif. Ex. :

Dieu *saint*, (c.-à-d. *qui est* saint), Deus *sanctus*. — De la vierge *très-*

---

(1) Du grec *suntaxis*, arrangement. La syntaxe fait accorder et régir les mots entr'eux.

sainte, c.-à-d. *qui est...,* virginis *sanctissimæ.*—Le temple *plus saint,* c.-à-d. *qui est...,* templum *sanctius* (1).

ACCORD DU PRONOM *ou* DU PARTICIPE AVEC LE NOM.
Hoc *lumen.*

Le pronom et le participe s'accordent aussi en genre, en nombre et en cas avec le nom auquel ils se rapportent. Ex. :

Cette lumière, *hoc* (2) *lumen.*—*Mes* frères *étudiant,* fratres *mei studentes.* — *A nos* flambeaux *éteints, nostris* facibus *extinctis.*

Pater et filius *boni.* — Si l'adjectif se rapporte à plusieurs substantifs, on le met au pluriel. Ex. :

Le père et le fils *bons,* pater et filius *boni.* — La mère et la fille *bonnes,* mater et filia *bonæ.*

Le participe qui se rapporte à plusieurs substantifs, se met aussi au pluriel. Ex. :

Le père et le fils *écoutant, écoutés,* pater et filius *audientes, auditi.*

La mère et la fille *écoutant, écoutées,* mater et filia *audientes, auditæ.*

Pater et mater *pii.* — Si l'adjectif ou le participe se rapporte à plusieurs substantifs de personnes et de différens genres, on le met au plus noble des trois genres. Le *masculin* est plus noble que les deux autres, et le *féminin* l'emporte sur le *neutre.* Ex. :

Le père et la mère *pieux,* pater et mater *pii.* (S. homines, gens pieux.)

Le père et la mère *honorant, honorés,* pater et mater *colentes, culti.*

Lucrèce et la servante *opprimées,* Lucretia mancipiumque *oppressæ,* (S. feminæ, femmes.)

Le participe peut s'accorder avec le dernier nom. Ex. :

Toute la nation *nommée* les Vénitiens, gens universa Veneti *appellati* (au lieu de : *appellata*).

Les visages et les yeux *tournés* vers moi, ora et oculi in me *conversi.*

Virtus et vitium *contraria.* — Mais si l'adjectif ou le participe se rapporte à des substantifs de choses inanimées, on le met au pluriel neutre. Ex. :

La vertu et le vice *contraires,* virtus et vitium *contraria.*(S. negotia, choses.)

Si les substantifs sont du même genre, l'adjectif ou le participe pourra prendre ce genre. Ex. :

Le courage et la prudence *nécessaires,* fortitudo et prudentia *necessariæ.*

_____

(1) Quoique le nom soit masculin ou féminin, on peut en poësie mettre l'adjectif au neutre. Ex. : le loup funeste, triste lupus.(S. negotium, chose.)

(2) Après *hoc,* id, illud, istud, *on met élégamment* le génitif. Id luminis (S. genus).

ACCORD DU RELATIF AVEC L'ANTÉCÉDENT : Deus *qui*.

Le relatif *qui*, *quæ*, *quod*, s'accorde seulement en genre et en nombre avec son antécédent, c.-à-d. avec le nom ou pronom qui le précède, et il se met au nominatif. Ex. :

Dieu *qui*, Deus *qui* (1). — La vierge *qui*, virgo *quæ*. — Du temple *qui*, templi *quod*. — Aux enfans *qui*, pueris *qui*.

Pater et mater *qui*. — Si le relatif se rapporte à deux noms singuliers et de personne, il se met au pluriel et au genre le plus noble. Ex. :

Le père et la mère *qui*, pater et mater *qui*. — A Lucrèce et à la servante *qui*, Lucretiæ ac mancipio *quæ*.

Virtus et vitium *quæ*. — Si le relatif se rapporte à plusieurs noms de chose, il se met au pluriel neutre. Ex. :

La vertu et le vice *qui*, virtus et vitium *quæ*.

ACCORD DU VERBE AVEC LE SUJET. Ego *audio*.

Tout verbe s'accorde avec son sujet en nombre et en personne. Le sujet vient toujours en réponse à la question *qui est-ce qui?* placée avant ce verbe. Ex. :

J'écoute; D. *qui est-ce qui* écoute ? R. *moi*, ego audio. — *Tu* enseignes, D. *qui est-ce qui* enseigne ? R. *toi*, tu doces. — *Il* ou *elle* lit; D. *qui est-ce qui* lit ? R. *lui* ou *elle*, ille ou illa legit. On peut sous-entendre ces pronoms, et dire : audio, doces, legit.

Tu rides *ego* fleo. — Cependant il faut exprimer les pronoms, lorsque la phrase contient quelque chose de vif ou bien lorsque deux sens sont opposés. Ex. :

Vous riez et *je* pleure, *tu* rides *ego* fleo. — *Vous* osez donc ? *tu* audes ergò ?

Le pronom ne s'exprime jamais si le verbe est unipersonnel. Ex. :

Il tonne, tonat; il éclaire, fulgurat. (S. cœlum.)

Troja fuit. — Mais si le sujet est un nom, le verbe se met à la troisième personne du singulier ou du pluriel. Ex. :

Troie a existé, *Troja* fuit.—*Les montagnes* bondirent comme des béliers, *montes* exultaverunt ut arietes.

Petrus et Paulus *ludunt*. — Si le verbe a pour sujet plusieurs noms singuliers, ce verbe se met au pluriel, parce que deux singuliers valent un pluriel. Ex. :

Pierre et Paul *jouent*, Petrus et Paulus *ludunt*.

---

(1) Qui pour *atque is*, et celui-là. — Quæ pour *atque ea*, et celle-là. — Quod pour *atque id*, et cela. — Cujus pour *atque ejus*. — Cui pour *atque ei*. — Quem, quam, quod, pour *atque eum*, *atque eam*, *atque id*, etc.

Ego et *tu* valemus. — Si le verbe a pour sujet plusieurs mots de différentes personnes, on le met à la plus noble. La première est plus noble que les deux autres ; la seconde l'emporte sur la troisième. De plus, la personne la plus noble se nomme la première. Ex. :

Vous et moi nous nous portons bien, ego et tu *valemus*.

Turba ruit ou ruunt. — Quand le nom est *collectif*, on peut mettre le verbe au pluriel. On appelle *collectif* un nom qui, quoique singulier, renferme plus d'une personne ou plus d'une chose comme populus, plebs, multitudo, senatus etc. Ex. :

La foule se précipite, *turba* ruit ou ruunt.

Ego qui aberam, adsum. — Le relatif français qui, (mis pour *parceque*, *puisque*, *et celui-là*, *et ceux-là*) est toujours sujet du verbe qui le suit. Il en est de même de qui, quæ, quod ; et ce relatif veut le verbe à la personne où se trouve l'antécedent. Ex. :

Moi *qui* étais absent, j'arrive, c.-à-d. moi, *parceque* j'étais absent, j'arrive, ego *qui* (pour *atque is*) aberam, adsum.

Nous *qui* écoutons, nous apprenons, c.-à-d. nous ; *parceque* nous écoutons, nous apprenons, nos *qui* (pour *atque ii*) audimus, discimus.

O vous, nations, *qui* obéissez, vous serez sauvées, c.-à-d. ô vous, nations, *parceque* vous obéissez, vous serez sauvées, ô vos, gentes ; *quæ* (pour *atque æ*) obeditis, servabimini.

Les unipersonnels pœnitet, pudet, piget, miseret, tædet, veulent le sujet français à l'accusatif. Ex. :

Je me repens, me pœnitet. Pour *pœna* tenet me, le repentir tient moi.
Tu n'as pas pitié, te non miseret. Pour *miseratio* non tenet te, la compassion ne tient pas toi.

ACCORD DE L'ATTRIBUT AVEC LE SUJET. *Deus est æternus.*

L'adjectif ou le participe qui suit immédiatement les verbes substantifs, neutres ou autres, se nomme *attribut* du verbe, et se met au même cas que le nom ou pronom qui précède ; et cet attribut est reconnu tel, s'il peut être précédé de qualifié. Ex. :

Dieu est (qualifié) éternel, Deus est *æternus*.
Les poëtes se promènent (qualifiés) rêveurs, poetæ ambulant cogitabundi.
Le geai revint (qualifié) tout chagrin, graculus rediit *mœrens*.
Aristide et Curius *qui* moururent (qualifiés) *pauvres*, Aristides et Curius *qui* mortui sunt *pauperes*.
La vertu et la science *qui* sont réputées (qualifiées) *les richesses* les plus sûres, virtus ac scientia *quæ* existimantur divitiæ tutissimæ.
O toi, mon fils, *qui* es étendu (qualifié) *sans sépulture*, ô tu, fili mi, *qui* jaces *inhumatus*.

SYNTAXE DE RÉGIME.

RÉGIME DES NOMS. Différentes manières de tourner *de*, *du*, *des*, entre deux noms.

De, *du*, *des*, entre deux noms, pouvant se tourner par *nommé*, veulent le second nom au cas du premier, comme on l'a vu par l'exemple *urbs Roma* (1).

_____

Liber *Petri* (2). Si *de*, *du*, *des*, entre deux noms peuvent se tourner par *propriété de*, il faut mettre le second au génitif. Ex. :

Le livre de Pierre, c.-à-d., le livre *propriété de* Pierre, liber *Petri*. (S. proprietas.)

La bonté *de* Dieu et *des* anges, c.-à-d., la bonté *propriété de* Dieu et *des* anges, bonitas *Dei* atque *angelorum*.

Au lieu du génitif *Dei*, *angelorum*, on peut se servir d'un adjectif dérivé du nom; alors l'adjectif s'accorde avec ce nom, et l'on tourne ainsi : la bonté *divine* et *angélique*, bonitas *divina* atque *angelica*.

_____

Dolium *vini*. — Si *de* (3) entre deux noms peut se tourner par *plein de*, le second se met au génitif. Ex. :

Un tonneau *de* vin, c.-à-d., un tonneau *plein de* vin, dolium *vini*. (S. plenum, plein de.)

_____

Puer indolis egregiæ *ou* indole egregiâ. — Si *de* entre deux noms peut se tourner par *doué de*, on met le second au génitif ou à l'ablatif. Ex. :

Un enfant *d'un* bon naturel, c.-à-d. *doué d'un* bon naturel, puer indolis egregiæ *ou* indole egregiâ. (S. præditus, doué de.)

Auguste était *d'une* belle figure, c.-à-d. *doué d'une* belle figure, Augustus erat eximiâ *formâ*. Suét. (S. præditus.)

_____

Vas *ex auro*. — Si *de* entre deux noms peut se tourner par *fait de*, le second se met à l'ablatif avec *è* ou *ex*. Ex. :

Un vase *d'or*, c.-à-d. un vase *fait d'or*, vas *ex auro*. (S. factum, fait.)

Une statue *d'airain*, c.-à-d. une statue *faite d'airain*, signum *ex œre*.

On peut aussi se servir d'un adjectif dérivé du second substantif, et dire : un vase d'or, vos *aureum*; une statue d'airain, signum *œneum*.

Différentes manières de tourner *de* entre un nom et un infinitif français.

Tempus *studendi*. — Quand il y a *de* entre un nom et un infinitif, cet infinitif se traduit par le gérondif en *di*. Ce gérondif vient en réponse à la question *de quoi?* attachée au nom. Ex. :

Le temps (D. *de quoi?* R.) d'étudier, tempus *studendi*.

_____

(1) On trouve aussi, mais rarement, le nom de ville au génitif : oppidum *Antiochiæ*, Cic. la ville *d'Antioche*; urbs *Trojæ*, Virg. la ville *de Troie*. Avec les noms *royaume*, *empire*, *province*, on met le génitif : Regnum Italiæ, le royaume d'Italie; imperium Germaniæ, l'empire d'Allemagne, etc.

(2) Avec *genus*, au lieu du génitif, on met bien l'accusatif : imago id genus, (S. secundùm, une image de cette espèce.)

(3) On peut rendre *de* par *à* s'il marque un titre. Ex. : un valet *de* chambre, minister *à Cubiculo*. On sous-entend même le nom : le porte-mitre, à mitrâ. (S. minister pendens, c.-à-d. le serviteur dépendant de.)

C'était l'occasion.(D. *de quoi?* R.) *d'avouer*, occasio erat *fatendi.* Ce gérondif en *di* est un génitif indéclinable.

Culpa est *mentiri.* — Mais si *de* attaché à l'infinitif peut servir de nominatif à la phrase, cet infinitif se traduit par l'infinitif latin. On connaît ce nominatif en faisant la question *qu'est-ce qui?* Ex. :

C'est un péché (D. *qu'est-ce qui* est un péché? R.) *de mentir, mentiri* est culpa. Cet infinitif est un véritable nom neutre indéclinable mis en sujet.

De entre un adjectif et un infinitif français.

Est turpe *mentiri.* — Quand *de* se trouve entre un adjectif et un infinitif, cet infinitif se traduit par l'infinitif latin, et il sert de nominatif à la phrase. Ce nominatif vient en réponse à la question *qu'est-ce qui?* Ex. :

Il est honteux (D. *qu'est-ce qui* est honteux? R.) *de mentir, mentiri* est turpe. Cet infinitif est un véritable nom neutre indéclinable mis en sujet.

Il est doux et glorieux *de* mourir pour la patrie, t. : *mourir pour la patrie est doux et glorieux, mori pro patriâ* est dulce et decorum. Hor.

RÉGIME DES ADJECTIFS.

ADJECTIFS QUI GOUVERNENT LE GÉNITIF. **Peritus** *musicæ.*

Certains adjectifs dérivés d'un verbe veulent après eux le génitif; tels sont peritus (1), doctus, habile dans; avidus, avide; expers, manquant de; patiens, qui souffre; appetens, cupidus, désireux de; tenax, tenant à; studiosus, amateur de; gnarus, instruit de; ignarus, rudis, peu versé dans; memor, se souvenant de; immemor, ne se souvenant pas de; prodigus, prodigue de, etc. Ex. :

Habile dans la musique, *peritus* musicæ. (S. in arte.)

Les Romains étaient *avides de* gloire et *prodigues d'*argent, Romani laudis *avidi*, pecuniæ *liberales* erant. Sall.

La brebis *qui souffre* l'injure, t. : la brebis *patiente* de l'injure, ovis *patiens* injuriæ.

Curieux de voir, *cupidus* videndi.

On dit de même : Conscius sceleris, qui se sent coupable d'un crime; securus damni (pour sine curâ), qui ne se soucie pas d'une perte; timidus procellæ, qui craint la tempête; socors futuri, Tac. peu inquiet de l'avenir. (S. de eventu.)

ADJECTIFS QUI GOUVERNENT LE GÉNITIF OU LE DATIF.

Filius *similis* patris *ou* patri.

Les adjectifs similis, semblable; par; æqualis, égal; affinis, allié à, etc. veulent après eux le génitif ou le datif (2). Ex. :

_____

(1) On trouve *de agriculturâ* peritissimus, Varr. très habile dans l'agriculture. Doctus ad malitiam, Tér. instruit au mal. Litteris doctus, Cic. habile dans les lettres. Mais on doit, avant tout, tenir aux règles.

(2) Au moral ils gouvernent le génitif, au physique le datif.

Fils *semblable* au père, filius *similis* patris (S. naturæ; au naturel), ou *similis* patri.

Allié au Roi, *affinis* Regis (S. genti, à la famille), ou *affinis* Regi.

Capable de supporter, par *tolerandi* ou *tolerando*.

ADJECTIFS QUI GOUVERNENT LE DATIF SEULEMENT. Clementia *utilis* est victori et victo.

Un certain nombre d'adjectifs veulent après eux le datif; tels que utilis, utile à; commodus, avantageux à; infensus, iratus, irrité contre; obnoxius, exposé à; æmulus, émule; aptus, idoneus, propre à; assuetus, accoutumé à; conterminus, voisin de; superstes, survivant à; amicus, ami de; inimicus, ennemi de, etc. Ex. :

La clémence est *utile au* vainqueur et au vaincu, clementia est *utilis* victori et victo. Just.

César fut *l'émule des* plus grands orateurs, Cæsar maximis oratoribus *æmulus* fuit. Tac.

Corps *accoutumé au* travail, corpus *assuetum* labori; *accoutumé à* souffrir, *assuetum* patiendo.

ADJECTIFS QUI GOUVERNENT L'ACCUSATIF AVEC *ad.* Ad decus et libertatem *nati* sumus.

Les adjectifs qui expriment un penchant, une inclination vers une chose, comme pronus, propensus, proclivis, porté à; natus, né pour, veulent l'accusatif avec *ad*. Ex. :

Nous sommes *nés pour* l'honneur et la liberté, ad decus et libertatem *nati* sumus. Cic.

Un vainqueur *enclin à* pardonner, victor *proclivis* ad parcendum.

Après aptus, idoneus on peut mettre aussi l'accusatif avec *ad*. Ex. :

Alcibiade était *propre à* toutes choses, Alcibiades ad omnia *aptus* erat.

Propre à combattre, *idoneus* ad militandum.

ADJECTIFS QUI GOUVERNENT L'ABLATIF. Adolescens virtute *præditus.*

Les adjectifs dignus, digne de; indignus, indigne de; præditus, doué de; liber, vacuus, vide; onustus, chargé de; lætus, contentus, content de; plenus, plein de, etc., veulent l'ablatif, à cause d'une préposition sous-entendue. Ex. :

Jeune homme *doué de* vertu, adolescens virtute *præditus*. (S. de.)

Les palais des Rois sont *pleins* d'hommes, et *vides* d'amis, atria Regum hominibus *plena* sunt, amicis *vacua*. (S. cum..., ex.)

Ces adjectifs prennent aussi le génitif, mais plus rarement, excepté *plenus* qui est souvent suivi d'un génitif.

Res dictu *facilis*. — Les adjectifs gratus, amœnus, agréable à...; facilis, facile à ...; difficilis, difficile à ...; mirabilis, admirable à ...; honestus, honnête ...; inhonestus, malhonnête ... ; fas, permis ...; nefas, défendu, etc. veulent au supin en *u* l'infinitif actif tourné par l'infinitif passif. Ce supin vient en réponse à la question *comment*. Ex. :

Chose facile à dire, t. : *à être dite*, res dictu *facilis*. — admirable à voir, t. : *à être vue*, mirabilis ·visu (1).

Les adjectifs en *bundus* gouvernent les mêmes cas que les verbes d'où ils viennent : *populabundus*, ravageant ; *imperitabundus*, commandant ; *minitabundus*, menaçant, etc. Ex. :

Plusieurs philosophes accouraient *pour féliciter* Alexandre, t. : devant féliciter Alexandre, plures philosophi accurrebant *gratulabundi* Alexandro.

ADJECTIFS AU COMPARATIF.

RÉGIME DU COMPARATIF. QUE EXPRIMÉ PAR QUÁM. Virtus est pretiosior *quàm* aurum.

Après un comparatif on exprime *que* par *quàm*, et l'on met même cas après *que* devant. Ex. :

La vertu est plus précieuse *que l'or*, virtus est pretiosior *quàm aurum*.

Personne n'est plus rusé *que Phormion*, callidior nemo est *quàm Phormio*.

Virtus est pretiosior *auro*. — Mais après un comparatif on peut supprimer le *que*, et mettre à l'ablatif, le nom ou pronom qui suit ce *que* supprimé. Ex. :

La vertu est plus précieuse *que l'or*, virtus est pretiosior *auro*. (S. præ, en comparaison de.)

La fortune est plus fugitive *que les ondes*, est fortuna fugacior *undis*. Ov.

Dans les poëtes le *que* se tourne par *avant* et s'exprime par *antè*. Ex. :

Plus cruel *que les autres*, immanior *antè* alios. Virg. c.-à-d., plus cruel *avant* les autres.

Felicior *quàm prudentior*. Feliciùs *quàm prudentiùs*. — Après un comparatif, le *que* est-il suivi d'un positif, ce positif français devient un comparatif latin, et le *que* se rend toujours par *quàm*, avec même cas après *que* devant. Ex. :

Plus heureux *que prudent*, t. : *que plus prudent*, felicior *quàm prudentior*.

Plus heureusement *que prudemment*, t. : *que plus prudemment*, feliciùs *quàm prudentiùs*.

L'ambition d'Alexandre plus avide *que patient*, t. : *que plus patient*, ambitio Alexandri avidioris *quàm patientioris*.

Magis piùs *quàm tu*. — Si le comparatif français est rendu par deux mots en latin, le *que* s'exprime toujours. Ex. :

Plus pieux *que toi*, magis piùs *quàm tu* (2).

_____

(1) Ces supins sont l'ablatif d'anciens substantifs de la quatrième déclinaison : Facilis *dictu*, pour facilis *in dictu*, facile *dans l'action d'être dit*.

(2) En poësie quelquefois le *que* est supprimé : Seule *plus que tous*, magis omnibus unan...

Cela n'est pas facile à des hommes *plus propres* aux armes *que remarquables* dans le barreau, id non est facile viris *aptioribus* ad arma *quàm magis* in foro *conspicuis*.

_____

Melior es quàm ego sum. — Après un comparatif le *que* est-il suivi d'un verbe, ce *que* s'exprime toujours, et jamais la négation qui le suit. Ex. :

Vous êtes meilleur *que* je *ne* suis, melior es *quàm* ego sum. Tér.

_____

Majori virtute præditus. — Si le positif français, comme *vertueux*, se rend en latin par une périphrase, *præditus virtute*, *plus* s'exprime par *major*, *majus*; moins par *minor*, *minus* que l'on fait accorder avec le régime de l'adjectif latin. Ex. :

Plus vertueux, t. : doué d'une vertu *plus grande*, *majori virtute* præditus.

Moins vertueux que les autres, t. : doué d'une vertu *moindre* que les autres, *minori* virtute præditus *quàm* cæteri.

==================================

ADJECTIFS AU SUPERLATIF.

RÉGIME PLURIEL DU SUPERLATIF. Celeberrima *urbium.*

Le nom pluriel qui suit le superlatif se met au génitif, ou à l'ablatif avec *e* ou *ex*, ou à l'accusatif avec *inter*. De plus ce superlatif prend le genre de son régime pluriel. *Des* peut se tourner par *d'entre les*. Ex. :

La plus célèbre des villes, t. : *d'entre les* villes, celeberrima *urbium*, ou *ex urbibus*, ou *inter urbes*. (S. urbs devant celeberrima.)

Unus militum, ou ex militibus, ou inter milites. — Les mots *partitifs*, c.-à-d. qui marquent le fragment d'un tout, suivent la règle du superlatif. Tels sont : unus, duo, tres, etc. ; nemo, quis, nonnulli, plerique, etc. Ex. :

Un des soldats, t. : *d'entre les...*, *unus* militum, ou ex militibus, ou inter milites.

RÉGIME SINGULIER DU SUPERLATIF. Ditissimus *urbis.*

Mais si le nom qui suit le superlatif est *singulier*, ce nom se met toujours au génitif, et le superlatif ne prend pas le genre de ce régime. *De* ne peut alors se tourner *d'entre les*. Ex :

Le plus riche *de la ville*, ditissimus *urbis*. (S. inter incolas.)

Maximè omnium conspicuus. — Le superlatif français se rend par *maximè* devant les adjectifs en *eus*, *ius*, *uus*. Ex. :

Le *plus* remarquable de tous, *maximè* omnium cônspicuus. Il n'y a qu'un petit nombre de ces adjectifs qui prennent un comp. et un superl.

Validior manuum. — Quand on ne parle que de deux, le superlatif français devient un comparatif en latin, et ce comparatif prend le genre de son régime qui est toujours au génitif pluriel. Ex. :

La plus forte *des mains*, validior *manuum* (1).

_____

(1) C'est comme s'il y avait : Altera manuum validior præ alterà, une des mains plus forte que l'autre.

Vir *maximâ* virtute præditus. — Si le positif français, comme *vertueux*, se rend en latin par une périphrase, *præditus virtute*, *le plus* ou *très* s'exprime par maximus, a, um; *le moins* par minimus, a, um, que l'on fait accorder avec le régime de l'adjectif latin. Ex. :

L'homme *le plus vertueux*, t. : l'homme doué de *la plus grande* vertu, vir *maximâ* virtute præditus.

L'homme *le moins vertueux* de tous, t. : l'homme doué de *la moindre* vertu d'entre tous, vir omnium *minimâ* virtute præditus.

DU RÉGIME DES VERBES.

On a vu, page 55, le régime direct des verbes actifs; et, page 75, le régime direct des verbes déponens actifs.

RÉGIME DES VERBES JUVAT, DELECTAT, etc. Poësis ac musica me *juvant* ou *delectant*.

Les verbes juvare, delectare, signifiant charmer, faire plaisir à; manere, attendre, être réservé a; decet (1), il sied à; dedecet, il ne convient pas; fugere, fallere, latere, præterire, signifiant fuir, échapper à, être ignoré de, veulent au nominatif le nom de la chose, et à l'accusatif celui de la personne. Ex. :

La poësie et la musique me *font plaisir*, t. : me *réjouissent*, poësis ac musica me *juvant* ou *delectant*.

La clémence ne *convient à* personne plus qu'à un Roi, neminem magis quàm Regem *decet* clementia. Sén.

Cela *n'est point ignoré de* vous, t. : cela *ne fuit point* vous, id *te non fugit*, non *fallit*, non *præterit*, c.-à-d., vous n'ignorez pas cela, ou vous savez cela. Bien des choses *sont ignorées de* nous, t. : bien des choses nous *fuient*, nous *trompent*, nous *passent*, multa *nos fugiunt*, *fallunt*, *prætereunt*, c.-à-d., nous ignorons bien des choses.

Une gloire éternelle *nous est réservée*, t. : nous *attend*, gloria æterna *nos manet*.

Quand *attendre* a pour nominatif un nom de chose, on l'exprime par *manere*; quand c'est un nom de personne, par *expectare*.

VERBES QUI GOUVERNENT LE GÉNITIF. Miserere *pauperum*.

Les verbes misereri, miserescere, avoir pitié; satagere, prendre soin, veulent le génitif. Ex. :

Ayez pitié des pauvres, miserere *pauperum*. (S. circà sortem.)

Oblivisci, oublier; recordari, meminisse, se souvenir, gouvernent le génitif ou l'accusatif. Ex. :

Je me souviens *des vivans* et je ne puis oublier *les morts*, vivorum memini, nec possum oblivisci *mortuorum*.

___

(1) *Decet* et *latet* prennent souvent aussi un datif. Nihil *mihi latet*. Cic. *Decet principi* terrarum *populo*, Liv.

Quelques autres veulent le génitif ou l'ablatif : Ex. :

Pendemus *animo* ou *animi*, nous sommes en suspens; discrucior ou angor *animo* ou *animi*, je suis tourmenté en esprit. (S. in sensu devant animi.)

VERBES QUI GOUVERNENT LE DATIF. Studeo *grammaticæ*.

La plupart des verbes neutres gouvernent le datif, comme : succurrere, secourir; parere, obedire, obéir; parcere, épargner; imminere, impendere, instare, menacer; servire, servir; accidit, evenit, contingit, il arrive; conducit, expedit, il est avantageux, etc. (1) Ex. :

J'étudie *la grammaire*, studeo *grammaticæ*.

Servir *les passions* est la plus cruelle servitude, servire *cupiditatibus* gravissima est servitus. Sén.

Quiconque épargne *les méchans*, nuit *aux bons*, bonis nocet quisquis parcit *malis*. P. Syrus.

Un grand malheur *vous* menace, magna calamitas *tibi* imminet, impendet, instat.

Remarque : Quand le verbe *menacer* a pour sujet un nom de *chose*, on l'exprime par un de ces trois verbes.

Iste *irascitur mihi*. — Les verbes déponens irasci, s'irriter contre; opitulari, secourir; indignari, s'indigner contre; mederi, remédier; minari, menacer, etc., gouvernent le datif. Ex. :

Cet homme se fâche *contre moi*, iste irascitur *mihi;* il *me* menace, minatur *mihi*.

Remarque : Le verbe *menacer* s'exprime par *minari*, quand il a pour sujet un nom de personne.

Defuit *officio*. — Les composés de *esse* gouvernent le datif, excepté *absum* qui veut l'ablatif avec *à* ou *ab*. Ex. :

Il a manqué au devoir, defuit *officio*.

Le menteur n'*est* pas fort éloigné *du parjure*, mendax non longè abest *à perjurio*.

Est mihi liber. — On peut se servir du verbe *sum*, pour signifier *avoir*, alors on tourne la phrase de manière à mettre le nom de la personne au datif. Ex. :

J'ai, tu as un livre, t. : un livre *est à moi, à toi*, liber *est mihi, tibi*.

Sénèque *avait* un esprit agréable, t. : un esprit agréable *était à Sénèque*, erat Senecæ amænum ingenium. Tac.

Celui-ci a le surnom d'Iule, est huic nomen Iulus..., Iuli..., Iulo....

VERBES NEUTRES QUI GOUVERNENT L'ABLATIF. Sapiens non abundat *divitiis*.

Les verbes *d'abondance* ou *de disette* et *gaudere* se réjouir veulent ordinairement l'ablatif. Ex. :

_____

(1) Ces verbes renferment en eux-mêmes leur régime direct : *Servire servitutem; studere studium*, etc., donner servitude à..., donner étude à...

Le sage ne *regorge* point de richesses, sapiens non *abundat* divitiis. (S à, sous le rapport de.)

Phocion manquait souvent d'argent, Phocion sæpè *pecuniâ carebat.*(S.ex.)

Se réjouir du bonheur d'autrui, *gaudere* felicitate alienâ. (S. *de*, touchant.)

VERBES DÉPONENS QUI GOUVERNENT L'ABLATIF. Curius *vasis* fictilibus *utebatur.*

Les sept verbès déponens qui suivent, et leurs composés veulent leur régime à l'ablatif. Uti, se servir; potiri, se rendre maître; vesci, se nourrir; lætari, se réjouir; frui, jouir; fungi, s'acquitter; gloriari, se glorifier (1). Ex. :

Curius *se servait de* vases d'argile; Curius *vasis* factilibus *utebatur.* (S. *à.*)

Vespasien ne *s'est* jamais *réjoui* du meurtre de personne, Vespasianus nunquàm *cæde* cujusquàm *lœtatus est.* Suèt. (S. *in.*)

RÉGIME INDIRECT DES VERBES.

Outre le régime direct, certains verbes ont un second régime nommé *régime indirect.* Ce second régime est marqué par *à, au, aux, pour,* ou par *de, du, des,* et prend différens cas.

RÉGIME INDIRECT MIS AU DATIF. Da dextram *misero.*

Les verbes donner, dire, promettre, annoncer, fermer, devoir; ceux qui marquent injonction, attribution, c.-à-d. tous ceux qui viennent en réponse à la question *à qui? à quoi?* signifiant *pour qui? pour quoi?* veulent au datif leur régime indirect. Ex. :

Donnez la main (D. à qui ? R.) au malheureux, *da* dextram misero.

Préférons la vertu (D. à quoi ? R.) à l'or, virtutem auro anteponamus.

Réservons les récompenses (D. pour qui ? R.) pour les amis des lettres, præmia servemus litterarum amicis.

Minari mortem *alicui.* — Les verbes déponens minari, menacer; gratulari, féliciter, veulent le nom de la personne au datif. Ex. :

Menacer *quelqu'un de la mort,* t. : menacer *la mort à quelqu'un,* minari *mortem alicui.*

Féliciter quelqu'un de la victoire, t.: complimenter *la victoire à quelqu'un* gratulari *victoriam alicui* (2).

---

(1) On trouve aussi, mais plus rarement : potiri *rerum,* avoir la domination. Cic. — *urbem,* Cic. être maître de la ville. Functus *officium,* Tér. s'étant acquitté de son devoir; utere *operam meam,* Plaut. usez de mes services. Lætari *malorum,* Virg. se réjouir des maux. Ad *perfruendas voluptates,* Cic. pour jouir du plaisir.

(2) On voit dans Cicéron alicui gratulari aliquâ re, ou de aliquâ re, ou pro aliquâ re. — On sous-entend circà devant victoriam et devant mortem.

Hoc erit tibi dolori. — Au lieu de *creare*, *parere*, *afferre*, pour signifier causer, procurer, faire, attirer, on peut se servir du verbe *sum*. Alors on tourne la phrase par le verbe *être*, et l'on met deux datifs, celui de la personne et celui de la chose. Ex. :

Cela vous causera de la douleur, t. : cela sera (D. à qui, à quoi ? R.) à vous à douleur, *hoc erit tibi dolori*,

La témérité fait le bonheur de peu d'hommes, et la ruine de beaucoup, t. : la témérité est (D. à qui ? à quoi ? R.) à peu à bonheur, et (D. à quoi ? à qui ? R.) à ruine à beaucoup, *paucis temeritas est bono, multis malo*.Ph.

Meam fidem dedit mihi crimini. — On trouve aussi le datif de la personne et celui de la chose, après *do*, *verto*, *tribuo*, *duco*, *relinquo*, *puto*, *habeo*. Exemples :

Il m'a fait un crime de ma bonne foi, t. : il a donné ma bonne foi (D. à qui ? à quoi ? R.) à moi à crime, *meam fidem dedit mihi crimini*.

Blâmer quelqu'un de quelque chose, c.-à-d. tourner quelque chose à blâme à quelqu'un, *vitio aliquid alicui dare*, *vertere*, *tribuere*, *ducere*.

Je vous laisse cela pour gage, c.-à-d. je laisse cela à gage à toi, *id pignori tibi relinquo*.

RÉGIME INDIRECT MIS A L'ACCUSATIF AVEC *ad*. Successus *ad perniciem* multos devocat.

Les verbes qui signifient quelque mouvement comme conduire à.., ou inclination, tendance vers une chose, comme exhorter à, exciter à, appeler à, etc., veulent leur régime indirect à l'accusatif avec *ad*.Ce régime répond à la question *à quoi ?* signifiant *vers quoi ?*

Le succès en appelle plus d'un (D. vers quoi ? R.) à la perte, *successus ad perniciem* multos devocat. Ph.

Aucun chemin de fleurs ne conduit (D. vers quoi ? R.) à la gloire, *nulla florea via ducit ad gloriam*.

Je vous engage (D. vers quoi ? R.) à lire, *te hortor ad legendum*.

Les verbes *pertinere*, appartenir; *attinere*, *spectare*, regarder, concerner, avoir rapport à, veulent aussi l'accusatif avec *ad*. Ex. :

La dignité appartient aux hommes, *dignitas ad homines pertinet*. Sall. (Pour *tenet per*, tient par.)

Tous les arts ont rapport à la civilisation, *omnes artes ad humanitatem attinent*. Cic. (Pour *tenent ad*, tiennent vers.)

Scribo ad te ou tibi epistolam. — Les trois verbes *scribo*, *fero*, *mitto*, et plusieurs de leurs composés, veulent leur régime indirect à l'accusatif avec *ad* ou au datif. Ex. :

Je vous écris une lettre, t. : j'écris (D. vers qui? ou pour qui ? R.) vers vous ou pour vous, *scribo ad te ou tibi epistolam*.

RÉGIME INDIRECT MIS A L'ACCUSATIF SANS PRÉPOSITION. Roga Deum bonam *mentem*.

Les verbes *rogare*, prier; *poscere*, *flagitare*, demander; *docere*, erudire, instruire, enseigner; celare, cacher, veulent deux accusatifs, celui de la personne et celui de la chose. Ex. :

Demandez à Dieu un bon esprit, c.-à-d. priez Dieu *touchant* un bon esprit : roga Deum bonam *mentem*. (S. circà secundùm, ou juxta, touchant.)

Les Grecs enseignaient la musique aux jeunes gens, c.-à-d. instruisaient les jeunes gens touchant la musique, Græci docebant juvenes *musicam*. C. Nép. (Mêmes prép. sous-entendues.)

Ces verbes sont-ils au passif; on ne laisse pas de mettre le nom de chose à l'accusatif. Ex. :

Je suis instruit sur la grammaire, c.-à-d. *touchant* la grammaire, doceor *grammaticam*.

Nous sommes priés de dire notre sentiment, c.-à-d. nous sommes priés touchant notre sentiment, rogamur *sententiam*. Cic. (S. circà.)

A, AB. Accepi litteras *à patre meo*. — Les verbes demander, recevoir, emprunter, acheter, espérer, exiger, c.-à-d. tous ceux dont le régime indirect vient en réponse à la question *d'où?* signifiant *d'auprès de qui? de quelle part?* veulent toujours ce régime à l'ablatif avec à ou ab. Ex. :

J'ai reçu une lettre (D. d'où? R.) de mon père, accepi litteras *à patre meo*.

Demandons des choses honnêtes (D. d'où? R.) à nos amis, *ab amicis* honesta petamus. Sén.

E, EX. Accepi magnam voluptatem *ex tuis litteris*. — Les verbes capere, accipere, ressentir; accendere, allumer à; haurire, puiser à; suspendere à; judicare, juger à; cognoscere, agnoscere, connaître à, reconnaître à; c.-à-d. après tous les verbes dont le régime indirect, nom de chose, vient en réponse à la question *d'où?* signifiant *de quelle source? du dedans de quoi?* l'on met toujours ce régime à l'ablatif avec è ou ex. Ex. :

J'ai ressenti une grande joie (D. d'où? R.) *de votre lettre*, accepi magnam voluptatem *ex tuis litteris*.

Il alluma un flambeau (D. d'où? R.) *à l'autel* de Jupiter, lucernam *ex arà* Jovis accendit. Ph.

Puiser de l'eau (D. d'où? R.) *à la fontaine*, haurire aquam *ex fonte*.

Nous connaissons Dieu (D. d'où? R.) *aux merveilles* de la nature, Deum *ex naturæ miraculis* noscimus.

A ou AB, E ou EX. Demosthenes se vindicat *à ou ex captivitate*. — Les verbes délivrer, affranchir, racheter, ôter, séparer, détourner, arracher, dérober, soustraire, c.-à-d. tous ceux dont le régime indirect vient en réponse à la question *d'où?* signifiant *de quel point? de quelle source?* veulent ce régime à l'ablatif avec à ou ab, è ou ex, et quelquefois sans préposition; on donne même le datif à quelques-uns. Ex. :

Démosthènes s'affranchit (D. d'où? R.) de la captivité, Demosthenes se vindicat *à ou ex captivitate*, ou captivitate sans préposition.

Dérober une chose à quelqu'un, rem *alicui* ou *ab aliquo* suffurari.

Apprendre une chose de quelqu'un s'exprime par audire *ex* ou *ab*; et par cognoscere, avec è, *ex*, s'il a pour régime indirect un nom de chose.

Implere dolium *vino*. — Les verbes d'abondance, de disette, de privation;

veulent leur régime indirect à l'ablatif sans préposition. Ce régime répond à la question *de quoi*? Ex. ;

Emplir un tonneau (D. de quoi ? R.) de vin, implere dolium *vino*.

Les abeilles garnissent les cellules (D. de quoi ? R.) d'un doux nectar, apes dulci distendunt nectare cellas. Virg.

Priver quelqu'un (D. de quoi ? R.) de secours, nudare aliquem præsidio.

Les verbes donare, gratifier; induere, revêtir, veulent de préférence le nom de la personne à l'accusatif et celui de la chose à l'ablatif. Ex. :

Les Romains donnèrent à Coriolan la couronne murale, t. : gratifièrent Coriolan de la couronne... Coriolanum Romani murali *corona* donavère.

Mettre un habit à quelqu'un, t. : revêtir quelqu'un d'un habit, induere quemquam *veste*.

Admonui eum periculi ou de periculo. — Les verbes admoneo, commonefacio, j'avertis; facio certiorem, j'informe, veulent leur régime indirect à l'ablatif avec *de* ou au génitif. Ex. :

Je l'ai averti du danger, t. : touchant le danger, admonui eum de periculo, — ou admonui eum periculi. (S. de re, avant periculi.)

J'ai été instruit de votre dessein, ego sum factus certior tui consilii (S. de re ou de tuo consilio.)

Remarque : Avec moneo, l'on met bien les accusatifs neutres hoc, id, illud, unum. Ex. :

Je les avertis de cela, hoc eos moneo. — D'une chose, unum. (S. circà ou juxta ou secundùm.)

Insimulare aliquem furto ou furti. — Les verbes accuser, convaincre, absoudre, veulent leur régime indirect à l'ablatif ou au génitif. Ex. :

Accuser quelqu'un de larcin, insimulare aliquem furto (S. *de*),— ou furti. (S. de crimine).

Damnare aliquem *capite* ou *capitis*. — Après condamner, le régime indirect se met à l'ablatif ou au génitif. Ex. :

Condamner quelqu'un *à mort*, c.-à-d. touchant la mort, damnare aliquem *capite* (S. de); — ou *capitis* (S. de supplicio).

Tenu d'accomplir un vœu, damnatus voti. (S. de fide, touchant la foi.)

Mais on met mieux à l'accusatif avec *ad* la peine désignée. Ex. :

Il fut condamné aux galères, damnatus est ad *triremes*; — aux mines, ad *metalla*; — aux bêtes, ad *bestias*.

Roscius *occidisse* patrem arguitur. — Les verbes accuser, condamner, ont-ils pour régime indirect, non pas un nom, mais un verbe, on exprime accuser par arguere, condamner par jubere, et l'on met le verbe français au même temps de l'infinitif latin. Ex. :

Roscius est accusé (D. de quoi ? R.) d'avoir tué son père, Roscius occidisse patrem arguitur. Cic.

Les citoyens furent condamnés à sortir, t. : reçurent ordre de sortir, cives jussi sunt discedere. Jubeo, je donne l'ordre; jubeor, je reçois l'ordre ou je suis condamné à.

Mihi opus est amico (1). — Lorsqu'on exprime *avoir besoin* par opus est, c.-à-d. besoin est, on met à l'ablatif l'objet dont on a besoin et au datif la personne qui a besoin. Ex. :

J'ai, tu as, il a, nous avons besoin d'un ami, t. : besoin d'un ami est à moi, à toi, à lui, à nous : mihi, tibi, illi, nobis opus est *amico*. (S. *de*, *touchant* un ami.)

Les malheureux ont besoin de courage, t. : besoin de courage est aux malheureux, opus est miseris *animo*. (S. *de*.)

Interdico tibi *domo* meâ. — Interdico veut à l'ablatif la chose interdite et au datif la personne à qui l'on interdit. Ex. :

Je vous interdis ma maison, interdico tibi *domo* meâ. (S. *à*, du côté de.)

Le feu et l'eau furent défendus à Métellus, t. : défense fut faite à Métellus *du côté* du feu et de l'eau, Metello interdictum est *aquâ* et *igne*. (S. ab.)

DEUX VERBES QUI N'ONT QU'UN RÉGIME EN FRANÇAIS (2).
Deus amat virum bonum, illi que favet.

Quand deux verbes n'ont qu'un régime en français, et qu'en latin ils gouvernent des cas différens, on met ce régime au cas du premier verbe, et l'on se sert d'un des pronoms is, ille, ipse, pour le mettre au cas du second. Ex. :

Dieu aime et favorise l'homme de bien, t. : Dieu aime l'homme de bien, et le favorise, Deus amat virum bonum, *illi*que favet.

Le général loue et félicite les guerriers, t. : loue les guerriers, et *les* félicite, dux milites laudat, *eis*que gratulatur.

Aristide méprisait et fuyait les menteurs, t. : méprisait les menteurs, et fuyait d'auprès d'eux, Aristides mendaces aspernabatur, et *ab illis* discedebat.

RÉGIME DES UNIPERSONNELS *EST, INTEREST, REFERT*. Est adolescentis tacere.

Le verbe *est* signifiant il est de, c'est le devoir de, il appartient à, c'est à, veut au génitif le substantif qui suit le verbe. Ex. :

Il est d'un jeune homme de se taire, tournez : se taire est le devoir d'un jeune homme, est adolescentis tacere. (S. officium.)

C'est à lui, à eux, d'écouter, t. : écouter est le devoir de lui, d'eux, ejus, eorum est (S. officium) audire. Au lieu de ejus, eorum on se sert de suum, quand lui, eux, se rapporte au sujet de la phrase.

Avec *est* les pronoms à moi, à toi, à nous, à vous, se rendent par meum, tuum, nostrum, vestrum. Ex. :

Il m'appartient de parler, t. : parler est mon devoir, meum est loqui. (S. officium.)

---

(1) On dit aussi : dux nobis opus est. Cic. Lectionis tibi opus est. Q. C.

(2) On a vu, page 69, le régime et l'attribut des verbes passifs.

C'est à moi, qui enseigne, de dire, t. : dire est le devoir de moi qui enseigne, est meum (pour meî) qui doceo, dicere.

Si les pronoms à moi, à toi, etc., sont suivis d'un nom ou d'un adjectif, on met au génitif cet adjectif ou ce nom. Ex. :

C'est à moi général de commander, t. : commander est mon devoir de général, meum est ducis imperare. (S. officium.)

Mais si ces pronoms à moi, à toi, etc., peuvent se tourner par le mien, le tien, le nôtre, le vôtre, on les traduit par meus, tuus, noster, vester que l'on fait accorder avec le nom. Ex. :

Ce livre est à moi, à nous, t. : ce livre est le mien, le nôtre, hic liber est meus, noster.

Refert ou interest regis tueri subditos. — Les verbes refert, interest, il importe à, il est de l'intérêt de, veulent au génitif le nom ou pronom qui le suit. Ex. :

Il importe à un souverain de défendre les sujets, t. : défendre les sujets importe pour le devoir d'un souverain : refert ou interest (S. pro re) regis tueri subditos.

Il leur importe à tous, t. : il importe pour l'intérêt d'eux tous : eorum omnium (S. pro re) refert.

Mais si le régime est une chose, on le met à l'accusatif avec ad. Ex. :

Il importe à notre honneur, t. : l'affaire porte à notre honneur, refert (pour res fert) ad honorem nostrum.

Refert, interest meâ, tuâ, nostrâ obedire. — Les pronoms personnels me, te, se, nous, vous, leur, se traduisent par l'ablatif féminin possessif meâ, tuâ, nostrâ, vestrâ, suâ. (1) Ex. :

Il m'importe, il t'importe, il nous importe d'obéir, t. : obéir importe pour mon intérêt, pour le tien, pour le nôtre, refert ou interest (S. pro re) meâ, tuâ, nostrâ obedire.

Refert meâ Cæsaris imperare. — Si les pronoms à moi, à toi, etc., sont suivis d'un nom ou d'un adjectif, on met au génitif cet adjectif ou ce nom. Ex. :

Il importe à moi César de commander, t. : commander importe pour mon intérêt de César : refert meâ (S. pro re meî) Cæsaris imperare.

Il est de l'intérêt de toi seul d'exceller, t. : exceller importe pour ton intérêt, intérêt de toi seul, interest tuâ unius (S. pro re tuî) præcellere.

Il importe à moi le plus fidèle de vos amis, t. : il importe pour mon intérêt, intérêt de moi le plus fidèle... interest meâ (S. pro re meî) fidelissimi tuorum amicorum.

Non puduit Regulum paupertatis. — Les cinq unipersonnels pœnitet, pudet, piget, miseret, tædet veulent au génitif le nom qui les suit, et si c'est un infinitif, mettez le au même tems en latin. Ex. :

Régulus n'eut pas honte de la pauvreté, t. : la honte de la pauvreté ne tint pas Régulus ; Regulum non puduit paupertatis. (Pour pudor paupertatis non tenuit Regulum.)

_____

(1) Lui, leur, se rend par suâ, lorsqu'il se rapporte au sujet de la phrase.

Les hommes seront fâchés *d'avoir manqué* , t. : le regret d'avoir manqué tiendra les hommes, pigebit, homines *deliquisse.* Pour pigredo deliquisse tenebit homines. Ces verbes se combinent avec leur sujet sous-ent.

INFINITIF RÉGIME D'UN VERBE. Amat studere.

Quand deux verbes sont de suite, le second se met au même temps de l'infinitif latin, lorsque le premier verbe ne marque point de mouvement ; et il marque repos, s'il admet après lui la question *quoi ?* Alors on n'exprime ni *à* ni *de* français. Ex. :

Il aime (D. quoi ? R.) à étudier, am at studere.

Il cessa (D. quoi ? R.) de parler, desiit loqui.

Il nous est permis (D. quoi ? R.) d'être diligens , nobis licet esse diligentibus. Même cas après qu'avant *esse.*

Il importait à tous (D. quoi ? R.) d'être justes , referebat omnium (S. omnes) esse justos.

Personne ne peut (D. quoi ? R.) devenir plus insupportable qu'un sot riche , non quisquam potest fieri intolerabilior insipiente fortunato.

L'infinitif studere, loqui, esse, fieri, est régime de amat, desiit, potest, etc.

Incipit me pœnitere culpæ meæ. — Tous les verbes, excepté volo, nolo, malo, audeo, amo, cupio, et ceux dont l'action ne peut-être faite que par des personnes, deviennent unipersonnels devant l'infinitif des cinq unipersonnels pœnitet, pudet, piget, tædet, miseret, et le sujet français se met à l'accusatif latin. Ex. :

Je commence à me repentir de ma faute, t. : le repentir de ma faute *commence* à tenir moi, *incipit* me pœnitere culpæ meæ. Pour *pœna* culpæ meæ *incipit tenere* me (1).

Ceux qui font mal *devraient* rougir, t. : *la honte* devrait tenir *ceux* qui font mal , qui malè agunt, *eos deberet* pudere. Pour *pudor deberet* tenere eos qui malè agunt.

Les ambassadeurs *parurent* s'ennuyer, t. : l'ennui *parut* tenir les ambassadeurs, *visum est* legatos tædere. Pour tædium *visum est* tenere legatos. Car le parfait du verbe devenu unipersonnel prend toujours le genre neutre.

Je veux me repentir, *volo* me pœnitere. Pour *volo* pœnam tenere me , *je veux* le repentir tenir moi. On ne peut pas dire vult me pœnitere , parce que pœna n'est pas susceptible d'une volonté.

Eo lusum. — Si le premier verbe signifie mouvement comme aller, venir, envoyer, etc. , le second se met au supin en *um.* Le premier verbe marque mouvement, s'il admet après lui la question *où ?* Ex. :

Je vais (D. où ? R.) jouer, eo *lusum.*

Nous envoyons (D. où? R.) consulter les oracles, *scitatum* (2) oracula mittimus. Virg.

---

(1) On trouve cependant : Si, *pœnitere* possunt. Liv. — Sapientis est nihil facere quod *pœnitere* possit. Cic. — Cùm cœperis *pœnitere.* Ap.

(2) Ces supins sont des substantifs masculins gouvernés par *ad* : c'est comme s'il y avait eo *ad lusum* , je vais *au jouer*, mittimus *ad scitatum* ora-

On peut aussi se servir du participe en urus, ura, urum, et dire : eo *lu-surus,* je vais *devant jouer;* mittimus scitaturos, nous envoyons des hommes *devant consulter.*

Ibo studendi causâ ou gratiâ litteris. — Quand le second verbe n'a point de supin, on tourne par *à l'effet de..., pour..., afin que...,* qu'on exprime par cau-sâ ou gràtia avec le gérondif en *di,* ou par *ad* avec le gérondif en *dum,* ou par *ut* avec le mode subjonctif. Ex. :

J'irai étudier les lettres, t. : à l'effet d'étudier..., ibo studendi causâ, ou pour étudier..., ad studendum..., ou afin que j'étudie..., ut studeam lit-teris. Studeo n'a point de supin.

Jugurtha vint subir une peine, t. : à l'effet de, ou pour subir, ou afin qu'il subît... Jugurtha venit luendi causâ, ou ad luendum, ou ut lueret pœ-nas. Luere n'a pas de supin.

Remarque : Si le second verbe régit l'accusatif, le gérondif en *di,* vrai génitif, pourra être remplacé par le nom, et devenir variable pour s'accorder avec ce nom. Ainsi on dira mieux : Jugurtha venit pœnarum causâ *luenda-rum ,* à l'effet de la peine devant être subie.

Te hortor *ad legendum* historiam. — Si le premier verbe marque mouve-ment ou inclination vers une chose, comme pousser à... exhorter à... etc., on exprime *à* par *ad* avec le gérondif en *dum,* ou par *ad id, ut, à cela que,* avec le mode subjonctif. Le premier verbe marque mouvement ou inclina-tion, s'il admet après lui la question *à quoi?* Ex. :

Je vous exhorte (D. à quoi ? R.) à lire l'histoire, te hortor ad legendum historiam, ou te ad id hortor, ut legas historiam.

Remarque : Si le second verbe régit l'accusatif, le nom pourra être com-plément de *ad,* et le gérondif en *dum,* devenir variable pour s'accorder avec ce nom. Ainsi on dira mieux : te hortor ad *legendam* historiam.

Redeo ab invisendo agros. — Si le premier verbe marque mouvement pour venir, partir, s'éloigner d'un lieu, on met le second au gérondif en *do* avec *à* ou *ab.* Le premier verbe marque départ, éloignement d'un lieu, s'il admet après lui la question *d'où?* Ex. :

Je reviens (D. d'où?R.) de visiter les campagnes, redeo ab *invisendo* agros.

Remarque : Si le second verbe régit l'accusatif, le nom pourra être com-plément de *ab,* et le gérondif en *do* devenir variable pour s'accorder avec ce nom. Ainsi on dira mieux : redeo ab agris invisendis. Miles assuetus siti *patiendæ,* soldat accoutumé à la soif devant être supportée.

Consumit tempus legendo. — Quand *à* devant un infinitif peut se tourner par *en,* et cet infinitif par le présent du participe, on se sert du gérondif en *do* avec ou sans la préposition *in;* et ce gérondif ou ablatif est de rigueur, si le second verbe répond à la question *comment?* Ex. :

Il passe le temps (D. comment? R.) à lire, consumit tempus legendo; à lire l'histoire, legendo historiam, et mieux *in legendâ* historiâ.

---

cula, nous envoyons *au consulter* les oracles. Une autre chose à remarquer plutôt qu'à imiter : les noms verbaux ont parfois après eux le même cas que le verbe d'où ils proviennent. De curare rem, vient curatio rem, Plaut. (S. ad), le soin d'une affaire. De spectare ludos, vient spectatio ludos, Plaut. (S. ad), le spectacle des jeux.

Dedit mihi libros legendos. — Si *à* devant un infinitif français peut se tourner par *pour être* et le participe passé, on se sert du participe en *dus, da, dum,* que l'on fait accorder avec le nom qui précède. Ex. :

Il m'a donné des livres *à lire,* t. : *pour être lus*, dedit mihi libros *legendos*.

Mais si l'infinitif français se traduit par un verbe neutre, on rend *à* par *ad* avec le gérondif en *dum*, ou par *ut* avec le mode subjonctif. Ex. :

Donnez-moi la grammaire *à étudier*, t. : pour étudier, ou afin que j'étudie, da mihi grammaticen ad studendum, ou ut studeam.

Attalum audiebam *perorantem.* — Après les verbes voir, sentir, admirer, entendre, l'infinitif se tourne par le participe présent, et on le traduit par le présent du mode participe, qu'on fait accorder avec le régime des verbes voir, sentir, etc. Ex. :

J'entendais Attale *discourir*, t. : *discourant*, Attalum audiebam *perorantem*.

Vous verrez partout Dieu *se présenter* à vous, t. : *se présentant...*, Deum ubique videbis *occurrentem* tibi. Sén.

PRONOMS.
Qui français mis en régime en latin.

Le relatif *qui*, *lequel*, sujet français, se traduit ordinairement par le nominatif latin, comme on voit par ces mots Deus *qui* regnat.

Parce, domine, populis *quos* pœnitet. — Cependant le sujet français, *qui*, devient quelquefois régime du verbe latin qui suit. Il faut pour cela tourner la phrase de manière à faire du sujet français le régime latin. *Qui* français peut devenir accusatif. Ex. :

Seigneur, épargnez les peuples *qui* se repentent, t. : les peuples que le repentir tient, parce, Domine, populis *quos* (pour atque eos) pœnitet. (S. pœna tenet.)

Qui français peut devenir un génitif. Ex. :

Je connais des jeunes gens qui ont intérêt de mieux faire, t. : à qui il importe..., adolescentes novi *quorum* (pour atque eorum) interest rectiùs agere. (S. *pro re* quorum.)

Qui français peut devenir un datif. Ex. :

Admirez le sage *qui* n'a pas besoin de richesses, t. : à *qui* besoin n'est pas..., admiramini sapientem *cui* (pour atque ei) non est opus divitiis. (S. *de* divitiis.)

Qui français peut devenir un ablatif. Ex. :

Détestons la calomnie, mal *qui* fait horreur aux gens de bien, t. : mal dont les gens de bien ont horreur, calumniam exsecremur, malum istud, *à* quo (p. atque ab eo) abhorrent boni. On dit abhorreo ab aliquâ re.

Mitte *quem* voles. — Si le *qui* français peut se tourner par *celui que*, *ceux que*, alors il est régime, et on le met au cas que gouverne le verbe suivant. Ex :

Envoyez *qui* vous voudrez, t. : *celui que* vous voudrez, mitte *quem* (ou *quos*) voles. (S. mittere.)

8

Que relatif régime d'un seul verbe. Testis Deus *quem* amo.

Que relatif se met au cas du verbe dont il est le régime. Le *que* est relatif, lorsqu'on peut le tourner par *lequel, laquelle* ou par *et le, et la, et les*. Ex. :

Témoin Dieu *que* j'aime, t. : témoin Dieu, *et* je *l'*aime, testis Deus *quem* (p. atque eum) amo.

Voici la grammaire *que* j'étudie, t. : voici la grammaire, *et* je *l'*étudie, en grammatica *cui* (p. atque ei) studeo.

Voilà le mets *que* mangeait Esaü, t. : voilà le mets, *et* Esaü *le* mangeait, ecce cibus *quo* (p. atque eo) vescebatur Esaüs.

Que relatif régime de plusieurs verbes. Adsunt pauperes *quos* amare et *quibus* opitulari debemus.

Si le *que* relatif est régime de deux ou plusieurs verbes français qui gouvernent différens cas en latin, on le répète, afin de le mettre au cas de chaque verbe. Ex. :

Voici les pauvres *que* nous devons aimer et secourir, t. : *que* nous devons aimer et *auxquels* nous devons porter secours, adsunt pauperes *quos* (p. atque eos) amare et *quibus* (p. atque eis) opitulari debemus.

Voici Olynthe *que* Philippe assiégea, prit et brûla, t. : voici Olynthe *que* Philippe assiégea, *dont* il se rendit maître, et *à laquelle* il mit le feu, en Olynthus *quam* Philippus obsedit, *quâ* potitus est, et *cui* faces subdidit. Just. (Pour atque eam, atque eâ, atque ei.)

Qui, quæ, quod, entre deux substantifs, s'accorde mieux avec celui qui suit. Ex. :

L'animal *que* nous appelons *homme*, est doué de raison, animal *quod*, et mieux *quem*, vocamus *hominem*, est ratione præditum. (Pour atque id, atque eum.

O Pompée *qui* fus l'honneur et l'ornement de l'empire! ô Pompei, *quod* imperii decus et ornamentum fuisti! Cic.

Quas scripsisti *litteras, eæ* mihi fuerunt jucundissimæ. — Il est élégant de reporter l'antécédent après le relatif, en le mettant au cas où se trouve ce relatif. Ex. :

La lettre *que* vous avez écrite, m'a été très-agréable, on peut dire litteræ *quas* scripsisti, mihi fuerunt jucundissimæ; on dira mieux : *quas* scripsisti *litteras, eæ* mihi fuerunt jucundissimæ (1).

Le relatif *dont, de qui, duquel, desquels*, se met au cas que demande le substantif, l'adjectif ou le verbe qui le suit, et dont il est régime.

Adoremus Deum *cujus* providentia miranda est. — *Dont, de qui, duquel,*

(1) Les auteurs répètent quelquefois le nom après le relatif. Ex. : *bellum* tantum, *quo bello* gentes premebantur, Pompeius confecit. Cic. — *Urbem quam* statuo *vestra* est. Virg. (S. hæc urbs.) — Populo ut placerent quas fecisset fabulas. Tér. (S. fabulæ.)

régime d'un substantif, se met toujours au génitif. Ce relatif est régime d'un nom, si, après ce nom, on peut mettre la question *de qui* ? *de quoi* ? Ex. :

Adorons Dieu *dont* la *providence* est admirable ; D. la providence *de qui* ? R. de Dieu, adoremus Deum *cujus* (p. atque ejus) *providentia* miranda est.

Socrate ; *dont* j'ai coutume de pleurer *la mort*, fut le maître de Platon et d'Alexandre ; D. la mort *de qui* ? R. de Socrate, Socrates *cujus morti* illacrymari soleo, fuit Platonis et Alexandri præceptor.

Accipies mercedem *quâ* dignus eris. — Lorsque *dont*, *duquel*, est régime d'un adjectif, il se met au cas que régit l'adjectif. Ce relatif est régime de l'adjectif qui admet après lui la question *de quoi* ? Ex. :

Vous recevrez la récompense *dont* vous serez digne ; D. digne *de quoi* ? R. de récompense, accipies mercedem *quâ* (p. atque eâ) dignus eris.

Lorsque *dont*, *duquel*, est régime d'un verbe, il se met au cas du verbe. Ce relatif est régime du verbe qui admet après lui la question *de quoi* ? Ex.:

Les avantages *dont* nous profitons, la lumière *dont* nous jouissons, nous viennent de Dieu ; D. nous profitons *de quoi* ? nous jouissons *de quoi* ? R. des avantages et de la lumière, commoda *quibus* (p. atque eis) utimur, lux *quâ* (p. atque eâ) fruimur, à Deo nobis dantur. Cic.

Prions Dieu *dont* nous sommes aimés ; D. aimés *de qui* ? R. de Dieu, precemur Deum *à quo* (p. atque ab eo) amamur.

Détournons les foudres *dont* le méchant est atteint, avertamus fulmina *quibus* (p. atque eis) impius tangitur.

Le relatif *à qui*, *auquel*, *à quoi*, se met au cas que demande l'adjectif ou le verbe qui le suit, et dont il est régime. Ex. :

Cicéron était très-lié avec César, *à qui* il avait été utile, Tullius perfamiliariter utebatur Cæsare, *cui* (p. atque ei) fuerat *utilis*. *Cui* est régime de l'adjectif *utilis*.

Les Romains, *à qui* cet orateur *avait sauvé* la vie, le nommèrent père de la patrie, Romani, *quibus* (p. atque eis) orator ille vitam servârat incolumem, patriæ parentem dixerunt. *Quibus* est le régime indirect de *servârat*.

Les Athéniens, *à qui* il importait de pratiquer la justice, condamnèrent cependant Socrate à la mort, Athenienses, *quorum* (p. atque eorum) referebat justitiam colere, Socratem nihilominùs morte damnârunt. *Quorum* est le régime de *referebat*. (S. pro re quorum.)

Nous connaissons les amis, *à qui* vous avez rendu service, et *à qui* nous avions demandé des livres, amicos novimus, *in quos* (p. atque in eos) officium contulisti, et *à quibus* (p. atque ab eis) libros petieramus. *In quos* est le régime indirect de *contulisti*. *A quibus* l'est de *petieramus*.

Rhea peperit Romulum *à quo* Roma condita fuit. — Le relatif *par qui*, *par lequel*, régime d'un verbe passif, se met à l'ablatif avec *à*, si l'antécédent est un objet animé ; et sans préposition, si l'antécédent est un objet inanimé. Ex. :

Rhéa mit au monde Romulus *par qui* Rome fut fondée, Rhea peperit Romulum *à quo* (p. atque ab eo) Roma condita fuit.

Tullie conduisait le char *par lequel* fut écrasé le corps de Servius, Tullia carpentum agebat *quo* (p. atque eo) Servii corpus fuit obtritum.

8.

Par qui signifiant *par le moyen duquel* ou *desquels*, s'exprime par *per* avec l'accusatif du relatif. Ex. :

Vous connaissez ceux *par qui* j'ai obtenu ma grâce, t. : *par le moyen desquels*, eos nôsti *per quos* (p. atque per eos) veniam impetravi.

Pronoms personnels *me, te, se, nous, vous, le, la, les, lui, leur, en, y.*

En général, les pronoms personnels prennent le genre, le nombre et le cas des noms qu'ils remplacent.

Id nobis erit utile. — Les pronoms me, te, se, nous, vous, se mettent au cas de l'adjectif ou du verbe suivant dont ils sont régimes. Ex. :

Cela *nous* sera utile, t. : sera utile *à nous*, id *nobis* erit utile.

Linus ne *me* vaincra pas, t. : ne vaincra pas *moi*, non *me* vincet Linus. *Me* est régime direct.

Personne ne *me* favorise, t. : ne favorise *moi*, nemo *mihi* favet. *Mihi* est régime d'un verbe neutre.

Je *vous* ai donné un livre, t. : j'ai donné un livre *à vous*, tibi dedi librum. *Tibi* est régime indirect.

Illum vitâ spoliavit Achilles. — Les pronoms le, la, les, se mettent toujours au cas du verbe suivant dont ils sont régimes. Ex. :

Achille *le* priva de la vie, t. : priva *lui*..., illum vitâ spoliavit Achilles. Virg. *Illum* remplace *hectorem.*

Hoc non agemus. — Si *le* ne se rapporte pas à un nom précédent, on le tourne par *cela*, et on l'exprime par *hoc, id, illud.* Ex. :

Nous ne *le* ferons pas, t. : nous ne ferons pas *cela, hoc* non agemus. *Hoc* remplace *negotium.*

Id erat *illi* facile. — Les pronoms lui, leur, se mettent toujours au cas de l'adjectif ou du verbe suivant dont ils sont régimes. Ex. :

. Cela *lui* était facile, t. : facile *à lui*, id erat *illi* facile. *Illi* remplace *homini.*

Vous *leur* direz, t. : vous direz *à elles, eis* dices. *Eis* remplace *mulieribus.*

Poemata legi, et *illorum* veneres miratus sum.— Le pronom en se tourne par *de lui, d'elle, d'eux, d'elles*, et il est régime d'un nom, d'un adjectif ou d'un verbe.

1.º *En* est régime d'un nom, lorsque ce nom admet après lui la question *de qui? de quoi?* et il se met toujours au génitif. Ex. :

J'ai lu les poëmes, et j'*en* ai admiré les beautés; D. les beautés de quoi? R. d'eux, poemata legi, et *illorum* veneres miratus sum. *Illorum* remplace *poematum.*

2.º *En* est régime d'un adjectif, lorsque cet adjectif admet après lui la question *de qui? de quoi?* et il se met au cas de l'adjectif latin. Ex. :

J'instruis ma sœur; j'*en* suis fort content; D. content *de qui?* R. d'elle, meam erudio sororem; *illâ* sanè contentus sum.

3.º *En* est régime d'un verbe, lorsque ce verbe admet après lui la question *de qui? de quoi?* et il se met au cas du verbe. Ex. :

Cicéron aimait ses amis, et *en* était aimé ; c.-à-d. était aimé d'eux, Tullius suos amicos diligebat, et *ab eis* diligebatur.

Y, pronom, signifie *à lui, à elle; à eux, à elles; par lui, par elle*. Ex. :
L'affaire est très-importante, j'*y* donnerai mes soins ; c.-à-d. *à elle*, res est gravissima, *huic* operam dabo.

La volupté est une amorce, les hommes *y* sont pris comme les poissons à l'hameçon ; c.-à-d. sont pris *par elle*, voluptas est esca, *quâ* homines capiuntur, ut hamo pisces. Cic.

Superbus *se* laudat. — Le pronom réfléchi *se*, régime d'un verbe dont le sujet fait sur lui-même l'action, s'exprime par sui, sibi, se. Ex. :
L'orgueilleux *se* loue, superbus *se* laudat. On met *se*, parceque c'est l'orgueilleux qui exerce sur lui-même l'action de louer.

Celui-là triomphe deux fois qui *se* commande et *se* possède dans la victoire, bis vincit ille, qui *sibi* imperat et *se* vincit in victoriâ. Sén.

Valetudo *sustentatur* continentiâ. — Si le pronom réfléchi *se* est régime d'un verbe dont le sujet ne fasse pas sur lui-même l'action, on tourne le verbe par le passif. Ex. :
La santé *se* soutient par la tempérance, t. : *est soutenue...*, valetudo *sustentatur* continentiâ. La santé ne peut faire sur elle-même l'action de soutenir.

Il ne *s'*émeut point de vos menaces, t. : il *n'est point ému*, minis haud movetur tuis.

Cependant on dit : Aperuêre se campi, Q. C. les campagnes se découvrirent. Avec *verto* on peut sous-entendre *se :* Ira vertit in rabiem. Q. C.

Dans les trois phrases suivantes le sujet du verbe latin est regardé comme objet animé : Le *poison se* glisse dans les veines, *venenum sese* in venas insinuat; — si l'*occasion* se présente, si *se* dederit *occasio;* — si la *chose* se passe ainsi, si *res* ita *se* habeat.

Si le verbe a deux sujets qui agissent l'un sur l'autre, on met après le pronom l'adverbe *invicem, réciproquement*, ou la préposition *inter* avant. Ex. :
Cicéron et César *s'*aimaient et *se* louaient, Tullius atque Cæsar se amabant *invicem*, ac laudabant. L'action de ces verbes est réciproque entre leurs deux sujets.

Damon et Pythias avaient lié amitié, Damon et Pythias amicitiam *inter se* junxerant. Valér. *Inter se* établit la réciprocité.

On sous-entend quelquefois le pronom français *se*. Ex. : Il change, mutatur; — il roule sur la tête, volvitur in caput. Virg.

Les pronoms français *me, te, se*, sont renfermés dans les verbes neutres latins ne gouvernant aucun cas. Ex. : Ambulo, je *me* promène; festinas, tu *te* hâtes; fugit, il *s'*échappe; gaudemus, nous *nous* réjouissons; querimini, vous *vous* plaignez; ulciscuntur, ils *se* vengent.

Qui interrogatif. *Quis* amicior quàm frater fratri ?

Qui interrogatif n'a point d'antécédent. On le tourne par *quelle personne?*

et on le traduit par quis, ecquis? ou quisnam, quænam, quodnam? Il est
ou sujet ou régime du verbe suivant; sujet, il se tourne par *qui est-ce qui ?*
régime, il se tourne par *qui est-ce que ?* Ex. :

Qui est meilleur ami qu'un frère pour un frère ? t. : *qui est-ce qui* est...,
quis amicior quàm frater fratri ? Sall. (S. *est.*)

Qui appelez-vous ? t. : *qui est-ce que* vous appelez ? *quem* vocas ?

Qui favorisez-vous ? *cui* faves ?

Qui à pitié des méchans ? t. : *qui est-ce que* la pitié pour les méchans
tient ? *ecquem* miseret improborum ?

Qui n'a pas besoin des autres ? t. : *à qui* besoin des autres n'est-il pas ?
eccui non opus est aliis ?

Qui n'a pas intérêt à se taire? t. : pour l'intérêt de *qui* n'importe-t-il pas..?
cujusnam non interest silere ?

Uter est doctior? — Qui des deux? lequel des deux ? s'exprime par uter,
utra, utrum? et ce pronom est sujet ou régime du verbe. Ex. :

Lequel des deux est le plus savant? uter est doctior ?

Qui des deux se repentira le premier ? utrum priorem pœnitebit ?

Laquelle des deux maisons prendrez-vous à loyer? utram domum con-
duces ?

Quel, quelle, s'exprime aussi par quis, ecquis, quisnam? que l'on fait
accorder en genre, en nombre et en cas avec le substantif auquel il est
joint. Il est ou sujet ou régime du verbe suivant. Ex. :

Quelle mère n'aime pas ses enfans? *quænam mater* liberos suos non amat?

Quel mal as-tu guéri ? à *quel vice* t'es-tu opposé ? sous *quel rapport* es-
tu meilleur ? *quod* malum (et mieux *quid* mali) sanâsti ? *cui* vitio obstitisti ?
quâ in parte es melior ? Sén. *Quid* admet élégamment un génitif.

Quel, quelle, signifiant *quel grand,* se rend par quantus, a, um? Ex. :

Quelles choses fit Alexandre avec un petit nombre d'hommes! *quels* peuples il vainquit! c.-à-d. *quelles grandes* choses !... *quels grands* peuples !...
quantas res Alexander cum paucitate gessit, *quantosque* populos fudit! Just.

Quel, quelle, marquant le *quantième,* c.-à-d. attaché aux mots *heure,*
jour, mois, année, etc., s'expriment par quotus, a, um? et l'on répond par
le nombre ordinal. Ex. :

Quelle heure est-il ? — sept heures; c.-à-d. la septième..., *quota* hora
est ? septima. (S. *est.*)

Que interrogatif se tourne par *quelle chose?* Il est sujet ou régime du
verbe suivant. Sujet, il s'exprime toujours par *quid;* régime, il s'exprime
aussi par *quid,* si le verbe dont il est régime, gouverne l'accusatif, Ex. :

Qu'est-il arrivé ? c.-à-d. *quelle chose* est arrivée ? *quid* accidit ?

Que faites-vous ? c.-à-d. *quelle chose* faites-vous ? *quid* agis ?

Mais si le verbe gouverne tout autre cas, on exprime le mot *chose.* Ex. :

*Qu'*avez-vous oublié ? c.-à-d. *quelle chose* avez-vous oubliée ? *Cujusnam*
rei oblitus es ?

*Qu'*étudiez-vous ? c,-à-d. *quelle chose* étudiez-vous ? *cui* rei studes?

Qu'obtiendra-t-il ? c.-à-d. *de quoi* jouira-t-il ? *quâ* re potietur ?

Quoi, sujet, se rend par *quid*. Ex. :

Quoi de plus beau que la vertu ? *quid* virtute pulchrius ? (S. *est.*)

DE L'INTERROGATION. *Quis* te redemit ? Jesus-Christus.

Tel est le cas du mot interrogatif, dans la demande, tel sera le cas du mot de la réponse ; et, dans la réponse on sous-entend toujours le verbe de la demande. Ex. :

D. *Qui* vous a racheté ? R. *Jésus-Christ*, *quis* te redemit ? — *Jesus-Christus*. (S. me redemit.)

D. *Qui* a pitié des paresseux ? R. *personne*, *quem* miseret pigrorum ? — *neminem*. (S. miseret.)

D. *A qui* appartient le troupeau ? R. *à Mélibée*, *cujum* est pecus ? — *Meliboei*. (S. est.)

D. *Qui* a besoin de pain ? R. *tout le monde*, *cuinam* opus est pane ? — *omnibus*. (S. opus est.)

Cependant avec les unipersonnels *est*, *interest*, *refert*, la réponse, quand elle se fait par un pronom, se met à un autre cas que le mot interrogatif. Ex. :

D. *A qui* importe-t-il de travailler ? R. *à moi*, *cujusnam* interest laborare ? — *meâ*. (S. interest.)

D. *A qui* appartient-il de parler ? R. *à vous*, *cujus* est loqui ? — *tuum*. (S. est.)

Si les pronoms à moi, à toi, etc., peuvent se tourner par mien, tien, etc., on met la réponse au nominatif. Ex. :

D. *A qui* est le livre ? R. *à moi*, *cujus* est liber ? — *meus*.

DE L'INTERROGATION ET DE LA RÉPONSE. Nùm dormis ? Non dormio.

En latin, quand on interroge, on met *nùm*, numquid, ou *an*, *est-ce que*, devant le premier mot, ou *ne* après ; et la réponse se fait par le verbe qui a servi pour l'interrogation. Ex. :

D. *Dormez-vous* ? c.-à-d. *est-ce que* vous dormez ? *nùm* dormis ? R. *non*, c.-à-d. je ne dors pas, *non dormio*. *Nùm* (1) s'emploie quand la réponse doit être négative.

D. *Avez-vous vu* le prince ? *an* vidisti, ou vidisti *ne* principem ? R. *oui*, vidi. (S. eum.)

D. *N'avons-nous pas* entendu l'orateur ? c.-à-d. *est-ce que* nous n'avons pas

---

(1) *Utrùm* se dit dans un choix entre deux choses : diras-tu, ou non ? *utrùm* dices, nec ne ? Ou dans l'alternative : *utrùm* vivet ? *an* morietur ? vivra-t-il ? mourra-t-il ? Dans les poètes on trouve viden' pour vides ne ? vidistin' pour vidisti ne ? Partout il est permis de sous-entendre la particule interrogative : patere tua consilia non sentis ? Cic. Après tout mot qui finit par un *c*, comme sic, hic, hæc, hoc, etc., (excepté hic, ici) on ajoute *ci* avant *ne* : siccine ? est-ce ainsi que ? hunccine cernis ? le vois-tu ? Voici des mots qui rejettent les particules interrogatives : quis ? quantus ? quàm ? quandiu ? quandò ? quare ? cur ? quomodò ? quot ? quousque ? etc.

entendu..., *an non on non ne* audivimus oratorem ? R. *Oui*, audivimus. — *Non*, non audivimus.

Puer, *abige* muscas. — Quand on donne un ordre, un précepte, le nom se met au vocatif, et le verbe à l'impératif. Ex. :

Laquais, chasse les mouches, puer, *abige* muscas.

Que les poëmes soient gracieux, poemata dulcia *sunto*. Hor.

Quand on prie, on emploie le présent du mode subjonctif. Ex. :

De grâce, *venez* nous voir, invisas nos, quæso. (S. opto ut.)

Si le verbe est à la troisième personne du singulier ou du pluriel, on emploie l'impératif ou le présent subjonctif, et l'on n'exprime pas le *que* français. Ex. :

Qu'ils s'en aillent, les traitres, *abeant*, proditores. (S. jubeo ut.)

Ne insultes miseris. — Quand on défend, on met *ne* avec l'impératif ou le présent subjonctif; ou bien l'on se sert de *noli* pour le singulier, *nolite* pour le pluriel avec l'infinitif. Ex. :

N'insultez pas les malheureux, ne insultes miseris; ou bien noli — nolite insultare miseris. *Ne* pour ut non. (S. opto ne.)

Qu'il ne trahisse pas la patrie, *ne prodat* patriam.

DES PARTICIPES.

Le verbe actif a deux participes : le participe présent *amans*, aimant, et le participe futur *amaturus*, devant aimer. Le verbe passif en a deux aussi : le participe passé *amatus*, ayant été aimé, et le participe futur *amandus*, devant être aimé. Le verbe déponent a quatre participes, trois pour l'actif : *imitans*, imitant ; *imitatus*, ayant imité (1) ; *imitaturus*, devant imiter ; et un pour le passif : *imitandus*, devant être imité. Les verbes neutres ont d'ordinaire trois participes : *serviens*, servant ; *serviturus*, devant servir ; *serviendum* au neutre seulement, comme *serviendum* est, il faut servir.

Le participe se rapporte soit au sujet, soit au régime du verbe, soit au nom qui n'est ni sujet ni régime. On fera la question *qui est-ce qui est?* avant ce participe; le mot qui viendra en réponse, appellera l'accord de ce participe.

PARTICIPES JOINTS AU SUJET DU VERBE. **Gallus escam** *quærens*, margaritam reperit.

Le participe s'accorde avec le sujet, si c'est le sujet qu'il qualifie. Ex. :

Un coq *cherchant* de la nourriture, trouva une perle; D. *qui est-ce qui est* cherchant? R. le coq; or, le coq est sujet; ainsi dites : gallus escam *quærens*, margaritam reperit. Ph.

Cicéron, *devant prononcer* un discours, attirait tous les regards; D. *qui*

---

(1) Plusieurs verbes déponens ont le participe passé *actif* et *passif* à la fois, comme *adeptus*, acquis; ayant acquis; criminatus, accusé, etc. Placeo fait placitus, Tér. agréé; faveo, sans supin, fait *fauturus*, Cic. devant fa-

est-ce qui est devant prononcer ? R. Cicéron; or, Cicéron est sujet; ainsi dites : Tullius, orationem *habiturus*, omnium oculos in se couvertebat.

Cyrus *étant retourné* tua tous les Scythes; D. *qui est-ce qui est* retourné ? R. Cyrus; or, Cyrus est sujet, ainsi dites : Cyrus, *reversus* omnes Scythas interfecit. Just.

PARTICIPES JOINTS AU RÉGIME DU VERBE.

Le participe s'accorde avec le régime, si c'est le régime qu'il qualifie.Les pronoms. *le, la, les, lui, leur*, et *son, sa, ses, leur, leurs, en, y*, font place au nom devenu régime en latin. Ex. :

La ville *ayant été prise*, les ennemis *la* pillèrent, t. : les ennemis pillèrent la ville *prise*, urbem *captam* hostes diripuêre.

Les citoyens *devant être passés* au fil de l'épée, le vainqueur *leur* pardonna, t. : le vainqueur pardonna aux citoyens *devant être passés*..., civibus ferro *necandis* victor pepercit.

César sur le point de passer le Rhin, les soldats louèrent *sa* résolution, t.: les soldats louèrent la résolution de César sur le point de passer le Rhin, Cæsaris Rhenum *trajecturi* consilium laudârunt milites.

Le camp une fois pris et sur le point d'être pillé, Alexandre *y* arriva, t.: Alexandre arriva au camp pris et devant être pillé, in castra capta diripiendaque pervenit Alexander.

PARTICIPES JOINTS AU SUBSTANTIF QUI N'EST NI SUJET NI RÉGIME. *Amilcare mortuo,* Annibal Saguntum evertit.

Le nom qui n'est ni *sujet* ni *régime* se met à l'ablatif, et, appelant l'accord du participe, il se nomme *ablatif absolu* ; cette incise, n'étant ni sujet ni régime du verbe, ne peut venir en réponse à l'une des deux questions *qui est-ce qui?* ou *quoi?* Ex. :

Amilcar étant mort, Annibal détruisit Sagonte; D. *qui est-ce qui* détruisit? R. Annibal. D. Annibal détruisit *quoi ?* R. Sagonte; or, *Amilcar* ne vient en réponse à aucune des deux questions; ainsi dites : *Amilcare mortuo*, Annibal Saguntum evertit. T.Liv.(S. ab, après; c.-à-d. après Amilcar mort, etc.)

Des vers ayant été entendus, le peuple rendit hommage à Virgile, c.-à-d. *après des vers entendus*, le peuple rendit..., populus, versibus auditis, Virgilium veneratus est. Tac. (S. ab, après.)

Tibère étant empereur, le Christ fut mis à mort, c.-à-d. *sous Tibère étant empereur*, le Christ fut..., Christus, *Tiberio imperitante*, supplicio affectus est. Tac. (S. sub.)

DES PRÉPOSITIONS LATINES.

Le nom de l'instrument ou de la chose dont on se sert pour faire une

voriser. Le participe présent d'un verbe de force active, suivi d'un génitif, exprime une qualité habituelle : negotii sui benè gerens, celui qui remplit bien sa fonction, qui en a l'habitude. Amans patriæ, l'ami de la patrie. Mais *amans patriam* n'exprime qu'une action momentanée.

action, et le nom qui exprime la cause, la manière, la partie, se mettent à l'ablatif sans préposition, parce qu'ils viennent en réponse à la question *comment* ? Ex. :

Nom de l'instrument. — Frapper (comment ?) de l'épée ou avec l'épée, *ferire gladio.* (S. cum.)

Mais on exprime la préposition *cum*, lorsqu'à la place de *avec* on peut mettre *accompagné de.* Ex. :

Il vint *avec une épée*, c.-à-d. *accompagné* d'une épée, *cum* gladio venit.

Personne ne gouverna jamais (D. comment ? R.) *avec des moyens* légitimes un empire acquis (D. comment ? R.) *par le crime*, nemo unquàm *bonis artibus* exercuit imperium flagitio quæsitum. (S. à, par.)

Nom de la cause. — Il mourut (D. comment ? R.) de faim, fame interiit. (S. præ, à cause de.)

Nom de la manière. — Vous l'emportez (D. comment ? R.) *en beauté, en grandeur*, vincis *formâ*, vincis *magnitudine.* (S. cum, avec.)

Avec quelle constance (D. comment ? R.) avez-vous supporté la pauvreté ? *quânam patientiâ* tulisti inopiam ? (S. cum, avec.)

Nom de la partie. — Je tiens le loup (D. comment ? R.) *par les oreilles*, teneo lupum *auribus.* (S. ab.)

Les Romains portaient (D. comment ? R.) *sur l'épaule* les images d'Octavie, Romani Octaviæ imagines gestabant *humeris.* Tac. (S. in.)

NOMS DE PRIX, DE VALEUR. Hic liber constat *viginti assibus.*

Les noms qui marquent le *prix*, la *valeur* de quelque chose, se mettent à l'ablatif sans préposition, parce qu'ils viennent en réponse à la question *combien* ? Ex. :

Ce livre coûte (D. combien ? R.) vingt sous, hic liber constat viginti assibus. (S. pro,)

Il achetera la liberté (D. combien ? R.) au prix de la vie, hic libertatem *vitâ* mercabitur. Cic. (S. pró.)

Cependant si le prix n'est pas fixé, au lieu de l'ablatif, on peut aussi mettre le génitif. Ex. :

Souvent un bon mot a coûté *cher, sæpè magni* ou *magno* constitit dicterium. (S. pro pretio devant *magno...* et *pro pondere pretii* devant *magni.*)

NOMS DE MESURE, DE DISTANCE. Tænia *longa tres ulnas* ou *tribus ulnis.*

Les noms qui marquent la *mesure*, la *distance*, se mettent à l'accusatif ou à l'ablatif sans préposition, parce qu'ils viennent en réponse à la question *de combien* ? et lorsqu'on se sert d'un nombre, c'est du nombre cardinal. Exemples :

Un ruban long (D. de combien ? R.) de trois aunes, tænia longa *tres ulnas* (S. ad, jusqu'à); — ou longa *tribus ulnis.* (S. à, par.)

Il est éloigné (D. de combien ? R.) de vingt pas, abest ou distat viginti *passus* (S. ad); — ou viginti *passibus.* (S. à.)

Si le nom de mesure est précédé d'un comparatif, il se met toujours à l'ablatif. Ex. :

Tu n'es pas *plus grand* que moi *de deux doigts*, *duobus digitis* major me non es.

Si le nom précise bien le lieu, la distance, outre qu'on met ce nom à l'accusatif avec *ad* ou à l'ablatif sans préposition, l'on se sert du nombre ordinal. Le lieu précis vient en réponse à la question *à combien* ?

Il est tombé (D. à combien ? R.) à dix pas d'ici, c.-à-d. au dixième pas, cecidit *ad decimum* abhinc *passum*, ou *decimo* abhinc *passu*.

NOMS DE TEMPS. Veniet *die dominicâ*.

Le temps qui marque *l'époque précise* où une action *se fait*, *s'est faite* ou *se fera*, se met à l'ablatif sans préposition. Ces noms répondent à la question *quand* ? et l'on se sert du nombre ordinal. Ex. :

Il viendra (D. quand ? R,) dimanche, veniet *die dominicâ*; — le *mois prochain, mense proximo*; — *à trois heures*, c.-à-d. à la troisième heure, *horâ tertiâ*. (S. in.)

La liberté vint (D. quand ? R.) long-temps après, libertas *longo post tempore* venit; Virg. c.-à-d. in longo tempore post votum.

Peu de jours auparavant, *paucis antè diebus*; c,-à-d. in diebus paucis antè negotium. Le régime de post et de antè est sous-entendu.

A la question *quand* ? répondent ces mots militiæ, belli (S. tempore), en temps de guerre; domi, (S. in muris.) togæ (S. in otio) en temps de paix.

Cicero vixit tres et sexaginta annos, *ou* tribus et sexaginta annis. — Le nom qui marque l'espace de temps qu'une chose *a duré* ou *durera*, se met à l'accusatif ou à l'ablatif sans préposition. Ces noms répondent à la question *combien de temps* ? et l'on se sert du nombre cardinal. Ex. :

Cicéron vécut (D. combien de temps? R.) soixante-trois ans, Cicero vixit tres et sexaginta annos (S. per); — ou annis. (S. in.)

Philippe périt après qu'il eût régné (D. combien de temps?R.) vingt-cinq ans, decessit Philippus cùm annis (ou annos) quinque et viginti regnâsset. Just.

Quel homme, digne de ce nom, voudrait être (D. combien de temps? R.) tout un jour dans le plaisir? ecquis, nomine hominis dignus, unum diem totum velit esset in voluptate? Cic.

Tertium annum regnat. — Le nom qui indique *depuis quel temps* une chose se fait, se met à l'accusatif sans préposition et avec le nombre *ordinal*, ou à l'ablatif avec *à* et le nombre *cardinal*, ces noms répondent à la question *depuis quand* ? Ex. :

Il y a *trois ans* qu'il règne, c.-à-d. il règne depuis trois ans, *tertium annum* regnat (S. per); — ou *à tribus annis* regnat.

Alexandre mourut âgé de (c.-à-d. né depuis) trente-trois ans et un mois, decessit Alexander *mensem unum, annos tres* et trigintâ natus. Just.(S.antè.)

Il y a *plusieurs années* que je suis lié avec votre père; c.-à-d. je suis lié depuis *plusieurs* années, *multos annos* utor familiariter patre tuo. (S. antè.)

Si le temps est écoulé et qu'il ne dure plus, le nom de temps se met à l'accusatif ou à l'ablatif avec *abhinc*, et l'on se sert du nombre *cardinal.*Ex.*:*

Il y a *trois ans* qu'il est mort, c.-à-d. il est mort *depuis* trois ans, *tribus abhinc annis* ou *tres abhinc annos* mortuus est. (S. à... antè.)

Deus mundum creavit *intrà sex dies.* — L'espace de temps que l'on met à faire une chose, se met à l'accusatif avec *intrà*, dans l'espace de.Ex. :

Dieu a créé le monde *en* six jours, c.-à-d. *dans l'espace de* six jours, Deus mundum creavit *intrà sex dies.*

Dans, suivi d'un nom de temps, et pouvant se tourner par *après*, se traduit par *post.* Ex. :

Nous partirons *dans* trois jours, c.-à-d. *après* trois jours, *post tres dies proficiscemur.*

NOMS DE LIEUX.

Il y a quatre manières de considérer un lieu : *ubi?* (1) *où* est-on ? — *Quò? où* va-t-on ?—*Undè ? d'où* vient-on ? — *Quà? par où* passe-t-on? la réponse à ces questions indique le lieu *où l'on est*, le lieu *où l'on tend*, le lieu *d'où l'on part*, et le lieu *par où l'on passe.*

Question *ubi.*

Maneo *in galliâ*, *in urbe.* — Le nom du lieu où l'on est, où l'on fait une chose, se met à l'ablatif avec *in.*Le nom de lieu, à la question *ubi*, vient en réponse à la demande *étant où ?* Ex. :

Je demeure (D. étant où? R. étant) *en France... dans la ville*, maneo *in galliâ... in urbe.*

Le crocodile passe les jours (D. étant où ? R. étant) *dans la terre*, et les nuits (D. étant où ? R.) *dans l'eau*, crocodilus dies agit *in terrâ*, noctes *in aquâ*, Plin.

Tu erres (D. étant où ? R. étant) dans toute l'Asie, *in totâ Asiâ* vagaris.

Il se promène (D. étant où ? R. étant) *dans le jardin*, ambulat *in horto.* On met l'ablatif, parcequ'on ne sort pas du lieu.

Natus est Divione, Athenis. — On sous-entend la préposition (2) devant un nom propre de ville, bourg, village et devant rure. Ex. :

Il est né à Dijon, natus est Divione... à Athènes, Athenis, à la campagne, rure.

Cæsar habitabat Romæ, Cicero autem interdùm Arpini. — Si le nom de ville, bourg, village, est au singulier, première ou seconde déclinaison, on le met au génitif. Ex. :

César demeurait à Rome, et Cicéron parfois à Arpinum, Cæsar habitabat Romæ, Cicero autem interdùm arpini. (S. in muris, dans l'enceinte.)

---

(1) *Ubi* équivaut à *quo in loco?* en quel lieu ? *Quò* équivaut à *quem in locum?* vers quel lieu ? *Undè* équivaut à *quo ex loco?* de quel lieu ? *Quà* équivaut à *quâ viâ?* par quel chemin ? (S. in, dans.)

(2) La préposition s'exprime devant les noms de grands lieux : *empire, royaume, Afrique*, etc.

Les noms *domus*, *humus*, se mettent aussi au génitif. Ex. :

Est-il à la maison ? est-ne domi (1) ? (S. in muris, dans les murs.)

Le bœuf roule *à terre*, procumbit *humi* bos. Virg. (S. in solo, sur le sol.)

Les noms *rus*, *domus*, *humus*, suivis d'un génitif ou d'un adjectif, prennent la préposition. Ex. :

Alcibiade fut élevé *dans la maison de Périclès*, Alcibiades educatus est *in domo Periclis*... *dans une campagne agréable*, in rure amæno... *sur la même terre*, in eâdem humo.

A la question *ubi*, on traduit *chez* par *apud*. Ex. :

Je soupais *chez* mon père, cænabam *apud* patrem.

Question *quò*.

Eo *in Galliam*... *in urbem*. — Le lieu dans lequel on va se met à l'accusatif avec *in*, et le but vers lequel on tend, se met à l'accusatif avec *ad*. Le nom de lieu, à la question *quò*, vient en réponse à la demande *allant où* ? Ex. :

Je vais (D. allant où ? R. allant) en France... à la ville, eo *in Galliam*... *in urbem*. (S. in, car l'on y entre.)

Le loup et l'agneau vinrent (D. allant où ? R. allant) au même ruisseau, lupus et agnus venerunt *ad eumdem rivum*. Ph. (S. ad, car l'on ne va qu'au-près.)

Va maintenant (D. allant où ? R. allant) trouver Philippe, i nunc *ad Philippum*. Q. C. disait Alexandre à Clytus.

Ibo *Lutetiam*..., *Lugdunum*. — On sous-entend la préposition devant un nom propre de ville, bourg, village, et devant *rus*, *domus*. Ex. :

J'irai *à Paris*, ibo *Lutetiam*... à Lyon, *Lugdunum*.

Dion conduisit Platon *à Tarente*, Dion Platonem *Tarentum* perduxit. C. Nép.

Envoyer quelqu'un *à la campagne*, rus aliquem mittere.

Allez *à la maison*, mes chèvres, *domum* ite, capellæ. Virg.

Le verbe petere, demander, signifiant *aller*, veut l'accusatif sans préposition. Ex. :

Petere *collegium*, aller *au collége*; petere *aliquem*, aller *trouver quelqu'un*.

Auprès de, *chez*, *à*, se traduisent par *ad*. Ex. :

Thémistocle se réfugia *chez* Admète, Roi des Molosses, Themistocles *ad Admetum*, Molossorum Regem, confugit. C. Nép.

Je vais au sermon, eo *ad sacram concionem*.

Question *undè*.

Redeo *ex gallià*... *ex urbe*. — Le lieu, la situation d'où l'on sort, se met à l'ablatif avec *è* ou *ex*. Mais le lieu, l'objet dans lequel on n'était pas, et

---

(1) Les possessifs meus, tuus, noster, vester, peuvent s'accorder avec domi : sum domi meæ, Cic. je suis chez moi.

d'où l'on s'éloigne, se met à l'ablatif avec *à* ou *ab*. A la question *undè*, ces noms viennent en réponse à la demande *du dedans de quoi ? d'auprès de quoi ?* Ex. :

Je reviens (D. du dedans de quoi ? R. du dedans) de la France... de la ville, redeo *ex galliâ... ex urbe.*

La Meuse sort (D. du dedans de quoi ? R. du dedans) du mont Vogèse, Mosa profluit *ex monte* Vogeso. Cic.

Nous nous éloignâmes (D. d'auprès de quoi ? R. d'auprès) de la ville et des ennemis, *ab urbe hostibusque* discessimus.

J'ai écarté toute crainte (D. d'auprès de quoi ? R. d'auprès) de ma patrie et de mes concitoyens, omnem metum à patriâ civibusque meis propulsavi. Cic.

Redeo *Româ... Lugduno.* — On sous-entend la préposition devant un nom propre de ville, bourg, village, et devant rure, domo. Ex. :

Je reviens *de Rome... de Lyon*, redeo *Româ... Lugduno.*

Aristide avait été banni *d'Athènes*, Aristides *Athenis* erat expulsus. Cor. Nép.

Nous étions revenus *de la maison*, redieramus *domo*... *de la campagne, rure.* (Ruri moins usité.)

De chez se traduit par *à* ou *ab*. Ex. :

Je viens *de chez* le Roi, venio *à* Rege.

Question *quà.*

Iter feci *per Galliam... per Lugdunum.* — Tous les noms de lieux par où l'on passe, se mettent à l'accusatif avec *per*. A la question *quà* tous ces noms viennent en réponse à la demande *par où ?* Ex. :

J'ai passé *par la France*, t. : j'ai fait route *à travers* la France, iter feci *per Galliam... par Lyon*, t. : *à travers* Lyon, *per Lugdunum.*

N'allez point au hasard *par plusieurs chemins*, ne vagare *per plures vias.*

Le verbe transire, aller au-delà, porte avec lui sa préposition. Ex. :

Titus passa *par la Grèce*, Titus Græciam *transivit.* Tac. (Pour ivit trans.)

Par chez se tourne ainsi, par la maison de, per domum. Ex. :

Je passerai *par chez mon oncle*, t. : *par la maison de* mon oncle : iter habebo *per domum* avunculi mei.

NOM COMMUN APRÈS LE NOM PROPRE. Constiterunt Corinthi, *in loco* nobili.

Lorsqu'après un nom propre se trouve le nom commun *ville, bourg, village, endroit*, on met le nom propre et le nom commun au cas que demande chaque question, et l'on exprime la préposition seulement devant le nom commun. Ex. :

Ils s'arrêtèrent à Corinthe, *lieu* célèbre, constiterunt Corinthi *in loco* nobili. (Question *ubi.*) Litt. Ils s'arrêtèrent *dans le* célèbre *lieu* de Corinthe.

Je vais à Rome, *ville* d'Italie, eo Romam, *in urbem* Italiæ. (Question *quò.*) Litt. Je vais *à la ville* d'Italie *nommée* Rome.

Je reviens de Lyon, *ville* très-ancienne, redeo Lugduno, *ex urbe* antiquissimâ. (Question *undè*.) Litt. Je reviens de la très-ancienne ville *nommée* Lyon.

NOM COMMUN AVANT LE NOM PROPRE.

Mais si le nom propre est précédé du nom commun *ville*, *bourg*, *village*, *endroit*, ou accompagné d'un adjectif, la préposition s'exprime, et gouverne à la fois le nom commun et le nom propre. Ex. :

Il demeure *dans la ville de Lyon*, habitat *in urbe Lugduno*.

Nous irons *à la fameuse Rome*, ibimus *in præclarissimam Romam* (S. urbem); et nous reviendrons *par l'illustre Mycènes*, *ville* de la Grèce, ac revertemur *per illustres Mycenas*, urbem Græciæ.

Chacune des quatre questions a des adverbes qui lui sont propres; voici les plus usités :

QUESTION *Ubi?*	QUESTION *Quò?*	QUESTION *Undè?*	QUESTION *Quà?*
Où, ubi.	Où, quò.	D'où, undè.	Par où, quà.
Ici où je suis, où nous sommes, hic.	Ici où je suis, hùc.	D'ici où je suis, hinc.	Par ici où je suis, hàc.
Là où tu es, où vous êtes, istìc.	Là où tu es, istùc.	De là où tu es, istinc.	Par là où tu es, istàc.
Là où il est, où ils sont, illìc.	Là où il est, illùc.	De là où il est, illinc.	Par là où il est, illàc.
Là, y, ibi.	Là, y, eò.	De là, en, indè.	Par là, y, eà.
Là même, ibìdem.	Là même, eòdem.	Du même lieu, indidem.	Par le même lieu, eâdem.
Ailleurs, alibi.	Ailleurs, aliò.	D'ailleurs ou d'autre part, aliundè.	
Quelque part, alicubi, uspiàm.	Quelque part, aliquò, quopiàm.	De quelque part, alicundè.	Par quelque lieu, aliquà.
Partout où; en quelque lieu que ce soit, ubicumquè, ubivis, ubiubi.	Partout où; en quelqu'endroit que ce soit, quocumquè, quòvis.	De quelqu'endroit que ce soit, undecumquè.	Par quelqu'endroit que ce soit, quacumque.
Nulle part, nusquàm, nullibi.	Nulle part, nusquàm.		
Dehors, forìs.	Dehors, foràs.	De dehors, à foris.	Par dehors, forinsecùs.
Dedans, intùs.	Dedans, intrò.	De dedans, intùs.	Par dedans, introrsùm.

SYNTAXE DES ADVERBES.

Les adverbes de quantité gouvernent le génitif. Ex. :

Peu *de vin*, parùm *vini*.—Un peu *d'eau*, paululùm *aquæ*.—Beaucoup *de blé*, multùm *frumenti*.—Plus *de forces*, plùs *virium*.—Moins *de vertu*, minùs *virtutis*.—Assez *de paroles*, satis *verborum*.—Trop *de pièges*, nimis *insidiarum*.

Les adverbes de temps et de lieu gouvernent le génitif. Ex. :

En quel lieu *du monde*? ubi *terrarum* ? — Nulle part, en aucun lieu *du monde*, c.-à-d. des nations, nusquàm *gentium*.

Il en était venu *à ce point* de démence, eò devenerat *dementiæ*.

Ergò, à cause de, pour l'amour de, et instar, *comme*, *l'équivalent de*, veulent le génitif, et se mettent après leur régime. Ex. :

Nous venons pour l'amour *de lui*, *illius* ergò vĕnimus. Virg. (S, pro re illius.)

Un ami nous tient lieu *de tous les hommes*, t. : est pour nous *l'équivalent de...*, unus amicus *omnium* instar nobis est. Cic.

Pridiè, la veille ; postridiè, le lendemain, veulent le génitif ou l'accusatif. Ex. :

Le jour d'avant *les Calendes*, pridiè *Calendarum* — ou *Calendas*. (S. antè.)

Le jour d'après *les Ides*, postridiè *Iduum* — ou *Idus*. (S. post.)

En, eccè, voici, voilà, veulent après eux le nominatif ou l'accusatif. Ex. :

Voici, voilà le loup, en, eccè *lupus*; (S. adest) — en, eccè *lupum* (S. aspice.)

Obviàm, au-devant, à la rencontre, veut le datif. Ex. :

Aller au-devant *de quelqu'un*, ire obviàm *alicui*.

SYNTAXE DES CONJONCTIONS.

Certaines conjonctions prennent aussi un régime; mais ce régime est toujours un verbe, et ce verbe se trouve soit au mode indicatif, soit au mode subjonctif.

Voici celles qui régissent le mode indicatif :

Ut, uti, quemadmodùm, de même que. — Ut, ubi, dès que. — Quandò? quand? — Simul ac ou atque (ou simùl seul), aussitôt que. — Statim ut, dès l'instant que. — Quoniam, quià, parceque. (*Quia non,* veut souvent le subjonctif.) Ex. :

Je ferai *comme* vous l'ordonnez, faciam *ut* jubes.

Voici celles qui veulent indifféremment le mode indic. ou le mode subj. :

Quòd, ideò... quòd, proptereà... quòd, de ce que. — Postquàm, posteàquàm, après que, depuis que. — Quippe qui, ut potè qui, quippe quùm, puisque, vu que, comme. — Etsi, tametsi, quanquàm, quoique, bien que, encore que. — Siquidem, quandò, quandoquidem, puisque. — Si, sin autem, sin minùs, si, si ne pas. Ex. :

Quelle chose serait en sûreté, *s'il* était permis de voler? quid salvum esset, *si* furari liceret ? Just.

Qui connaîtrait Hector, *si* Troie avait été heureuse? Hectora quis nôsset, felix *si* Troja fuisset ? Ov.

Si vous aviez voulu et que vous eussiez pu, *si* voluisses ac potuisses. Le *que* ne se traduit pas.

Le verbe gouverné par *si* se mettra bien au futur latin, si le second verbe est au futur. Ex. :

Si vous êtes sage, vous vous *tairez*, t. : *quand* vous serez sage, vous vous tairez, *si* sapies, *tacebis*. Plin.

On met bien aussi les deux verbes au futur passé. Ex. :

Si vous venez, vous me ferez plaisir, t. : *quand* vous serez venu, vous m'aurez fait chose très-agréable, *si veneris*, mihi pergratum *feceris*.

Si vous vous livrez à l'étude, vous éviterez tout ennui, t. : *quand* tu auras livré toi à l'étude, tu auras évité..., si te ad studium revocaveris, omne fastidium effugeris. Sén.

Si signifiant *quand,* ne veut que le mode indicatif surtout devant deux imparfaits, Ex. :

Si je l'appelais il s'en allait, t. : *quand* je l'appelais il..., quem si arcessebam, abibat.

Voici celles qui veulent le mode subjonctif :

Licet, cùm, quamvis, etiamsi, quoique. — Quasi, tanquàm, comme si. — Perinde ac si, de même que si. — Cùm, dùm, lorsque, dans le temps que, tandis que, devant l'imparfait et le plusque-parfait indicatif français.— Dùm, modò, dummodò, pourvu que. — Quoad, jusqu'à ce que. — Ità ut, adeò ut, tàm ut, de sorte que, tellement que. — Priùsquàm, antè quàm, avant que. — Ni, nisi, nisi si, à moins que. — Quòd si, que si, sive, soit que. — Ut (quò devant un comparatif), afin que. — Utrùm, àn, ne (entre deux verbes), pour savoir si. Ex. :

Si vous ne prenez garde, nisi caveas.

Si vous ne craignez pas les hommes, au moins craignez Dieu, si non homines, at saltèm Deum time.

Je ferai *en sorte que* vous puissiez être dans une paix durable, c.-à-d. je pourvoirai à cela que vous puissiez..., ut in pace perpetuâ esse possitis providebo. Cic.

Reposez-vous, *afin que* vous travailliez mieux, otiamini quò meliùs laboretis.

RÉSUMÉ

De la syntaxe d'accord, et de la syntaxe de régime.

Deux mots mis au *même cas.* — Si *nommé* ou *qui est* peut se placer entre deux mots, tous deux se mettent au même cas : Louis *(nommé)* Roi, Ludovicus Rex. — La ville de *(nommée)* Rome, urbs *Roma.* — Dieu *(qui est)* saint, Deus *sanctus.* — Les Rois *(qui sont)* eux-mêmes, Reges *ipsi.*

Du *nominatif.* — La question *qui est-ce qui* ou *qu'est-ce qui* ? amène toujours le *nominatif* en réponse : l'enfant joue, D. *qui est-ce qui* joue ? R. l'enfant : *puer ludit.* — C'est un péché de mentir, D. *qu'est-ce qui* est un péché? R. de mentir : *mentiri* est culpa. — Il serait honteux de fuir, D. *qu'est-ce qui* serait honteux ? R. de fuir : *fugere* esset turpe. — C'est à moi de parler, D. *qu'est-ce qui* est à moi ? R. de parler : *loqui* est meum. — Il importe d'obéir, D. *qu'est-ce qui* importe ? R. d'obéir : *obedire* refert.

De l'*attribut.* — L'attribut se met toujours au cas où se trouve le sujet; et un mot est *attribut*, si *qualifié* peut se placer après le verbe : Dieu est *(qualifié)* saint, Deus est *sanctus.* — Je me nomme *(qualifié)* lion, ego nominor *leo*. — Aristide mourut *(qualifié)* pauvre, Aristides mortuus **est** pauper.

De l'accusatif. — La question *quoi ?* placée après un verbe actif ou de force active, veut toujours à l'accusatif le mot qui vient en réponse : j'aime (D. *quoi ?* R.) Dieu, amo *Deum*. — Nous cesserons (D. *quoi ?* R.) de causer et de jouer, desinemus *garrire ac jocari*. — Je pense (D. *quoi ?* R.) que les jeunes gens écoutent, puto adolescentes *audire*.

Où ? signifiant *dans l'intérieur de quoi ?* veut à ce cas, avec *in*, la réponse: nous irons à (c.-à-d. *dans l'intérieur de*) la ville, ibimus *in* urbem.

Où ? signifiant *vers qui* ou *vers quoi ?* veut à ce cas, avec *ad*, la réponse: ce chemin conduit à (c.-à-d. *vers*) la vertu, hæc via ducit *ad virtutem*. — Cela me regarde, t. : cela regarde *vers* moi, hoc *ad me* spectat. — Je vais (c.-à-d. *vers le*) jouer, eo *lusum*. — Nous irons à Rome..., à la maison..., à la campagne, c.-à-d. *vers* Rome, etc., ibimus *Romam..., domum..., rus*.

Du datif. — On met à ce cas tous les mots répondant à la question *à qui, à quoi,* signifiant *pour qui, pour quoi ?* je donne un habit au (c.-à-d. *pour le*) pauvre, do vestem *pauperi*. — Je craignais pour l'armée, metuebam *exercitui*. — Je *lui* ai rendu service, c.-à-d... service pour lui : *ipsi* officium præstiti.

Du génitif. — La question *de qui, de quoi ?* placée après un nom veut toujours à ce cas la réponse : le livre (D. *de qui ?* R.) de Pierre, liber *Petri*. — Le temps (D. *de quoi ?* R.) de lire, tempus *legendi*. — Le plus savant (D. *de quoi ?* R.) de tous, doctissimus *omnium*. — Je me souviens (D. j'ai souvenir *de qui ?* R.) de ma mère, memini *matris* meæ. (S. memoriam.) — Accuser (D. *de quoi ?* R. du crime) de larcin, insimulare (S. de crimine) *furti*.

A ce cas on met aussi *domus, humus,* et les noms *propres* singuliers de villes, bourgs, villages de première ou de seconde déclinaison venant en réponse à la question *étant où ?* Il demeure (D. *étant où ?* R.) à Rome..., à Laon..., à la maison, habitat *Romæ..., Lauduni..., domi.* (S. in muris.)

De l'ablatif. — La question *où ?* signifiant *étant où ?* veut à ce cas avec *in* la réponse : je cours (D. *étant où ?* R. étant) dans la ville..., dans la province, discurro *in* urbe..., *in* provincia. Les noms de villes, bourgs, villages, première et seconde déclinaison au pluriel, et troisième déclinaison tant au singulier qu'au pluriel, rejettent la préposition *in* : il demeure *(étant)* à Dijon..., à Athènes, habitat *Divione..., Athenis.*

A ce cas mettez sans préposition tout mot répondant à la question *comment ?* exceptons les noms de personnes après un verbe passif : je suis aimé (D. *comment ?* R.) de Dieu, amor *à Deo*. — Nous sommes accablés (D. *comment ?* R.) de chagrin, mærore conficimur. — Je me sers (D. *comment* ou *de quoi ?* R.) de livres, utor *libris*. — Nous parlons (D. *comment* ou *touchant qui ?* R.) de vous, loquimur *de te*. — Chose admirable (D. *comment* R.) à voir, res *visu* mirabilis. — Il passe le temps (D. *comment ?* R.) à lire, consumit tempus *legendo*. — Vous l'emportez (D. *comment ? R*.) en beauté, vincis *formâ*. — Je tiens le loup (D. *comment ?* R.) par les oreilles, teneo lupum *auribus*. — Il se glisse (D. *comment ?* R.) à pas lents, irrepit lentis *passibus*. — Frapper (D. *comment ?* R.) avec l'épée (1), ferire *gladio*.

_____

(1) *Avec,* signifiant *accompagné de,* se rend par *cum* : il entre *avec* une épée, t. : *accompagné* d'une épée, *cum gladio* ingreditur.

A ce cas mettez avec *à* ou *ab* toute réponse à la question *d'où ?* signifiant *de quel point ?* ou *d'auprès de qui ?* Je reçois un livre (D. *d'auprès de qui ?* R.) de vous : accipio librum *à te*. — Il a demandé une grâce (D. *d'auprès de qui ?* R.) au Roi : petiit beneficium *à Rege*. — Je revenais (D. *de quel point ?* R.) de me promener : redibam *ab ambulando*.

A ce cas mettez avec *è* ou *ex* toute réponse à la question *d'où ?* signifiant *du dedans de quoi ?* Il est sorti (D. *du dedans de quoi ?* R.) de la chambre : egressus est *è Cubiculo*. — J'ai appris par votre lettre, t. : par le dedans de votre lettre : *ex litteris tuis* cognovi. — Puiser de l'eau à la fontaine, t. : *au-dedans* de la..., haurire aquam *ex fonte*. — Allumer un flambeau au feu, t. : *au dedans* du feu : accendere facem *ex foco*. — Un vase d'or, t. : tiré *du dedans* de l'or : vas *ex auro*. — Je reviens de Rome..., d'Athènes..., des champs, t. : *du dedans* de... redeo Româ..., Athenis..., rure. (S. ex.)

A ce cas mettez avec *à* ou *ab*, *è* ou *ex*, et même sans préposition toute réponse à la question *d'où* signifiant à la fois *du dedans de quoi* et *de quel point ?* Jésus-Christ a racheté l'homme (*du dedans* ou *du point*) de la mort, Jesus-Christus redemit hominem *è* ou *à morte*, ou simplement *morte*. — *Audire* et *quærere* veulent toujours une préposition : j'ai appris cela (*du dedans* ou *du point*) de mon ami, id audivi *ex* ou *ab amico meo*.

A ce cas mettez sans préposition ce qui vient en réponse aux questions :

1.º *Quand ?* — Il viendra (D. quand ? R.) dimanche... à deux heures, veniet die dominicâ... horâ secundâ.

2.º *Combien ?* — Ce livre coûte (D. combien ? R.) vingt sous, hic liber constat viginti (1) assibus.

A combien ? — Il est tombé (D. à combien ? R.) à dix pas d'ici, cecidit decimo abhinc passu.

3.º *Combien de temps ?* — Il a régné (D. combien de temps ? R.) trois ans, regnavit tribus annis.

4.º *Depuis quand ?* — Il y a trois ans qu'il règne (D. depuis quand règne-t-il ? R. depuis trois ans) à tribus annis regnat. Ici la préposition s'exprime.

_____

(1) Si le prix n'est pas fixé on peut mettre le génitif : ce livre a coûté *beaucoup*, *plus*, *trop*, hic liber constitit magni, pluris, nimiò pluris. (S. pro pondere pretii.)

TROISIÈME PARTIE.

MÉTHODE
OU
Manière de rendre en latin les gallicismes (1) *les plus fréquens.*

DU *que* RETRANCHÉ.

Le *que* retranché est celui qui, entre deux verbes, ne pouvant se tourner par le relatif *lequel, laquelle,* ne s'exprime pas en latin. Alors le nom ou pronom français qui le suit, se met à l'accusatif, et le verbe à l'un des temps du mode infinitif. Il y a *que* retranché, lorsque la question *quoi ?* attachée au premier verbe, amène le second en réponse.

Après les verbes croire, savoir, sentir, assurer, être persuadé, dire, prétendre, promettre, espérer, etc., le *que* se retranche. Ex. :

Je crois (D. quoi ? R.) *que* Dieu est saint, credo Deum esse sanctum.

SECOND VERBE MIS AU PRÉSENT DE L'INFINITIF.

En général, si l'action du second verbe se fait en même temps que celle du premier, ce second verbe se traduit par le présent du mode infinitif.

A ce présent du mode infinitif mettez :

1.º Le présent indicatif français, ainsi que le présent du subjonctif pouvant se tourner par le présent du mode indicatif. Ex. :

Je crois que la vertu *charme,* c.-à-d. je crois (maintenant) la vertu charmer (maintenant) : credo virtutem *delectare* (2). L'action du second verbe *(charme),* se fait au même instant que celle du premier (je crois).

Je ne crois pas qu'un frère *puisse* faire du mal à un frère, c.-à-d. je ne crois pas (maintenant) un frère *pouvoir* (maintenant) faire du mal à un frère: non credo fratrem *posse* fratri nocere. L'action du second verbe (puisse) se fait au même instant que celle du premier *(je ne crois pas).*

2.º L'imparfait indicatif français, ainsi que l'imparfait du subjonctif pouvant se tourner par l'imparfait du mode indicatif, pourvu que le premier verbe soit à tout autre temps que le présent ou le futur. Ex. :

Je croyais, j'ai cru, j'aurais cru que le Roi venait, c.-à-d. je croyais, j'ai cru, j'aurais cru (hier) le Roi venir (hier) : credebam, credidi, credidissem Regem venire. L'action du second verbe *(venir)* se faisait au même instant que celle du premier *(je croyais, j'ai cru, j'aurais cru).*

---

(1) *Gallicisme* c'est une locution propre uniquement au génie de la langue française, et qui ne peut se traduire littéralement dans une autre.

(2) *Credo* gouverne l'accusatif *virtutem ; delectare* est mis pour esse *delectantem.*

Sénèque niait que les richesses *fussent* un bien, t. : étaient un bien; c.-à-d. Sénèque niait (autrefois) les richesses être (autrefois) un bien : Seneca negabat divitias *esse* bonum. Les actions des deux verbes sont encore simultanées.

SECOND VERBE MIS AU PARFAIT INFINITIF.

En général, si le second verbe marque une action plus ancienne que n'est celle du premier, ce second verbe se rend toujours par le parfait du mode infinitif latin.

A ce parfait infinitif mettez :

1.° Le parfait indicatif français, ainsi que le parfait subjonctif et le futur passé indicatif s'ils peuvent se tourner par le parfait indicatif français. Ex. :

Je crois que les poëtes anciens *ont chanté*, c.-à-d. je crois (maintenant) les poëtes anciens avoir chanté (jadis): credo poëtas veteres cecinisse. Le second verbe *(ont chanté)* marque une action plus ancienne que n'est celle du premier verbe *(je crois)*.

Je ne pense pas que les historiens *aient raconté*, t. : ont raconté, c.-à-d. je ne pense pas (maintenant) les historiens avoir raconté (jadis): non puto historicos *narrâsse*. L'action du second verbe est plus ancienne que celle du premier.

Je pense que les philosophes *auront assez disserté*, t. : ont assez disserté, c.-à-d. je pense (maintenant) les philosophes avoir assez disserté (jadis) : puto philosophos satis *disseruisse*. L'action du second verbe est faite, et celle du premier se fait.

2.° Le plusque-parfait indicatif, ainsi que le plusque-parfait du subjonctif français pouvant se tourner par celui du mode indicatif. Ex. :

Je croyais que les orateurs *avaient harangué*, c.-à-d. je croyais (ce matin) les orateurs avoir harangué (hier): credebam oratores fuisse concionatos. Le second verbe marque une action plus ancienne que celle du premier.

Nous ne savions pas que les princes *fussent arrivés*, t. : étaient arrivés ; c.-à-d. nous ne savions pas (ce matin) les princes être arrivés (hier): nesciebamus viros principes *advenisse*. L'action du second verbe est plus ancienne que celle du premier.

3.° L'imparfait indicatif et l'imparfait subjonctif français, si toutefois le premier verbe est au présent ou au futur. Ex. :

Tu sais, tu sauras qu'Homère *était* aveugle, c.-à-d. tu sais (maintenant), tu sauras (demain) Homère avoir été (jadis) aveugle: te non fugit, te non fugiet Homerum *fuisse* cæcum. L'action du second verbe est plus ancienne que celle du premier.

Je ne crois pas, je ne croirai pas que vous *fussiez malade*, t. : que vous étiez malade; c.-à-d. je ne crois pas (maintenant), je ne croirai pas (demain) vous avoir été malade (hier): haud credo, haud credam vos ægrotâsse. L'action du second verbe est plus ancienne que celle du premier.

Quand même le premier verbe serait à tout autre temps que le présent ou le futur, mettez au parfait infinitif cet imparfait indicatif ou subjonctif, s'il marque une action décidément plus ancienne que celle du premier verbe. Ex. :

Je vous ai dit que Phèdre *était* esclave, c.-à-d. je vous ai dit (il y a 20 ans) Phèdre avoir été (il y a bien plus long-temps) esclave : tibi dixi Phædrum.

fuisse servum. Le second verbe marque une action bien antérieure à celle du premier.

SECOND VERBE MIS AU FUTUR SIMPLE INFINITIF.

En général, si le second verbe marque l'avenir, on le traduit par le futur simple du mode infinitif.

A ce futur simple infinitif mettez :

1.º Le futur simple indicatif et le conditionnel présent. Ex. :

Nous savons que l'âme *ne mourra point*, c.-à-d. nous savons l'âme n'être point devant mourir (un jour) : scimus animam haud *esse morituram*. Le second verbe *(ne mourra point)* marque une action future.

L'oracle annonça que la Grèce *serait baignée* de sang, c.-à-d. l'oracle annonça la Grèce *être devant être baignée* de sang (un jour): oraculum præmonuit Græciam cruore *madefaciendam esse* (1), ou *madefactum iri* (2). Le second verbe *(serait baignée)*, marque une action future.

2.º Le présent et l'imparfait subjonctif français, s'ils peuvent se tourner par le futur simple indicatif. Ex. :

Nous ne pensons pas que les prix *soient distribués* demain, t. : seront distribués; c.-à-d. nous ne pensons pas les prix *être devant être distribués* demain : haud arbitramur præmia cras *dispertienda esse*, ou *dispertitum iri*. Le second verbe marque une action future.

Si je croyais que vous *vinssiez* bientôt, j'attendrais, t. : que vous viendrez, c.-à-d. si je croyais vous *être devant venir* bientôt,...: si putarem vos *esse* brevi *venturos*, expectarem. Le second verbe marque une action future.

SECOND VERBE MIS AU FUTUR PASSÉ INFINITIF.

A ce futur passé infinitif mettez :

Le conditionnel passé, et même le plusque-parfait du subjonctif français pouvant se tourner par ce même conditionnel. Ex. :

Je crois que *tu serais venu*, c. à-d. je crois toi *avoir été devant venir* : credo te *fuisse venturum*.

Je ne croyais pas que les Romains *se fussent rendus sitôt maîtres* de la terre, t. : se seraient rendus sitôt maîtres..., c.-à-d. je ne croyais pas les Romains *avoir été devant se rendre sitôt maîtres*..., haud credebam Romanos fuisse tàm citò terrarum orbe *potituros*.

Quant au futur passé indicatif exprimant l'avenir, et au parfait subjonctif français tourné par ce même temps, on les traduit par *fore* suivi de *ut* qui veut alors seulement le parfait subjonctif latin. Ex. :

J'espère que *tu auras bientôt terminé* cette affaire, c.-à-d. j'espère *cela devoir arriver que* tu aies bientôt terminé cette affaire : spero *fore ut* brevi illud negotium *confeceris*.

Je ne prévois pas que *tu aies sitôt terminé* cette affaire, t. : que tu auras

---

(1) On peut sous-entendre *esse* soit à l'actif, soit au passif.

(2) *Iri*, vieil infinitif passif, *être en marche*, (ad) madefactum, vers un bain (de sang).

sitôt terminé..., c.-à-d. je ne prévois pas *cela devoir arriver que* tu aies sitôt terminé..., non prævideo *fore ut* tàm citò id negotii *confeceris.*

Credo *fore ut* pueri studeant. — Si le second verbe latin n'a ni futur simple, ni futur passé au mode infinitif, on supplée au premier par *fore ut,* ou *futurum esse ut,* et au second par *futurum fuisse ut* avec le présent du subjonctif. Ex. :

Je crois que les enfans *étudieront,* c.-à-d. je crois *cela devoir arriver que* les enfans *étudient,* credo *fore ut* pueri studeant.

Je ne crois pas que les maîtres *se repentent* à l'avenir, t. : que les maîtres se repentiront..., c.-à-d. je ne crois pas *cela devoir arriver que* les maîtres se repentent..., non puto *fore ut* magistros deinceps *pœniteat.*

Remplacez le conditionnel présent par *fore ut;* et le conditionnel passé par *futurum fuisse ut* avec l'imparfait du subjonctif. Ex. :

J'étais sûr que les méchans, qui (1) sont endurcis, *ne se repentiraient pas,* c.-à-d. j'étais sûr *cela devoir arriver que* les méchans, qui sont endurcis, ne *se repentissent* pas : certò sciebam *fore ut* malos, qui sunt ferrei, non *pœniteret.*

J'étais persuadé qu'ils ne *se seraient jamais repentis,* c.-à-d. j'étais persuadé *cela avoir dû arriver qu'*ils ne se repentissent jamais : pro certo habebam *futurum fuisse ut* ipsos numquam *pœniteret.*

Observation. Quand les verbes croire, ordonner, espérer, menacer, promettre, etc., sont suivis d'un infinitif français, tournez la phrase de manière qu'il y ait un *que* entre les deux verbes, et alors vous suivrez la règle du *que* retranché. Ex. :

Tu crois *être* heureux, t. : tu crois *que* tu es heureux, c.-à-d. tu crois *toi* être heureux : credis *te esse* beatum. On peut dire aussi : tu te crois heureux, credis *te beatum.* (S. esse.)

La loi nous ordonnait *d'obéir,* t. : la loi ordonnait *que* nous obéissions; c.-à-d. ordonnait *nous* obéir : jubebant leges *nos parere.*

Je crois *avoir lu,* t. : que j'ai lu; c.-à-d. je crois moi avoir lu : credo *me legisse.*

Tu te souviens *d'avoir lu* les annales, t. : tu as pris souvenir toi *lire :* meministi te *legere* annales. Après memini, novi, on met le présent de l'infinitif.

Nous comptons *partir* bientôt, t. : nous *être devant partir...,* speramus nos brevi *profecturos,* ou *profecturas.* (S. esse.)

Tournez encore par le *que* retranché ces phrases : Je connais celui que vous dites *qui* sera vainqueur, c.à d. je connais celui que vous dites devoir être..., illum novi quem victurum dices.

Qui pensez-vous *qui* se repentira, c.-à-d. *qui* est-ce *que* vous pensez devoir être que le repentir tienne ? quemnam futurum putas eum, *quem pœniteat ?*

Résumé du que *retranché :* En général, tous les temps des deux modes indicatif et subjonctif, et les deux conditionnels se transportent aux mêmes temps de l'infinitif latin.

_____

(1) Le *que* retranché ne retombe jamais sur une proposition incidente.

1.re exception. Si le premier verbe est au présent ou au futur indicatif, l'imparfait indicatif ou subjonctif du second, se transporte au parfait infinitif latin.

2.e Transportez encore au parfait infinitif latin le futur passé indicatif et le parfait subjonctif tournés par le parfait indicatif français.

3.e Transportez au futur simple infinitif latin, le présent et l'imparfait subjonctifs, tournés par le futur indicatif français.

4.e Transportez au futur passé infinitif latin le parfait subjonctif tourné par le futur passé indicatif français, et le plusque-parfait subjonctif tourné par le conditionnel passé.

De ou *que* rendu par *ut.*

Tibi suadeo, tibi suadebo *ut* legas. — Si *de* ou *que* après un verbe quelconque peut se tourner par *ceci afin que*, on l'exprime par *ut* avec le mode subjonctif; par *ne*, *ut ne* s'il est suivi de *ne pas*; et on le tourne ainsi après les verbes conseiller, persuader, souhaiter, faire en sorte, commander, dire, écrire, prier, avoir soin, il faut, il est juste, il est nécessaire, il arrive, il importe, etc. Ex. :

Je te conseille, je te conseillerai *de* partir et *d'*être arrivé de bonne heure, c.-à-d. je conseille, je conseillerai à toi *ceci*, *afin que* tu partes, et *que* tu sois arrivé...: tibi suadeo, tibi suadebo ut proficiscaris (1), ac maturè adveneris. Je mets le présent *proficiscaris* et le parfait *adveneris*, parce que le premier verbe est à un présent ou à l'un des deux futurs.

Je conseillais, j'ai conseillé, je conseillerais au courrier *de* partir et *d'*être arrivé de bonne heure, c.-à-d... au courrier *ceci*, *afin qu'*il partît, et *qu'*il fût arrivé...: tabellario suadebam, suasi, suaderem ut proficisceretur, ac maturè advenisset. Je mets l'imparfait *proficisceretur* et le plusque-parfait *advenisset*, parce que le premier verbe est à tout autre temps qu'à un présent ou qu'à l'un des deux futurs.

Faisons en sorte *de* bien nous porter, t. : faisons en sorte *ceci*, *afin que* nous nous portions bien : curemus ut valeamus; — *de ne pas* tomber malades, ne in morbum incidamus.

Dis à ton frère, avertis ton frère *de* venir me voir, t. : dis à ton frère *ceci*, avertis ton frère *de ceci*, *afin qu'*il me vienne voir : dic tuo fratri, mone tuum fratrem *ut* ipse me invisat. Après tous ces verbes on peut sous-entendre *ut* : dic fratri me invisat.

Si après avoir soin, (curare) vient un *infinitif français* suivi d'un régime, ce régime devient celui de curare, et cet infinitif devient participe en *dus*, *da*, *dum*. Ex. :

Tu as eu soin *de* me faire tenir la lettre, t. : tu as eu soin la lettre *devant être* apportée à moi : litteras curâsti ad me *perferendas*.

Après locare, faire marché, on se sert du même participe. Ex. :

J'ai fait marché pour vous faire faire un cachet, annulum signatorium tibi *conficiendum* locavi. Tér.

_____

(1) Jubet ut *consisterent*. Q. C. Pour *consistant*. Exception usitée dans l'histoire, où le présent équivaut au parfait.

(2) Orare jussit ut ad se venias. Plaut. Pour *venires*. L'auteur a mis *venias*, parce que l'action de venir n'est pas encore commencée. Mais, avant tout, on doit tenir aux règles.

Mais après oportet, volo, nolo, malo, l'infinitif français devient élégamment participe en *us*, *a*, *um*. Ex. :

Je veux *vous avertir* d'une chose, t. : je veux vous *avertis* d'une chose : unum vos monitos volo.

Se garder bien *de,* non committere *ut.*

Après se garder bien de, n'avoir garde de, on tourne *de* par *que* qu'on exprime par *ut* avec le mode subjonctif. Ex. :

Je ne m'aviserai pas *de* te quitter, t. : je ne commettrai pas *cela que* je m'éloigne de toi : non committam *ut* à te discedam.

Être digne *de* ou *que*, esse dignum *ut.*

Après mériter, être digne, *de* ou *que* s'exprime avec le subjonctif par *ut* ou par *qui*, *quæ*, *quod*, *cujus*, etc. Si le second verbe a un sujet ou un régime qui se rapporte au sujet du premier verbe. Ex. :

Un bon général mérite *de* commander, t. : est digne *qu'il* commande : dux egregius dignus est *ut imperet*, et mieux dignus est *qui imperet* (1). *Qui* tient lieu de *ut* et de *ipse* sujet qui se rapporte au sujet du premier verbe.

Il mérite *que* j'aie pitié de lui, dignus est *ut ipsius me misereat*, ou *cujus* me *misereat* (2). *Cujus* tient lieu de *ut* et de *ipsius* régime qui se rapporte au sujet du premier verbe.

Tu mérites *que* nous te favorisions, dignus es *ut tibi faveamus*, ou *cui* (3) *faveamus*. *Cui* tient lieu de *ut* et de *tibi* régime qui se rapporte au sujet du premier verbe.

Un savant mérite bien *que* nous l'honorions, vir doctus dignus sanè est *ut ipsum colamus*, ou *quem colamus* (4). *Quem* tient lieu de *ut* et de *ipsum* régime qui se rapporte au sujet du premier verbe.

Vous méritez *que* les gens de bien vous rendent service, digni estis *ut* de vobis benè *mereantur* viri probi, ou digni estis *de quibus* (5) benè *mereantur*... *De quibus* tient lieu de *ut de vobis* régime qui se rapporte au sujet du premier verbe.

Mais si le sujet ou le régime du second verbe n'a rien de commun avec le sujet du premier, on ne peut pas employer *qui*, *quæ*, *quod*, mais on met toujours *ut*. Ex. :

Tu mérites *que* je me comporte ainsi, tu dignus es *ut ego sic agam.*

---

(1) Pour dignus est *ut sit ille* qui imperet, il mérite d'être l'homme qui.., ou par un nom : dignus est *imperio*.

(2) Pour dignus est *ut sit ille* cujus me misereat, il mérite d'être l'homme dont j'aie..., ou par un nom : dignus est meæ miserationis.

(3) Pour dignus es *ut sis ille* cui faveamus, tu mérites d'être l'homme que nous..., ou par un nom : dignus es gratiâ nostrâ.

(4) Pour dignus sanè est *ut sit ille* quem colamus, il mérite d'être l'homme que..., ou dignus est cultu nostro.

(5) Pour digni estis *ut sitis illi* de quibus benè mereantur viri boni, vous méritez d'être ceux à qui les gens de bien..., ou digni estis bonorum meritis.

De ou *que* rendu par *ne*.

Après prendre garde, dissuader, *de* ou *que ne* s'exprime par *ne* avec le mode subjonctif. Ex. :

Prends garde *de tomber* ou *que* tu *ne tombes*, c.-à-d. prends garde *afin que* tu *ne tombes pas: cave ne cadas.* On peut sous-entendre *ne* et dire : cave cadas.

Je le dissuadai *de commettre* une imprudence, c. à-d. je le dissuadai *afin qu'il ne commît pas...,* illi dissuasi *ne* quid imprudens *ageret.*

Si prendre garde signifie *avoir soin, faire en sorte,* on l'exprime par curare, dare operam, et *que* par *ut.* Ex. :

Tu as pris garde *que* tout fût prêt, c.-à-d. tu as eu soin que..., curâsti *ut* omnia *essent* parata.

Si prendre garde signifie *remarquer,* on l'exprime par animadvertere, et le *que* se retranche. Ex. :

Il ne prend pas garde *qu'on se moque* de lui, c.-à-d. il ne remarque pas soi être moqué : non *animadvertit se* derideri.

Après empêcher, défendre, *de* ou *que ne* s'exprime par *ne* avec le mode subjonctif ; et le régime du premier verbe devient sujet du second. Ex. :

La loi naturelle *nous* défend *de nuire,* c.-à-d. la loi naturelle défend *afin que* nous *ne nuisions point:* lex naturæ prohibet *ne* cui *noceamus.* Cic.

Avec *prohibeo* Cicéron met la personne à l'accusatif, et à l'ablatif le nom dérivé du verbe. Je lui ai défendu d'entrer, t.: je lui ai interdit l'entrée: eum aditu prohibui.

Mais si ces verbes sont accompagnés d'une négation ou d'une interrogation, *de* ou *que ne* s'exprime par *quin* ou *quominus* avec le subj. Ex. :

Rien ne *nous* empêche... qui *nous* empêche *d'être* heureux ? c.-à-d. rien n'empêche... qui empêche *ceci, afin que* nous *ne soyons pas* heureux ? nihil obstat... quid obstat *quin* (1) ou *quominus simus* beati.

On observe la même règle après *il ne tient pas à moi, à quoi tient-il ? il ne tient pas à moi* que tu ne m'accompagnes, *per me non stat quin* te adjungas mihi comitem.

Je ne puis, je ne saurais m'empêcher, me défendre de, se traduit par *non possum non,* avec l'infinitif, ou par *non possum quin* avec le subj. Ex. :

Nous ne pouvons nous empêcher d'admirer Démosthènes, c.-à-d. *nous ne pouvons pas ne pas* admirer..., *non possumus non* mirari Demosthenem, — ou *nous ne pouvons que* nous *n'admirions...,* non possumus quin miremur... Mais *je puis m'empêcher* se traduit par *possum non* avec le mode infinitif.

De ou *que ne* après *craindre.*

Après craindre, appréhender, avoir peur, etc., que l'on traduit par metuere, pavere, timere, vereri, *de* ou *que ne* s'exprime par *ne* avec le mode subjonctif. Ex. :

Annibal craignit *d'être livré* aux Romains, c.-à-d. Annibal craignit,

---

(1) Quin, p. qui ne, afin que ne pas. Quò, p. ut ; minùs, p. non. On peut aussi retrancher le *que* après vetare, prohibere.

souhaitant qu'il ne fût point livré aux Romains : Annibal veritus est *ne* Romanis *dederetur.*(S. optans *ne.*)

Je crains *d'avoir perdu* ma peine, c.-à-d. je crains, *souhaitant que* je *n'aie point* perdu ma peine : timeo *ne* operam *perdiderim.* (S. optans *ne.*)

Nous ne craignions pas *que tu meures* de ta fièvre, c.-à-d. nous ne craignons pas, *souhaitant que* tu *ne* meures *pas* de ta fièvre : non veremur *ne* ex febri moriaris. (S. optantes *ne.*)

Mais après ces verbes, *de* ou *que* suivi de ne pas, ne point, s'exprime par *ut* ou *ne non.* Ex. :

Je crains *que* le maître *ne vienne pas*, c.-à-d. je crains, *souhaitant que* le maître vienne : timeo *ut* ou *ne non* præceptor veniat. (S. optans *ut* ou *ne non.*)Les deux négations *ne non*, se détruisant l'une l'autre, équivalent à *ut.*

Tu avais peur *de ne pouvoir* appaiser ton père, c.-à-d. tu avais peur, *souhaitant que* tu pusses appaiser ton père : pavebas *ut* ou *ne non* patrem placare posses.

Nous n'avons pas craint de *ne point* partir, c.-à-d. nous n'avons pas craint, *souhaitant de* partir : haud veriti sumus *ut* ou *ne non* proficisceremur. (S. optantes *ut* ou *ne non.*)

Quand *craindre* signifie *faire difficulté*, on l'exprime par dubitare avec l'infinitif; et s'il signifie *ne pas oser*, on l'exprime par non audere. Ex. :

Il *ne craint* pas d'avouer, t. : il *ne fait pas difficulté* d'avouer : fateri non dubitat.

Je crains de dire, t. : je n'ose dire : *non audeo* dicere.

De ou *que* rendu par *quòd.*

De ou *que*, pouvant se tourner par *de ce que*, se traduit par quòd avec le mode subjonctif ou indicatif; et on le tourne ainsi après se réjouir, se repentir, être fâché, avoir honte, s'étonner, se plaindre, savoir bon gré, remercier, etc. Ex. :

Je me réjouis *de* vous *avoir été utile*, t. : *de ce que* je vous ai été utile : gaudeo *quòd* tibi profuerim. (1)

Caton s'étonnait *qu'un* aruspice gardât son sérieux, t. : Caton s'étonnait *de ce qu'un* aruspice gardait son sérieux... Cato mirabatur *quòd* non rideret aruspex. Cic. — Ou par un nom : Cato mirabatur os grave aruspicis (l'air sérieux).

Après ces verbes on peut encore retrancher le *que* : gaudeo me tibi profuisse.

Que rendu par *dùm* ou *donec.*

Après attendre, *de* ou *que* se tourne par *jusqu'à ce que*, et se traduit par dùm ou donec avec le subjonctif. Ex. :

N'attendez pas *que* Lépidus entre dans la ville par le fer, t. : n'attendez

(1) *Quòd* est un vrai pronom. Ces phrases équivalent à celles-ci : gaudeo negotio *secundùm quod* tibi profuerim. — Cato mirabatur negotium secundùm quod non rideret aruspex. Après *miror* on peut se servir de *si* au lieu de *quòd.*

pas *jusqu'à ce que* Lépidus...: ne expectate *dùm* ou *donec* Lepidus ferro urbem invadat.

Attendons *que* le Roi soit de retour, t. : *jusqu'à ce que* le Roi..., expectemus *dùm* redierit Rex; ou par un nom dérivé du verbe : expectemus *reditum* Regis, attendons le retour du Roi.

Mais *s'attendre* se traduit par existimare, persuasum habere, prævidere, etc., et le *que* se retranche.

De ou *que* rendu par *cur*.

Après être cause de, avoir lieu, sujet ou raison, le *de* ou *que* se tourne par *pourquoi*, et se traduit par *cur* avec le mode subjonctif. Ex. :

La maladie a été cause *que* je n'ai pas été vous voir, t. : *pourquoi* je n'ai pas été... : morbus causa fuit *cur* te *non inviserim*.

Vous n'avez pas sujet *de* craindre, *non est* tibi *cur* timeas, ou *quòd* timeas.

De ou *que* rendu par *utrùm, an*.

Après les verbes il n'importe pas, il importe peu, qu'importe? se mettre peu en peine, *de* ou *que* au premier membre de phrase, se tourne par *si*, et se traduit par *utrùm, an, ne, nùm*; le *de* ou *que* du second membre se tourne également par *si* (1), et se traduit par *an*. Ex. :

Que vous importe *d'aller* à la campagne *ou de* rester ici? t. : que vous importe *si* vous allez à la campagne..., *si* vous restez ici: *quid tuâ refert utrùm* rus eas, *an* hìc maneas? On sous-entend au second membre de phrase quid tuâ refert.

Mais si, à la place du second *que* ou *de*, il y a ces mots *ou non*, on les tourne par *si ne pas*, et on les traduit par *an non* ou *nec-ne*. Ex. :

Que nous importait *que* tu l'eusses dit *ou non*? t. : que nous importait *si* tu l'avais dit..., *si* tu *ne* l'avais *pas* dit? quid nostrâ referebat *utrùm* dixisses *nec-ne. Ne* signifie *si. Nec-ne* appelle *dixisses* sous-entendu.

Après douter, *de* ou *que* se tourne de même par *si* qu'on traduit par *an, utrùm* avec le subjonctif. Ex. :

*Je doute qu'*il y ait un vice plus détestable que la colère, t. : je doute *si* un vice est plus détestable que la colère : dubito an (ou *utrùm*) vitium sit magis detestabile quàm ira. Sén.

Mais quand douter est accompagné d'une négation ou d'une interrogation, on traduit *de* ou *que ne* par *quin* avec le subjonctif. Ex. :

Je *ne* doute *pas* qu'il *ne* se porte bien, *non dubito quin* valeat.

Qui doute que les révolutions du Ciel *ne* s'opèrent par une intelligence divine? *quis dubitat quin* Cœli vicissitudines fiant divinâ ratione? Cic.

Se douter se rend par suspicari, prævidere, præsentire, subodorari, et l'on retranche le *que*.

VERBES DE DOUTE.

Après les adjectifs ou les verbes de doute comme : incertain si, ne pas

___
(1) *Si* traduit par utrùm, an, etc., s'appelle *si dubitatif*, parcequ'il est après un adjectif ou un verbe de doute, comme incertain *si*... douter *si*, etc.

savoir si, délibérer si, demander si, juger si... etc., on traduit *si* (dubitatif) par *utrùm*, an, ne, *nùm*; *ou si* par an ; *ou non* par an non ou nec-ne. *Si* (dubitatif) vient en réponse a la question *quoi* ? Ex. :

Je ne sais *s'il dort ou s'il écoute*, nescio *utrùm* dormiat, an audiat.

Il faut juger *si* une entreprise *est* utile *ou non*, æstimandum est *an inceptum prosit, an non.* (Pour an non *prosit*.)

INDICATIF FRANÇAIS MIS AU SUBJONCTIF LATIN.

Les interrogatifs qui, quel, lequel, ce qui, ce que signifiant *quelle chose*, entre deux verbes, veulent les temps du mode indicatif français aux mêmes temps du mode subjonctif latin. Ex. :

Je ne sais *qui* vous êtes, t. : *quel homme* ou *quelle femme* vous êtes : nescio *quis* ou *quæ sis.* (S. vir ou fæmina.)

Tu prenais garde *à qui* tu te fiais, t. : *à quel homme* ou *à quelle femme* tu te fiais : videbas *cui fideres.* (S. viro ou fæminæ.)

Je n'ignore pas de *quels* livres tu te servais, non me latet *quibus libris uterere.*

Écrivez-moi *ce que* vous avez fait, *ce que* vous aviez fait, t. : *quelle chose* vous avez faite... *quelle chose* vous aviez faite : ad me scribite *quid egeritis,.. quid egissetis.*

Ce qui, ce que, n'étant pas interrogatif, signifie *la chose que*, et se traduit par quod avec le mode indicatif. Ex. :

Il a fait *ce que* je lui avais commandé, t. : *la chose que* je lui avais commandée, fecit *quod* (1) ei *præceperam.*

Les adjectifs quotus, quantus, quantulus, uter, les adverbes de lieu ubi quò, quà, undè, et les mots cur, quare, quomodò, an, utrùm, quin, quantùm, quanti, quantò, etc., demandent encore le second verbe français aux mêmes temps du mode subjonctif latin. Ex. :

Dites-moi *quelle* heure il est, dic mihi *quota* hora *sit.*

Nous ne savons *lequel des* deux *a été* le plus éloquent de Cicéron ou de Démosthènes, nos fugit *uter fuerit* eloquentior, Tullius-ne an Demosthenes.

Je voudrais savoir *où vous êtes*, scire velim *ubi sis...*, *d'où vous venez*, *undè venias...*, *où vous allez*, *quò eas*,.., *si vous avez de quoi* nous payer, an habeas *undè* nobis solvas.

Je dirai en peu de mots *combien* la liberté *est* douce, *quàm* dulcis sit libertas breviter proloquar. Ph.

Nescio *an* ille sit auditurus. — Mais, après tous ces mots, le futur indicatif, et le présent subjonctif français indiquant l'avenir, se traduisent par le présent subjonctif sim, sis, sit.,. accompagné du participe en urus, ura, urum, pour l'actif; dus, da, dum, pour le passif. Ex. :

Je ne sais *s'il écoutera, s'il sera écouté*, t. : s'il est devant écouter, devant être écouté : nescio *an* ille sit auditurus..., audiendus.

(1) *Qui* interrogatif devant le futur indicatif et le conditionnel présent veut le verbe latin au présent subjonctif. Ex. : *qui* croira ? *quis* credat ? *qui* n'admirerait pas cette action ? *quis* non illud factum miretur ?

Je ne doute pas que demain les troupes ne soient victorieuses ou vaincues, t. : ne soient devant vaincre, ou devant être vaincues : non dubito quin cras copiæ *sint* aut *victuræ*, aut *vincendæ* (1).

De plus, après tous ces mots, le conditionnel présent, et l'imparfait subjonctif français tourné par ce conditionnel, se traduisent par l'imparfait essem, esses, esset..., accompagné du même futur participe actif ou passif. Ex.:

Je ne savais pas à quelle heure les troupes vaincraient ou seraient vaincues, t. : à quelle heure les troupes *étaient devant vaincre*, ou *devant être vaincues :* me fugiebat quotâ horâ copiæ *essent* aut *victuræ*, aut *vincendæ*.

Je ne doutais pas que les ennemis ne reculassent, c.-à-d. ne *reculeraient* ou ne fussent devant reculer : haud eram in dubio quin hostes *essent* pedem *relaturi*.

Enfin, après tous ces mots, le conditionnel passé, et le plusque-parfait subjonctif français tourné par ce conditionnel, se traduisent par le plusque-parfait fuissem, fuisses, fuisset..., accompagné du même futur participe actif ou passif. Ex. :

Nous ne savons pas pourquoi tu aurais rendu le mal pour le bien, t. : pourquoi tu aurais été devant rendre... : nos fugit *cur fuisses* bonum maleficio *repensurus*.

Point de doute que tu n'eusses rendu..., t. : que tu *n'aurais rendu* le mal pour le bien : nihil est dubii quin *fuisses* bonum maleficio *repensurus*.

1.ʳᵉ remarque : Mais si, après tous ces mots, le verbe latin n'a point de futur participe, le futur indicatif, et le présent subjonctif français marquant l'avenir, se traduisent tout simplement par le présent subjonctif latin auquel on ajoute quelque terme d'avenir, comme deinceps, olim, in posterum, unquàm, etc. Ex. :

Je ne sais *pourquoi... comment... si...* tu étudieras et te repentiras le premier, nescio cur... quomodò... àn... tu olim studeas ac te pæniteat priorem. Il serait moins bien de dire : nescio... àn... *sit futurum ut* tu studeas, etc.

Je doute que l'enfant laborieux se repente jamais, t. : si l'enfant laborieux *se repentira* jamais : dubito an puerum diligentem unquàm pœniteat.

2.ᵉ remarque : Si, après tous ces mots, le verbe latin n'a point de futur participe, le conditionnel présent et l'imparfait subjonctif français marquant l'avenir, se traduisent tout simplement par l'imparfait subjonctif latin; de même le conditionnel passé et le plusque-parfait subjonctif français indiquant l'avenir, se rendent par le plusque-parfait subjonctif latin. Ex. :

Conditionnel présent : D'où a-t-elle su si *je naîtrais ?* unde illa scivit utrùm *nascerer ?* Ph. Il serait moins bien de dire : utrùm *esset futurum ut* nascerer.

Imparfait : Je doutais que tu te repentisses, t. : si tu te repentirais : eram anxius *anne te pœniteret*. Mieux que : *anne esset futurum ut* te pœuiteret.

Conditionnel passé : Il est si obstiné qu'il *n'aurait jamais obéi*, adeò pervicax est, ut nunquàm paruisset. Mieux que : ut *fuisset futurum ut* nunquàm pareret.

Plusque-parfait : Je doute qu'il se fût repenti, t. : s'il se serait repenti :

_____

(1) Cependant Cicéron et Q. Curce se contentent d'employer le mode subjonctif : Senatus deliberat captivos-ne redimat. — Dubitavit Darius an solveret pontem. Les élèves doivent, avant tout, tenir aux règles.

dubito an illum pœnituisset. Mieux que : an *fuisset futurum ut* illum pœniteret.

Mais si le présent, l'imparfait et le plusque-parfait du subjonctif ne tiennent pas de l'avenir, mettez toujours les mêmes temps en latin. Ex. :

Il doute que je vienne en ce moment, t. : si je viens... : dubitat *anne veniam.*

Il doutait que je vinsse, t. : si je venais; que je fusse venu, t. : si j'étais venu : dubitabat anne venirem ; ...anne venissem.

Le futur passé après *ignorer si, ne pas savoir si,* et le parfait subjonctif après *douter que,* se traduisent par le parfait subjonctif latin, s'ils marquent le passé. Ex. :

Je ne sais s'il *aura soupé...,* je doute qu'il *ait soupé* de si bonne heure, nescio an... dubito *an* tam maturé cænaverit.

Mais si ces deux temps marquent l'avenir, on se sert de *futurum sit ut* avec le parfait subjonctif actif ou passif. Ex. :

Je ne sais si tu *auras terminé* cette affaire dans deux ans, t. : s'il *arrivera que* tu aies terminé..., nescio *futurum-ne sit ut* istud negotii antè biennium confeceris.

Je ne doute pas que l'affaire n'*ait été réglée* avant que tu viennes, t. : qu'il *n'arrive que* l'affaire ait été réglée avant que tu viennes : non dubito *quin futurum sit ut* res priùs *fuerit confecta,* quàm venias.

PASSIF TOURNÉ PAR L'ACTIF EN LATIN.

Quand un verbe, passif en français, n'a point de passif en latin, tels que les verbes neutres et les verbes déponens, on le tourne par l'actif, en changeant le régime en sujet, et le sujet en régime. Ex. :

Les justes *seront favorisés* de Dieu, t. : Dieu *favorisera* les justes : justis *favebit* Deus.

Cicéron *était admiré* de tout le monde, t. : tout le monde *admirait* Cicéron : Ciceronem omnes *admirabantur.*

Mais si le verbe passif manque de régime, traduisez par la troisième personne plurielle; chose de rigueur quand le verbe est déponent. Ex. :

Cicéron *était admiré* quand il parlait, t. : les hommes *admiraient* Cicéron parlant : Tullium dicentem *admirabantur.* (S. homines.)

ACTIF TOURNÉ PAR LE PASSIF EN LATIN.

Tout verbe actif peut devenir passif. Alors on prend le régime direct pour en faire le sujet du verbe passif latin, et le sujet devient régime. Ex. :

Le messager m'*a remis* la lettre, t. : la lettre m'*a été remise* par le messager : à tabellario mihi *reddita est* epistola.

Si le verbe français n'a point de régime direct, l'on tourne et l'on traduit par l'unipersonnel passif, Ex. :

Pierre m'*a écrit,* t. : il m'*a été écrit* par Pierre : ad me *scriptum est* à Petro.

Je vous défends ma maison, tibi à me *interdicitur* domo meâ; c.-à-d. *il vous est fait défense* touchant ma maison.

Il est élégant de changer l'actif en passif; mais ce changement est indispensable., lorsqu'après le *que* retranché il y aurait amphibologie (1), c.-à-d. lorsque l'infinitif latin se trouverait entre deux accusatifs de personnes, sans qu'on pût distinguer laquelle des deux est, d'une part, l'agent, de l'autre l'objet. Ex. :

Nous lisons que *Scipion* vainquit *Annibal*, si je traduis legimus *Scipionem* vicisse (2) *Annibalem*, il y aura amphibologie ; je l'éviterai en tournant par le passif : nous lisons qu'Annibal *fût vaincu* par Scipion, legimus Annibalem *fuisse victum* à Scipione. On peut dire aussi : Scipion, *comme nous lisons*, vainquit Annibal, Scipio, *ut legimus*, vicit Annibalem.

DES PRONOMS.

Le verbe qui suit *on*, *l'on*, est-il actif, suivi d'un régime direct ? on le tourne par le passif, en faisant de ce régime direct le sujet. Ex. :

On aime la vertu, t. : la vertu *est aimée* : virtus *amatur*.

On excite l'émulation par la louange, t. : l'émulation *est excitée* par la louange : laude *excitatur* æmulatio.

On peut tourner encore les verbes actifs par la première ou la troisième personne plurielle de l'actif, et cette tournure est de rigueur quand le verbe n'a point de passif en latin, tels que les verbes déponens et les verbes neutres. Ex. :

On admire la justice, t. : *nous* admirons, ou *ils* admirent la justice : mi-ramur, ou *mirantur* justitiam. (S. nos... homines.)

On hait qui *l'on* redoute, t. : ils haïssent celui que... : *oderunt* quem me-tuunt. (S. homines.) On dit, aiunt, ferunt, memorant, perhibent.

Devant les unipersonnels pœnitet, pudet, piget, miseret, tædet, on exprime le mot homines. Ex. :

On se repent d'avoir mal vécu, t. : le repentir d'avoir mal vécu tient *les hommes* : *homines* pœnitet malè vixisse.

Tout verbe actif, non accompagné d'un régime direct, ainsi que tout verbe neutre, peuvent s'employer unipersonnellement à la voix passive. Ex. :

On rapporte, fertur ; *on* raconte, narratur ; *on* va, itur ; *on* est venu, ventum est ; *on* vit bien de peu, *vivitur* parvo benè. Hor.

Si les verbes *on rapporte, on raconte, on dit, on croit, il semble, il pa-raît*, etc., sont traduits unipersonnellement, toujours le *que* se retranche. Ex. :

On dit que les cerfs vivent très-long-temps, t. : *il est dit* les cerfs vivre...: dicitur cervos diutissimè *vivere*.

Il paraît que vous êtes malade, t. : *il paraît* vous être malade, videtur *te ægrotare* : ...que vous êtes heureux, t. : vous être heureux : te esse felicem.

Il est élégant aussi de les tourner personnellement : le sujet du second verbe devient alors sujet du premier, et il n'y a plus de *que* à retrancher. Ex. :

On dit que les cerfs vivent très-long-temps, t. : les cerfs *sont dits* vivre...: cervi *dicuntur* diutissimè vivere.

_____

(1) En grec *amphibolia*, ambiguïté, et *logos*, discours.

(2) On ne sait si c'est *Scipion* qui a vaincu Annibal, ou si c'est *Annibal* qui a vaincu Scipion.

Il paraît que vous êtes malade, t. : vous *paraissez* être malade: *videris ægrotare* : ...que vous êtes heureux, t. : vous paraissez être heureux : *videris esse felix.*

On rapporte, on dit, etc., s'expriment toujours unipersonnellement, quand ils sont suivis d'un verbe unipersonnel en latin, ou quand le *que* s'exprime par *ut, an,* ou autres conjonctions. Ex. :

On dit que vous vous repentez de votre faute, t. : il est dit que... : *dicitur te tuæ culpæ pœnitere.*

On souhaite que vous veniez, optatur *ut* venias; et non pas optaris ut...

On (jadis *hom* de *homo*), suivi d'une négation.

On, suivi de *ne* ou *ne pas,* peut se tourner par *personne ne* qu'on traduit par *nemo.* Ex. :

On n'aime pas fidèlement celui que l'on méprise, t. : *personne n'aime* fidèlement celui qu'il méprise : *nemo fideliter diligit quem fastidit.* Q. C.

Quand on, lorsqu'on se tourne par *celui qui* ou *ceux qui.* Ex. :

Quand on désire le bien d'autrui, *on* perd justement le sien, t. : *celui qui* désire... : *qui bonum alienum appetit, meritò amittit proprium.* Ph. (S. *is* ou *ille* devant amittit.)

Si on, si l'on se tourne par *si quelqu'un,* et se traduit par *si quis* (1), ou par *si* et la seconde personne du singulier. Ex. :

Si l'on nuit à quelqu'un, *on* sera passible d'une peine, t. : *si quelqu'un* nuit à quelqu'un, il sera... : *si quis* cui nocuerit, is pœnam patietur.

Point d'amitié, *si l'on* s'écarte de la vertu, t. : point d'amitié, *si tu* t'écartes... : amicitia non potest manere, *si* à virtute defeceris. Cic.

On voit, on trouve des gens qui... s'exprime par *videas, reperias* homines qui... videre est, reperire est qui... et le verbe suivant se met au mode subjonctif. Ex. :

On voit des gens *qui* aspirent aux honneurs, *videas* homines qui honores appetant.

On devant enseigner, prier, cacher.

Les verbes *doceri,* être instruit; *rogari,* être prié; *celari,* être tenu dans l'ignorance de, veulent toujours pour sujet un nom de personne; et la chose se met toujours à l'accusatif. Ex. :

On enseigne la grammaire aux enfans, t. : *les enfans* sont instruits *sur* la grammaire: *pueri* docentur grammaticam. (S. *circà,* touchant.)

Étudions la grammaire que *l'on* nous enseigne, t. : sur laquelle nous sommes instruits : studeamus grammaticæ *quam* docemur. (S. *circà* devant quam.)

On nous cèle bien des choses, t. : nous sommes tenus dans l'ignorance touchant bien des choses : *multa* celamur. (S. *circà.*)

---

(1) Après *si,* nisi, ni, ne, an, num, quò, etc., on retranche *ali* des pronoms et des adverbes : ne quis, pour ne aliquis; si quando, pour si aliquandò.

On demandait mon avis, t. : j'étais prié touchant mon avis : *sententiam rogabar* (1). (S. circà.)

PRONOMS PERSONNELS.

Les pronoms personnels *il, elle, ils, elles*, mis en sujet, et *le, la, les, lui, leur*, régime du second verbe, se traduisent par sui, sibi, se, lorsqu'ils représentent le sujet du premier; et c'est de quoi l'on sera certain, si ce sujet répond deux fois à l'interrogation *qui est-ce qui ?* ou *qui ?* attachée aux deux verbes. Ex. :

Solon disait qu'*il* apprenait chaque jour quelque chose; D. *qui est-ce qui* disait ? R. Solon. D. *qui est-ce qui* apprenait ? R. Solon. Solon, représenté par *il*, vient deux fois en réponse : *Solon* dicebat *se* addiscere in dies aliquid.

Des Cyniques ordonnèrent qu'on *les* jetât à la voirie; D. *qui est-ce qui* ordonna ? R. des Cyniques. D. qu'on jetât *qui* ? R. des Cyniques. Cyniques représentés par *les*, vient deux fois en réponse. *Cynici* jusserunt *sese* projici inhumatos (2).

Les jeunes gens souhaitent que des prix *leur* soient accordés; D. *qui est-ce qui* souhaite ? R. les jeunes gens; D. des prix soient accordés *à qui* ? R. *à eux* jeunes gens : peroptant *adolescentes* ut *sibi* præmia tribuantur. On met *sibi*, parceque *jeunes gens* vient deux fois en réponse.

Mais ces pronoms se rendent par hic, ille, is, iste, ipse, si les interrogations n'amènent pas deux fois le même mot en réponse. Ex. :

Je *les* crois très-avides de gloire; D. *qui est-ce qui* croît ? R. moi ; D. qui les ? R. les jeunes gens. *Jeunes-gens* ne vient pas deux fois en réponse; on dira donc : eos (3) arbitror esse gloriæ avidissimos.

Les pronoms possessifs *son, sa, ses, lui, leur, leurs*, se traduisent par suus, sua, suum, toutes les fois qu'ils marquent la possession d'un *sujet* ou d'un *régime* compris dans la phrase même où ils sont; et c'est de quoi l'on sera certain, si ce sujet ou ce régime, vient en réponse à l'interrogation *de qui* substituée au pronom possessif.

Exemples de ces pronoms marquant la possession du sujet :

Le Français aime *sa* patrie; D. *qui est-ce qui* aime ? R. le *Français;* D. la

---

(1) Dans les poëtes on voit souvent un accusatif après les verbes passifs et les adjectifs, au moyen de *juxtà, secundùm* ou *per* sous-entendu : inutile *ferrum* cingitur Priamus, (S. per); Virg. Priam s'arme d'un fer inutile. Oculos lacrymis suffusa Venus; Virg. Vénus baignée de larmes quant aux yeux. Multa gemens, Virg. (S. per); gémissant à plusieurs reprises. Grave olens, (S. juxtà); Virg. exhalant une odeur forte. Ce sont des hellénismes. Mais quand deux adjectifs sont de suite, le premier se change en adverbe : Verè sapientes; præclarè gesta, etc. P. *veri* sapientes; p. *præclara* gesta.

(2) On dira : fatentur improbi futurum ut se pœniteat, les *méchans* conviennent qu'*ils* se repentiront.

(3) Ignovit mihi Tubero, cùm de *se* (p. de ipso) eadem dicerem. Cic. — Medeam prædicant fratris sui membra dissipavisse in iis locis, quà *se* (p. ipsam) pater persequeretur. Cic. — Vix tamen *sibi* (p. ei) de meâ voluntate concessum est. Cic. à peine lui permit-on, etc. — Mihi grates agunt quòd *se* (p. eos) reges appellaverim. Cic. — Ea timet ne deseras *se* (p. ipsam). Tér. — Oravit, si *se* (p. eam) ames, ut ad sese venires. Tér. Mais il faut tenir aux règles.

patrie *de qui*? R. *du Français. Sa* indique ici la possession de *Français* (sujet) venu deux fois en réponse : *suam* Gallus patriam diligit.

Les Romains paraient de gloire *leurs* maisons; D. *qui est-ce qui* parait? R. *les Romains;* D. les maisons *de qui*? R. *des Romains; leurs* indique ici la possession de *Romains* (sujet) venu deux fois en réponse : Romani domos *suas* gloriâ decorabant. Sall.

La mère vous prie de pardonner à *son* fils; D. *qui est-ce qui* prie? R. *la mère;* D. au fils *de qui*? R. de la *mère; son* indique la possession de *mère* (sujet) venu deux fois en réponse : mater te orat ut filiolo ignoscas *suo*.

Exemples de ces pronoms marquant la possession du régime soit direct, soit indirect :

J'ai vu Scipion mettre *ses* ennemis hors de combat; D. j'ai vu *qui*? R. *Scipion;* D. les ennemis *de qui*? R. de *Scipion; ses* indique la possession de *Scipion* (régime direct) venu deux fois en réponse : Scipionem vidi hostes *suos* debellantem.

Le juge intègre donne à chacun *son* droit; D. donne *à qui*? R. à *chacun;* D. le droit *de qui*? R. de *chacun; son* indique la possession de *chacun* (régime indirect) venu deux fois en réponse : integer judex *suum* cuique jus tribuit.

Ces pronoms, placés même au commencement d'une phrase, peuvent marquer la possession du régime soit direct, soit indirect. Ex. :

Son avidité trompe souvent l'homme avide; D. l'avidité de *qui*? R. *de l'homme avide*, D. trompe *qui*? R. *l'homme avide; son* marque la possession de *l'homme avide* (régime direct) venu deux fois en réponse : avidum *sua* sæpè deludit aviditas. Ph.

Leur ambition (1) *leur* sera nuisible; D. l'ambition *de qui*? R. *d'eux;* D. sera nuisible *à qui*? R. à *eux; leur* indique la possession de *à eux* (régime indirect) venu deux fois en réponse : *sua* illis nocebit ambitio.

Ces pronoms, étant précédés du relatif *que*, *à qui*, marquent encore la possession du régime soit direct, soit indirect. Ex. :

Je connais des enfans *que leur* modestie (pour *et leur* modestie *les*) rend recommandables; D. *qui* leur modestie rend-elle recommandables? R. *les enfans;* D. la modestie *de qui*? R. *des enfans; leur* indique la possession de *enfans* (régime direct) venu deux fois en réponse : pueros novi quos (p. atquè eos) *sua* commendat modestia.

J'admire les Romains à qui *leur* constance assura (p. *et leur* constance leur assura) l'empire; D. à *qui* leur constance assura-t-elle l'empire? R. *aux Romains;* D. la constance *de qui*? R. *des Romains; leur* indique la possession de *Romains* (régime indirect) venu deux fois en réponse : Romanos demiror quibus (p. atque eis) *sua* imperium asseruit constantia.

Mais ces pronoms se tournent par *de lui*, *d'elle*, *d'eux*, *d'elles*, et se traduisent, *son*, *sa*, *ses*, par ejus, illius ou ipsius; et *leur*, *leurs*, par eorum, earum, etc., s'ils indiquent la possession d'un nom précédemment cité, et non compris dans la phrase où ils sont; et c'est de quoi l'on sera certain, si c'est ce nom qui vient en réponse à la seconde interrogation. Exemples en parlant d'un homme :

---

(1) L'ambition de cet homme *lui* sera nuisible et *le* perdra, t. : *son* ambition sera nuisible à cet homme, et le perdra : *sua* homini nocebit, eumque perdet ambitio.

Son caractère est excellent; D. *qui* est excellent? R. *son* caractère; D. le caractère *de qui*? R. *de lui* homme; *son* indique la possession de *homme*, substantif non compris dans la phrase : *ejus* indoles est optima.

Lentulus et *ses* complices sont punis de mort, c.-à-d. en deux phrases : Lentulus est puni de mort, et les complices *de lui* sont punis de mort : Lentulus, *eju*sque socii capite plectuntur. *Ses* indique la possession de *Lentulus*, substantif non compris dans la seconde phrase. Mais on dirait : Lentulus *suis* cum sociis capite plectitur. Car c'est une seule et même phrase.

J'aime vos frères à cause de *leur* modestie, c.-à-d. en deux phrases : J'aime vos frères, et c'est à cause de leur modestie : fratres tuos diligo propter *ipsorum* (1) modestiam. *Leur* marque la possession de *frères*, substantif non compris dans la seconde phrase. *Suam*, moins élégant, ne serait pas une faute, parceque, quand le verbe est à la première ou à la seconde personne, il n'y a point d'ambiguité. César en fourmille d'exemples.

Un père aime *ses* enfans à cause de *leurs* qualités, c.-à-d. en deux phrases : Un père aime *ses* enfans, et c'est à cause de *leurs* qualités : pater amat liberos *suas* ob *eorum* virtutes. *Suas* serait une faute : la phrase manquerait de clarté, le verbe étant à la troisième personne.

Tel, telle, seul, se traduit par talis ou par is, ea, id, ou par hic, hæc, hoc. Ex. :

Tel fut Caton, *is* fuit Cato.

Telle était Didon, *telle* elle se présentait avec joie, *talis* erat Dido, *talem* se læta ferebat. Virg.

Tel que se rend par is qui, ou par talis qualis. Ex. :

Je ne suis pas *tel que* vous, c.-à-d. je ne suis pas *celui lequel*, ou *tel quel* vous êtes : non *is* ou *talis* sum *qui* ou *qualis* (2) tu. (S. es.)

Cet homme est *tel que* vous le connaissez, is est *talis qualem* nôsti. Cic. (S. est.) c.-à-d. est *tel quel* vous le connaissez.

Je m'afflige privé d'un ami *tel* qu'il n'y en aura jamais, c.-à-d. privé d'un ami *tel*, *quel* personne ne sera jamais : moveor *tali* amico orbatus, *qualis* nemo unquàm erit. Cic.

Lorsque *tel*, au commencement d'une phrase, est suivi de *qui*, on tourne *tel* par *quelques-uns*, quidam, ou par *il y en a qui*, sunt qui..., avec le mode subjonctif. Ex. :

Tel rit aujourd'hui, *qui* pleurera demain, t. : quelques-uns rient aujourd'hui, qui... : *quidam* hodiè rident, *qui* cras flebunt.

Tel répété s'exprime le premier par *qui* ou *qualis*, le second par *is* ou *talis*. Car il exprime la ressemblance. Ex. :

Tel père, *tel* fils, *qui* pater, *is* est filius; ou *qualis* (3) pater, *talis* est filius; c.-à-d. *quel* est le père, *tel* est le fils. Il y a ressemblance.

---

(1) *Ipse* tient le milieu entre *ille* et *suus*. On peut même dire : voluntas mea *ipsius* ; tua *ipsius* ; sua *ipsius* ; nostra, vestra, sua *ipsorum* : ma propre volonté, etc.

(2) *Qualis* est mis p. atque talis, *et tel* : je ne suis pas *tel*, *et tel* vous êtes.

(3) *Qualis* étant p. atque talis est une phrase incidente, et peut signifier: *Puisque* tel est le père, tel est le fils.

Tels sont nos amis, *tels* vous n'en aurez jamais, *qualibus* utimur amicis, numquàm possidebis *tales*.

Tel suivi de *que* n'exprime pas la ressemblance, mais la *grandeur*, la *petitesse*, la *sorte*, s'il peut se tourner par *si grand*, *si petit*, *de telle sorte*. Alors on traduit *tel* par is, ea, id, ou par *hujus-ce modi*, en bonne part, *istius modi*, en mauvaise part, et le *que* par *ut* avec le mode subjonctif. Ex.:

La libéralité doit être *telle qu'*elle ne nuise à personne, *ea* esset debet liberalitas, *ut* nemini noceat. Cic.

La force de la vertu est *telle que* nous l'aimons même dans un ennemi, *ea* vis est probitatis, *ut* illam vel in hoste diligamus. Cic.

Le même, *la même* (1), suivi de *que*, se traduit par idem, eadem, idem, et le *que* par *qui*, *quæ*, *quod*, mis en sujet, ou en régime; ou par *ac*, *atque*. Ex.:

Vous n'êtes plus *le même que* vous étiez autrefois, jàm non *idem* es, *qui* fuisti olim.

Un esclave est de *la même* nature *que* toi, c.-à-d. de *la même nature dont* tu es : servus *ejusdem* naturæ est *cujus* tu. Sén.

Crassus rendait à chacun la justice dans *la même* langue *qu'*on la lui avait demandée, c.-à-d. *dans la même* langue *dans laquelle* chacun la lui avait demandée : Crassus jus cuique reddebat *eâdem* linguâ, *quâ* quisque postulàsset. Quintil.

Le même, devant un nom, se rend par idem, eadem, idem. Ex.:

Le même Scipion, *idem* Scipio.

Même, *lui-même*, *elle-même*, après un nom, se traduit par ipse, ipsa, ipsum. Ex.:

Scipion *lui-même* labourait la terre, Scipio *ipse* terram subigebat. Sén.

Même, quoique joint au régime français, s'accorde, de préférence, avec le sujet latin. Ex.:

L'avare se nuit à *lui-même*, avarus sibi *ipse* nocet. *Ipse* vaut mieux que *ipsi*.

Mais si *même* ne peut se rapporter au sujet latin, on le fait accorder avec le régime. Ex.:

Le temps ronge le fer *même*, vetustas ferrum *ipsum* exedit.

Ne... pas même, se traduit par ne... quidem, qu'on doit séparer par un mot. Ex.:

Il *ne* faut *pas même* s'irriter contre des ennemis, ne inimicis *quidem* irascendum est. Sén.

Comme, *de même que*, se traduisent par non secùs quàm; ac, atque; comme si, de même que si, par non secùs ac si, perindè ac si... tanquàm, avec le mode subjonctif. Ex.:

Les amis, absents *de même que* présents, occupaient l'attention d'Atticus, c.-à-d. les amis, *non autrement* absents *que* présents... : non secùs absentes *quàm* præsentes amici Attico erant curæ. C. Nép.

Je l'aime *de même que* s'il était mon frère, illum *perindè* amo *ac si* esset frater meus.

---

(1) *Idem* pris pour *similis* veut le datif : Idem cæteris, pareil aux autres.

De même, non suivi de *que,* se rend par *item.* Ex. :

Il n'en est pas *de même* des Romains, non *item* de Romanis. (S. est.)

Et même, bien plus : quin et, quin etiam, imò, quin imò. Ex. :

Et même quelques vertus sont en butte à la haine, quædam *imò* virtutes odio sunt. Tac.

Autre s'exprime par alius, a, ud ; *autrement* par aliter, et le *que* par quàm, ac, atque, ou bien l'on répète alius ; aliter. Ex. :

Je ne serais pas *autre que* je ne suis, non *alius* essem *atque* nunc sum. Cic. Après *autre* l'on n'exprime pas *ne.*

Autre est le père, *autres* sont les enfans, *alius* est pater, *alia* progenies.

Tu parles *autrement que* tu *ne* penses, aliter loqueris, aliter sentis; c.-à-d. tu parles *d'une façon,* tu penses *d'une autre.*

Tout autre signifiant quelqu'autre que ce soit, se rend par quivis alius, quilibet alius, et *que* par ac, atque. Ex. :

Tout autre que le peuple Romain aurait perdu courage, t. : un peuple quelconque autre que le peuple..., *quivis alius* populus *ac* Romanus despondisset animum. T. Liv.

Mais si *tout autre* et *tout autrement* signifie *bien autre, bien autrement,* on les traduit par longè alius, longè aliter, et le *que,* s'il y en a un, par ac, atque. Ex. :

Les choses nous sont annoncées *tout autres* (c.-à-d. *bien autres*) *que* tu n'avais écrit, *longè alia* nobis *ac* tu scripseras nuntiantur. Cic.

Il se conduit *tout autrement* (c.-à-d. *bien autrement*) *que* son frère, hic *longè aliter* se habet *ac* frater ejus.

Après *lequel des deux* (en latin uter), l'on exprime *autre* par uter. Ex. :

Examinez *lequel des deux* a dressé des embûches à l'autre, quære uter utri insidias fecerit.

L'un, l'autre... les uns, les autres, quand le verbe français n'est pas réciproque, se traduisent, si l'on parle de plus de deux, par alius répété. Ex.:

L'un nuirait à *l'autre,* alius alii noceret.

Les uns jouent, *les autres* chantent, alii ludunt, cantant alii.

Mais si l'on ne parle que de deux, on se sert de alter répété, ou de unus, alter. Ex. :

L'un dit oui, *l'autre* dit non, alter (ou unus) ait, negat alter.

L'un, l'autre, doublés se traduisent par alius, doublé comme il suit :

Les uns aiment *une chose, les autres une autre,* c.-à-d. *différentes* personnes sont charmées de *différentes* choses ; alii aliis rebus delectantur.

J'ai vu *les uns* vivre *d'une façon* (1.re section de phrase) *les autres d'une autre* (2.e section de phrase) : alios alio more viventes vidi. En traduisant, l'on doit répéter deux fois la phrase latine. Il en sera de même de la phrase suivante :

Les uns se dispersèrent *d'un* côté, les autres *de l'autre :* alii aliò dilapsⁱ sunt.

Ni l'un ni l'autre, *neuter;* l'un l'autre, *uterque;* s'il se présente le régime français *se,* on le traduit par *alter;* car il y a pour lors réprocité d'action. Ex.:

Les deux consuls ne *s'aiment ni l'un ni l'autre,* c.-à-d. *ni l'un ni l'autre* consul n'aime *l'autre: neuter alterum* consul amat.

Tes deux sœurs *se* haïssent *l'une l'autre,* c.-à-d. *l'une et l'autre* sœur tienne hait *l'autre: utraque* soror tua odit alteram; — ou *utraque* tua soror *utram-que* odit; — ou *altera* soror tua odit *alteram;* — ou *duœ* sorores tuæ se *invicem* oderunt.

Mais s'il s'agit de plus de deux, avec réciprocité, *les uns les autres* se rend par invicem ou mutuò. Ex. :

Les gens de bien se louent *les uns les autres,* c.-à-d. *mutuellement:* viri boni se *mutuò* laudant.

Ne nous nuisons pas *les uns aux autres,* c.-à-d. ne nuisons pas à nous *mutuellement:* ne obsimus nobis *invicem.*

Vous vous promènerez *les uns les autres,* c.-à-d. *tous ensemble:* deambu-labitis *omnes unà.*

L'un des deux, l'un ou l'autre, alteruter. Ex. :

Je vous enverrai *l'un ou l'autre,* alterutrum ad te mittam.

L'un après l'autre... les uns après les autres..., chacun, chaque..., singuli, æ, a. Ex. :

L'hydre se mit à les croquer *les unes après les autres,* hydrus cœpit vesci *singulis;* c.-à-d. aliis post alias. (S. ranis.)

Le premier, se traduit par *prior,* le *second* par *posterior,* quand on ne parle que de deux; ou par alter répété. Ex. :

Le premier se hâte trop, *le second* va trop lentement, *prior* nimis festinat; *posterior* nimiùm moratur.

Mais quand on parle de plus de deux, on dit: primus, secundus ou alter, tertius, etc.

Celui des deux qui se traduit par uter. Ex. :

Celui des deux qui se dédira (c.-à-d. qui aura changé) paiera l'amende; *uter* demutaverit, pecuniâ mulctabitur. (S. is.)

Qui que ce soit des deux qui... ou que se traduit par utercumque. Ex. :

Qui que ce soit des deux partis *qui* remporte la victoire, nous périrons, *utracumque* pars vicerit, sumus tamen perituri. Ph.

Mais si l'on parle de plus de deux, on traduit *qui que ce soit... qui... que,* par quicumque, quivis, quilibet ou quisquis.

Quel, quelle que soit, se rend par *quicumque* est ou *sit,* etc.; mais si la chose peut se dire *grande,* par *quantuscumque...* et *petite* ou *courte,* par *quantuluscumque...* avec le mode subjonctif. Ex. :

Quelle que soit (c.-à-d. quelque grande que soit) sa mémoire, il oublie ce-pendant bien des choses: *quantacumque* sit ejus memoria, obliviscitur ta-men multa.

Quelle que soit la vie (c.-à-d. quelque courte que soit la vie), elle suffit au sage : *quantulacumque* sit vita, sapienti sufficit. Sén.

────────

Quelque... qui, ou *que*, séparés par un nom singulier se traduisent par *quicumque... qualiscumque...* ; si la chose peut se dire *grande*, par *quantuscumque...* et *petite* ou *courte*, par *quantuluscumque*. Ex. :

Quelque parti *que* vous preniez, venez toujours me voir, *quocumque* utaris consilio, me tamen invisas.

Quelque diligence *que* (c.-à-d. quelque grande diligence que) vous apportiez, vous perdrez l'avantage : *quantamcumque* diligentiam adhibeatis, et mieux : *quidquid* adhibeatis diligentiæ, superabimini.

Mais si *quelque... qui* ou *que* sont séparés par un substantif pluriel, on les traduit par quotcumque... quotlibet... ou quamtùmvis (1) multi, æ, a, avec le mode subjonctif. Ex. :

Quelques services *que* (c.-à-d. quelque nombreux services que) vous rendiez à un ingrat, vous ne lui en rendrez jamais assez, *quotcunque* apud ingratum officia posueris, numquàm satis multa contuleris. Cic.

────────

Quelque... séparé de *que* (2) par un adjectif, un participe ou un adverbe, se rend par quantùmvis, s'ils sont ordinaires ; par quantivis ou quanticunque, s'ils indiquent prix ou estime, et par quantòvis ou quantòcumque, s'ils sont au comparatif. Ex. :

Quelque savant *qu'il* soit, il ignore cependant bien des choses, *quantùmvis* sit doctus, hunc tamen fugiunt multa.

*Quelqu'*estimable *que* soit la science, la vertu lui est encore supérieure, *quanticumque* æstimanda sit doctrina, virtus tamen est eâ superior.

*Quelqu'*inférieurs *que* nous lui soyons, *quantòcunque* simus illo inferiores.

Quelque grand *que*, quantuscumque...; *quelque* petit *que*, quantuluscumque...

────────

MOTS FRANÇAIS QUI NE S'EXPRIMENT PAS EN LATIN.

Le pronom *il* devant un unipersonnel français ne s'exprime pas en latin. Ex. : Je crois qu'*il* faut, t. : je crois falloir : credo oportere.

Vous n'ignorez pas qu'*il* est juste de s'appliquer, t. : vous n'ignorez pas *le* s'appliquer être juste : vos non fugit incumbere labori esse justum.

Quand celui, celle, ceux, ou celles, mis pour un nom précédent, est suivi d'un génitif, on ne le traduit point par ille, mais on répète le nom. Ex. :

Les qualités de l'ame sont bien supérieures *à celles* (c.-à-d. aux qualités) du corps, animi *dotes* corporis *dotibus* longè præstant.

Il est plus élégant de ne pas répéter le nom, quand il doit être mis deux fois au même cas. Ex. :

La vie de l'homme est plus courte que *celle* (c.-à-d. que la vie) de la corneille, au lieu de dire : brevior est hominum *vita* quàm cornicum *vita*, on dira mieux : brevior est hominum quam cornicum *vita*.

────────

(1) Pour *tantùm* multi quantùm vis, aussi nombreux que tu veux.

(2) *Quelque... que* étant séparés par un substantif, *quelque* est variable ; mais invariable s'ils le sont par un adjectif.

Quel plus beau caractère que *celui* (c.-à-d. que le caractère) des hommes qui se croient nés pour secourir, défendre, conserver leur semblables? quæ melior *natura* quàm eorum qui se natos ad homines juvandos, tutandos, conservandos arbitrantur? Cic.

———

Dans ces locutions : *C'est* ainsi *que,* — est-ce ainsi que...? — *c'est* alors *que,* — *c'est* en vain *que,* — *c'est* moi *qui...* l'on ne traduit ni *c'est,* ni *que* ou *qui.* Ex. :

Visitez souvent les hommes vertueux, *c'est* ainsi *que* vous le serez vous-même; c.-à-d. vous le serez ainsi vous-même : crebrò vise bonos, *sic* eris ipse bonus. Tib.

C'est vous-même *que* je cherche, c.-à-d. je cherche vous même : te ipsum quæro. Tournez et traduisez de la même manière : *celui que* je cherche, *c'est* vous-même.

Est-ce ainsi *que* vous défendez vos amis? c.-à-d. défendez-vous ainsi... : siccine tuos amicos defendis?

C'est moi *qui* suis présent, c.-à-d. au fait je suis présent: equidem adsum.

C'est toi *qui* me parlais, c.-à-d. au fait tu me parlais : tu quidem me alloquebare.

Les braves *que* je veux vaincre, *ce sont* les Romains, t. : je veux vaincre les Romains comme braves : utpotè fortes vincere volo Romanos.

Quand *si* est avant *c'est que,* on tourne ainsi. Ex. :

Si nous avons horreur de l'oisiveté, *c'est qu'*elle est la mère de tous les vices, t. : nous avons horreur de l'oisiveté *pour cela qu'*elle est la mère... : à desidiâ *ideò* refugimus, *quià* nimirùm istæ est omnium vitiorum parens.

Ce n'est pas que, non quòd, mais c'est que, *sed quòd,* avec le mode subjonctif. Ex. :

Ce n'est pas que Sisygambis préférât un ennemi à fils, mais *c'est qu'*elle avait trouvé la tendresse d'un fils dans Alexandre, *non quòd* Sisygambis hostem filio præferret, *sed quòd* pietatem filii in Alexandro experta esset. J.

Si un comparatif vient après, mettez *quò* au lieu de quòd. Ex. :

Ce n'est pas que l'un me soit plus cher que l'autre, mais *c'est que* je les aime tous deux, *non quò* mihi sit alter altero carior, *sed quòd* utrumque amem.

Si c'est une négation qui vient après, au lieu de quò ou quòd mettez *quin.* Ex. :

Ce n'est pas que je n'aie confiance en lui, mais *c'est que* j'ai de la prudence, non *quin* ei confidam, sed quòd præcaveam.

———

Ce n'est pas à dire pour cela que... s'ensuit-il pour cela que... se rendent par non continuò, non ideò, non idcircò... an continuò, etc. Ex. :

Quoique j'ai salué des méchants, *il ne s'ensuit pas delà que* je sois méchant, c.-à-d. je ne suis pas méchant pour cela : quamvis improbos salutaverim, *non ideò* sum improbus.

———

Ce qui ou *ce que* suivi de *c'est* et d'un nom, ne se traduit pas, et se tourne ainsi :

Ce qui me chagrine le plus, *c'est* la mauvaise maladie de mon père, t. :

la mauvaise santé de mon père me chagrine le plus : *valetudo* patris me potissimùm *sollicitat.*

Ce que l'on recherche avec passion *ce sont* les richesses, t.: l'on recherche les richesses avec passion : cupidiùs *quærunt divitias.*

Ce qui, ce que, suivi de *c'est que* ou *c'est de*, se tourne par *cela*, et s'exprime par hoc, illud, *c'est que* ou *c'est de* se tourne et se traduit de diverses manières, selon lés verbes qui le précèdent. Ex. :

Ce que j'espère, *c'est que* je vivrai éternellement, t. : j'espère cela, *moi devoir vivre immortel :* illud spero, me victurum immortalem. Après spero, *c'est que* se tourne par un *que* retranché.

Ce que je crains, *c'est que* la guerre ne s'allume, t. : je crains *cela de peur que* la guerre ne s'allume : illud vereor *ne* bellum flagret. Après vereor, *c'est que* se tourne par *de peur que... ne.*

Ce que nous voudrions, *ce serait* qu'il occupât la première place, t. : nous voudrions *ceci afin* qu'il occupât... : hoc velimus, primas occupet. (S. *ut.*) Après velim, *c'est que* se tourne par *afin que... ut.*

Ce dont je doutais, *c'était de* revenir vainqueur, t. : je doutais *de ceci si* je reviendrais vainqueur : illud dubitabam *an* forem victor rediturus. Après dubito, *c'est de* se tourne par *si... an.*

Ce qui me console, *c'est de* voir mon père demain, t. : ceci me console *de ce que* je suis devant voir mon père demain : illud me solatur *quòd* crastinâ die patrem visurus sim. Après solari, *c'est de* se tourne par *de ce que... quòd.*

C'est, devant un infinitif suivi de *que de*, se tourne par *celui qui... ceux qui.* Ex. :

C'est se tromper *que de* croire, t. : *celui qui* croit, se trompe : errat, *qui* putat.

C'est dompter son plus grand ennemi *que de* vaincre sa colère, t. : *ceux qui* vainquent leur colère, domptent... : iracundiam *qui* vincunt, ii superant hostem maximum. Syrus.

Il y a, il y avait, il y aura, etc., se tourne par le verbe *être*, et se traduit par esse, sum. Ex. :

Il n'y a personne qui ne doive aimer Dieu, t. : personne *n'est* qui ne doive... : nemo *est* qui Deum amare non debeat. Il est plus élégant de dire : *nemo non debet* Deum amare. *Nemo non* équivaut à *omnes.*

DES PARTICIPES.

PARTICIPES FRANÇAIS QUI MANQUENT EN LATIN.

Le verbe *sum* n'a ni *présent* ni *passé* au mode participe. Le présent *étant*, et le passé *ayant été*, suivis d'un substantif, se tournent par *lorsque, après que, comme*, quùm, postquàm, avec l'un des temps de *sum*, mis au subj. Ex.:

Cicéron *étant* consul découvrit la conspiration, t. : lorsque Cicéron *était* consul, il découvrit... : quùm Tullius *esset* consul, conjurationem detexit. On dira mieux, en supprimant *étant* : Cicéron *consul* découvrit... : Tullius *consul* detexit conjurationem.

. Cicéron *étant* éloquent, nous admirons ses œuvres, t. : *comme* Cicéron *est* éloquent, nous admirons ses œuvres : *quùm* Tullius *sit* facundus, ejus opera miramur. Et mieux, en supprimant *étant* : nous admirons les œuvres de Cicéron *éloquent*: *facundissimi* Tullii opera miramur.

Cicéron *étant* consul, la conspiration fut découverte, *cùm* Tullius *esset* consul... Et mieux : Tullio *consule* (S. sub), detecta fuit conjuratio.

Cicéron *ayant été* consul, fut néanmoins envoyé en exil, t. : *après que* Cicéron eut été consul, il fut néanmoins... : Tullius, *postquàm fuisset* consul, in exilium tamen actus est. Quand le verbe est à ce temps, il n'y a pas d'autre tournure.

Dans les verbes *actifs* ou *neutres* latins il n'y a point de participe passé *actif* français comme *ayant aimé, ayant étudié, étant allé*. On le tourne aussi par *lorsque, comme, après que,* quùm, postquàm, avec l'indicatif ou subjonctif du verbe privé de ce participe latin. Ex. :

Le peuple, *ayant entendu* les vers de Virgile, lui témoigna du respect, t. : *lorsque* le peuple *eut entendu* les vers de Virgile, il lui témoigna...: populus, *postquàm audivit* ou *audivisset* Virgilii versus, eum veneratus est. Et mieux par le tour passif mis ici à l'ablat. absolu : populus, *auditis* Virgilii versibus, eum veneratus est. Audire étant actif admet un participe passé passif *auditus*.

Ayant emporté d'assaut les villes de Carthage et de Numance, Scipion les détruisit, *postquàm expugnavit,* ou *expugnâsset* Carthaginem ac Numantiam urbes, delevit Scipio, ou Carthaginem ac Numantiam urbes *expugnatas* delevit Scipio. Expugnare étant actif admet un part. passé *passif* expugnatus.

Dans les verbes *déponens* il n'y a point de participe passé *passif* comme *ayant été imité ;* ce participe se tourne par l'actif, et se traduit par *quùm* ou *postquàm,* comme ci-dessus. Ex. :

Ayant été poursuivi des voleurs, il s'échappa, t. : *lorsque* les voleurs *l'eurent poursuivi,* il s'échappa : *postquàm* eum *sunt* ou *essent* latrones insecuti, evasit. Et mieux par l'ablatif absolu : is, latronibus *insecutis,* evasit. Insequi étant déponent a un participe passé *actif insecutus.*

Dans les verbes neutres latins il n'y a point de participe passé *actif* ni *passif* tels que *ayant favorisé, ayant été favorisé ;* on tourne alors par l'actif, et l'on traduit par *quùm, postquàm,* comme ci-dessus. Ex. :

Dieu *ayant favorisé* Clovis, ce prince mit ses ennemis hors de combat; ou passivement : *ayant été favorisé* de Dieu, Clovis mit ses ennemis hors de combat : *cùm* Deus *favisset,* suos Clodovæus hostes debellavit.

Ayant autant de... suivi d'un nom et d'un *que ; étant aussi...* suivi d'un adjectif et d'un *que,* se tourne par *selon, eu égard à,* pro avec l'ablatif du nom. Ex. :

Ayant autant de sagesse *que* vous en avez, ou bien *étant aussi* sage *que* vous l'êtes, vous réfléchirez au reste, t. : *eu égard à* votre sagesse, vous...: reliqua tu, *pro tuâ sapientiâ,* considerabis. Cic. Avec toute votre sagesse... se traduit de même.

On peut aussi tourner par *puisque,* et traduire par *cùm* avec le mode subjonctif : reliqua, *cùm sis adeo sapiens,* considerabis.

DES ADVERBES.

Que interrogatif signifiant pourquoi, s'exprime par quid ou cur; et s'il est suivi d'une négation, par quin ou cur non. Ex. :

Que tardez-vous ? c.-à-d. *pourquoi* tardez-vous ? *cur moraris* ?

Que n'accourez-vous ici? c.-à-d. *pourquoi* n'accourez-vous *pas* ici ? *quin* ou *cur non* hùc advolas ?

Que interrogatif signifiant combien, s'exprime par quanti devant un verbe de prix ou d'estime, et par quantò devant un comparatif ou un verbe d'excellence. Ex. :

Que vous a coûté cette maison ? t. : *combien* vous a... ? *quanti* tibi constitit hæc domus ?

Le *que* admiratif se tourne aussi par *combien*, et se traduit de même.

Si le *que* admiratif ou l'adverbe *combien* est joint au mot *grand*, on l'exprime par quantus... et au mot *petit*, par quantulus. Ex. :

Que ma joie serait *grande* ! *quanta* esset mea lætitia !

Que cette classe est *petite* ! *quantula* est hæc schola !

Dans les phrases admiratives, la négation française ne s'exprime pas en latin. Ex. :

Que de malheurs *n*'a-t-il *pas* essuyés! *quot* et *quantas* hausit calamitates!

Que de désir, signifiant *plaise à Dieu que.. plût au Ciel que...* se rend par *utinam* avec le mode subjonctif. Ex. :

Plaise au Ciel que je puisse vous entretenir ! ou *que ne* puis-je vous entretenir ! c.-à-d. *je souhaite que* je puisse... ! *utinam* tecum loqui possim ! (S. opto. *Utinam* mis pour *uti, ut.*)

Que je voudrais qu'Énée fût ici ! c.-à-d. *je souhaiterais que...* ! *utinam* AEneas afforet ! Virg. (S. optarem.)

Ne... que signifiant *seulement* se rend par tantùm, solummodò ou par solus, que l'on fait accorder avec le nom ou pronom qui suit. Ex. :

La louange *n*'est due *qu*'à la vertu, t. : est due *seulement* à la vertu : laus virtuti *solummodò* debetur; ou bien : est due à la *seule* vertu : laus *soli* virtuti debetur.

Si *ne... que* signifie *rien autre chose que*, on le rend par nihil aliud nisi, quàm, ac, atque. Ex. :

La philosophie *n*'est que (t. : *n*'est rien autre chose que) l'amour de la sagesse, philosophia *nihil* est aliud *quàm* (ou nisi) studium sapientiæ. Cic.

Si *que* entre deux négations est relatif, on l'exprime par qui, quæ, quod, que l'on met au cas du verbe suivant. Ex. :

Le sage n'assure *rien qu*'il *ne* prouve, sapiens *nihil* affirmat *quod non* probet.

Mais *que*, entre deux négations, signifiant *sans que... ne; à moins que... ne; avant que*, se rend par quin, nisi, ou priusquàm, avec le mode subj. Ex. :

Je ne partirai pas d'ici *que* je *ne* vous aie dit adieu, t. : *sans que*, ou *à moins que* je *ne* vous aie dit adieu : non hinc proficiscar, *quin*, *nisi* ou *priùsquàm* tibi valedixerim.

Épaminondas n'éloigna point de lui son précepteur Lysis, *qu'il n'eût sur-*
passé (t. : *avant qu'il eût surpassé*) ses condisciples : Épaminondas Lysim
præceptorem non *priùs* à se dimisit, *quàm* antecessisset condiscipulos.

ADVERBES DE QUANTITÉ.

Les adverbes de quantité se traduisent diversement, selon qu'ils expriment
le *poids*, la *grandeur*, le *nombre*, le *dégré*, le *prix*. Devant un nom singulier
susceptible de poids, on exprime adverbialement :

Que ou combien par *quantùm*, c.-à-d. quel poids; (S. pondus). — Tant,
autant, *tantùm*, c.-à-d. un si grand poids.

Peu, *parùm*, c.-à-d. un petit poids. — Moins, *minùs*, c.-à-d. un moindre
poids ; — Le moins, *quàm minimùm*, c.-à-d. le moindre poids.

Beaucoup, *multùm*, c.-à-d. un grand poids. — Plus, *plùs*, c.-à-d. un plus
grand poids; — Le plus, *quàm plurimùm*, c.-à-d. le plus grand poids.

Assez, *satis*, un poids suffisant. — Trop, *nimis* ou *nimiùm*, c.-à-d. un
poids excessif.

Ces mots demandent le génitif. Ex. :

Que ou *combien* d'eau vous mettez dans le vin ! *quantùm* aquæ admisces
cum mero ! — *L'eau* est une chose susceptible de *poids*.

Devant un nom susceptible de *grandeur*, il vaut mieux changer ces adverbes en adjectifs et traduire :

Que ou *combien* par quantus, a, um, c.-à-d. quel grand (1). — *Tant*,
autant, tantus, a, um, c.-à-d. si grand.

Peu, parvus, a, um, c.-à-d. petit. — Moins, minor, minùs, c.-à-d.
moindre. — Le moins, quàm minimus, a, um.

Beaucoup, multus ou magnus, a, um, c.-à-d. grand. — Plus, major,
majus, c.-à-d. plus grand. — Le plus, quàm plurimus, ou quàm maximus,
a, um.

Assez, satis magnus, c.-à-d. assez grand. — Trop, nimiùs, a, um, ou
nimis magnus, c.-à-d. excessif ou trop grand.

Ces adjectifs s'accordent avec le nom. Ex. :

Que ou *combien de* sagesse brillait en Scipion ! *quanta* in Scipione præ-
celluit sapientia ! — *Sagesse* est une chose susceptible de grandeur.

Ce général se recommandait par *beaucoup* de science et *plus* de douceur,
t. : par une *grande* science et une *plus grande* douceur : dux ille arguebatur
magnâ doctrinâ, at *majori* mansuetudine.

Devant un nom pluriel susceptible de *nombre*, on traduit :

Que ou combien par *quot* ou *quàm multi*, æ, a, c.-à-d. combien nombreux. — Tant, autant, *tot* ou *tàm multi*, æ, a, c.-à-d. si nombreux, etc.

Peu, *pauci*, æ, a. — Moins, *pauciores*, a. — Le moins, *quàm paucissi-*
mi, æ, a.

---

(1) *Quantus quantus* es, nil nisi sapientia es, Tér. des pieds à la tête vous
n'êtes qu'esprit et sagesse.

Beaucoup, bien, *multi*, æ, a. — Plus, *plures*, a. — Le plus, *quàm plurimi*, æ, a.

Assez, satis multi, æ, a. — Trop, *nimis multi*, æ, a.

On les fait accorder avec le nom pluriel de nombre. Ex. :

Vous avez *bien* des couronnes, et pas encore *assez*, *multas* tenes coronas, nondùm autem *multas satis* ; c.-à-d. vous avez des couronnes *nombreuses*, mais pas encore *assez nombreuses.*

Combien, signifiant *combien de personnes*, se traduit toujours par *quàm multi*. Ex. :

Vous voyez *combien* nous sommes ici, c.-à-d. *combien de personnes*... : vides *quàm multi*, (et non pas *quot*) hic adsimus. *Quot* et *tot* ne s'emploient que devant un nom exprimé.

Combien, signifiant *combien peu*, se rend par *quotusquisque*. Ex. :

Combien y en a-t-il qui soient éloquens?c.-à-d. *combien peu* sont éloquens? et littéralement : *Combien* est chaque homme éloquent ? *quotusquisque* est disertus ?

———————

Devant un adjectif ou nn adverbe, on traduit :

Que ou combien par *quantùm* (1), *quàm*, *ut*, c.-à-d. à quel dégré. — Autant, aussi, si, *tàm*, c.-à-d. à un tel dégré.

Peu, *parùm*, c.-à-d. à un petit dégré. — Moins, *minùs*, c.-à-d. à un moindre dégré.

Le plus, bien, fort, *multùm*, *maximè*, *valdè*, ou l'adjectif au superlatif. — Plus, *magis*, ou l'adjectif au comparatif.

Assez, *sat*, *satis*. — Trop, *nimis*, ou l'adjectif au comparatif.

Que ou *combien* il est modeste et savant ! *quantùm*, *quàm*, *ut* modestus atque doctus est !

On traduit si grand, aussi grand, par *tantus;* si petit, aussi petit, par *tantulus*, a, um.

———————

Devant un comparatif ou un verbe d'excellence, comme præsto, excello, supero, malo, et devant les adverbes *antè*, *post* et *mox*, on traduit :

Que ou combien par *quantò*. (S. *in momento*, à quel dégré.) — Autant, ou d'autant, *tantò*.

Bien ou beaucoup, *multò* ou *longè*. — Un peu, *paulò*, *aliquantò*. Ex. :

Qu'il est, ou *combien* n'est-il pas plus savant ! *quantò* doctior est ! *Un peu* plus savant, *paulò* doctior.

Vous l'emportez *autant* sur les autres, *tantò* præstas cæteris.

Vous êtes venu *un peu* après, venisti *paulò* post. (S. tempore, un peu de temps.)

Un peu, tant soit peu, si peu que rien, devant un nom, se traduit par *paulùm*, *paululùm*, *pauxillùm* ; *tantillùm*, *aliquantulùm*. Ex. :

Un peu d'eau, *tantillùm* aquæ.

————————————

(1) Pour ad quantum momentum, à quel dégré. *Quàm*, *tàm*, sont une abréviation de quantùm, tantùm.

Un peu, devant un adjectif, un adverbe ou un verbe, s'exprime par *leviter*, *nonnihil*. Ex. :

Un peu blessé, *leviter* ou *nonnihil* vulneratus. *Un peu* se trouve quelquefois renfermé dans *sub* attaché à l'adjectif latin : *subamarus*, *un peu* amer. — *Subagrestis*, *un peu* grossier.

Devant un verbe ordinaire, on traduit :

Que ou combien par *quantùm*, *quàm*, *ut*.—Autant, si, aussi, *tantùm*, *tàm*.

Peu, *parùm*. — Moins, *minùs*. — Le moins, *quàm minimè*.

Beaucoup, bien, fort, *multùm*, *valdè*. — Plus, *magis*, *plùs*, *ampliùs*. — Le plus, *quàm plurimùm* ou *quàm maximè*.

Assez, *satis*, *sat*. — Trop, *nimis*; *nimio plùs*; *plùs æquo*. Ex. :

*Qu'*il ou *combien* il est aimé ! *quàm* ou *quantùm* amatur ! c.-à-d. à quel dégré... (S. *ad*.)

Devant un verbe de prix (1) ou d'estime, et devant un adjectif qui en dérive, on traduit :

Que ou combien par *quanti* (2); (S. pro pondere... pretii), c.-à-d. selon le poids de quelle somme. — Tant, autant, aussi, *tanti*; selon le poids d'une si grande somme : ainsi des autres.

Peu, *parvi*. — Moins, *minoris*. — Le moins, *quàm minimi*.

Beaucoup, bien, fort, *magni* ou *multi*. — Plus ou davantage, *pluris* ou *majoris*. — Le plus, *quàm plurimi* ou *quàm maximi*.

Assez, *satis magni*. — Trop, *nimiò pluris*. Ex. :

*Qu'*il ou *combien* il est estimé ! c.-à-d. au poids de *quelle grande* somme il est estimé ! *quanti* æstimatur !

Les mêmes adverbes servent à modifier *refert*, *interest* : il m'importe beaucoup, meà *magni* refert. Cependant plus, moins, trop, se rendent par *magis*, *minùs*, *nimis*. Ex. :

Il m'importe *moins*, meà *minùs* refert; et à vous *davantage*, tuà verò *magis*.

Avec *odisse*, haïr; *fugere*, éviter, on traduit *plus* ou *davantage* par *pejùs*: Je le haïssais *plus*, hunc *pejùs* oderam. Cic. (S. per.)

Que après plus, moins.

De quelque manière qu'on exprime *plus*, comparatif de supériorité, et *moins*, comparatif d'infériorité, le *que*, se rend par *quàm*, et se supprime même quelquefois. Ex. :

Nous montrons, les uns *plus*, les autres *moins* de courage *que* de prudence, ostendimus, alii *plùs*, alii *minùs* fortitudinis *quàm* prudentiæ.

Plus ou *moins* de villes *que* de bourgs, *plures paucioresve* urbes *quàm* vici.

---

(1) Verbes de prix : acheter, vendre, coûter, valoir. Verbes d'estime : estimer, priser, apprécier, faire cas.

(2) On dit : facere aliquem *nauci*, estimer quelqu'un d'un zeste de noix : *flocci*, d'un flocon de neige : *nihili*, de rien : *teruncii*, du quart d'un as romain, pour dire *faire peu de cas* de quelqu'un.

Celui-ci est tantôt *plus*, tantôt *moins* estimable *que* son frère, hic est nunc *pluris*, nunc *minoris* æstimandus *quàm* frater ejus.

Celui-là est beaucoup *plus savant que* les autres, ille est *cæteris* multò *doctior*.

___

Que après autant, aussi.

Après *autant*, *aussi*, comparatif d'égalité rendu par tantùm, tot, tàm, tantus, tanti, tantò, le *que* se traduit correlativement par quantùm, quot, quàm, quantus, quanti, quantò. Ex. :

Avec un nom susceptible de grandeur : *Autant* de modestie *que* de (c.-à-d. qu'autant de) science, *tantùm* modestiæ, *quantùm* (p. atque tantùm) doctrinæ. On dit : *tanta* modestia, *quanta* (p. atque tanta) doctrina.

Avec un nom susceptible de nombre : Il mange *autant* de fruits *que* j'en cueille(c.-à-d. qu'autant j'en cueille):*tot*vescitur pomis *quot*(p.atque tot)lego.

Avec un adjectif ou un adverbe : Rien n'est *aussi* nuisible au repos *que* de ne pouvoir rien souffrir, nihil est tranquillitati *tàm* infestum, *quàm* nihil posse pati. Sén.

Avec un verbe ordinaire, et de prix ou d'estime : Je vous estime *autant* que (c.-à-d. autant qu'autant) vous m'aimez, *tanti* te facio., *quantùm* (p. atque tantùm) me amas, — Je l'aime *aussi* peu *que* (c.-à-d. que peu) je l'estime, hunc tantulùm amo quantuli (p. atque tantuli) duco. Il y a correlation entre tantulùm et quantuli, mais ils sont à des cas différens.

Avec un verbe d'excellence : Démosthènes l'emportait *autant* sur les Grecs, *que* (c.-à-d. qu'autant) Cicéron sur les Romains, *tantò* præstabat Græcis Demosthenes, *quantò* Tullius Romanis. (S. præstabat.)

Avec refert, interest, *autant* se rend par *tàm magni*, si le *que* est suivi de *peu*. Ex. :

Il vous importe *autant* qu'il m'importe *peu*, tuà *tàm magni* refert *quàm parvi* meà.

___

Voilà comme, après le comparatif d'égalité, l'on traduit le *que* correlatif.

Il y a plus : après le *que* correlatif on tourne *homme du monde*, *qui que ce soit* par *celui qui le plus* ; — *chose du monde*, *quoi que ce soit* par *ce que le plus* ; — *jamais*, *en aucun lieu du monde* par *quand le plus*, *là où le plus*.

1.º *Le plus*, suivi d'un nom, se traduit par *plurimùm*. Ex. :

César avait autant de valeur qu'*homme du monde*, t. : que celui qui en avait *le plus* : tantùm virtutis habuit Cæsar, quantùm qui *plurimùm*.(S. virtutis habuit.)

2.º Suivi d'un nom susceptible de nombre, par *plurimi*, æ, a. Ex. :

Demain nous verrons autant de guerriers que *jamais*, t. : que lorsque nous en verrons *le plus* : cras videbimus tot milites, quot *quàm plurimos*. (S. videbimus milites.)

3.º Suivi d'un adjectif,d'un adverbe et d'un verbe ordinaire,par *maximè*.Ex.:

Le temple de Diane était aussi vaste que *quoique ce fût*, t. : que ce qui l'était *le plus* : Dianæ templum tàm vastum erat, quàm *quod maximè*. (S. erat vastum.)

La vieillesse était aussi honorée à Lacédémone qu'*en aucun lieu du monde*, t. : que *là où* elle l'était *le plus* : senectus tantùm honorabatur Lacedæmone quantùm ubi *maximè*. (S. honorabatur.)

4.º Suivi d'un verbe de prix ou d'estime par *plurimi* ou *maximi*. Ex. :

Alexandre estimait Homère autant que *qui que ce fût*, t. : que *celui que* il estimait *le plus* : Alexander Homerum tanti pendebat, quanti quem *plurimi*. (S. pretii... pendebat.)

Toutes ces locutions, après *plus... que, moins... que...* , se traduisent comme ci-dessus.

Autant que, au commencement d'une phrase, se rend par *quantùm*. L'on exclud tantùm, parceque la comparaison ne roule que sur un verbe. Ex. :

Nous choisirons, *autant* qu'il sera possible, des amis sincères, amicos, *quantùm* fieri poterit, sinceros eligemus. Sén.

Autant, à la fin d'une phrase, se traduit diversement, selon les mots auxquels il a rapport.

1.º Avec rapport à un nom susceptible de grandeur, il se rend par *tantumdem*. Ex. :

Tacite avait beaucoup de probité, Salluste n'en avait pas *autant*, Tacito erat multùm probitatis, Sallustio non fuit *tantumdem*. (S. probitatis.)

2.º A un nom susceptible de nombre, par *totidem*. Ex. :

Darius commandait une multitude de soldats, Alexandre n'en avait pas *autant*, multitudini militum præfuit Darius, Alexander non habebat *totidem*.

3.º A un adjectif ou un adverbe, par *idem*, et mieux *item*. Ex. :

Vous êtes sage, soyez-le toujours *autant*, sapiens es, sis semper *idem*.

4.º A un verbe ordinaire, par *tantumdem*. Ex. :

Titus était l'ami des hommes, Domitien ne les aimait pas *autant*, Titus erat hominibus amicior, Domitianus illos non amabat *tantumdem*.

5.º A un verbe de prix ou d'estime, par *tantidem*. Ex. :

J'admire Epictète; personne ne l'estime *autant*, miror Epictetum; nemo illum facit *tantidem*. — *Idem* est à la fin de chacun de ces adverbes latins.

6.º A un verbe d'excellence, par *tantoperè*. Ex. :

Vous avez la victoire; personne ne l'emportera d'*autant*, vicisti; non quisquam præstabit *tantoperè* (p. tanto opere).

Autant répété.

Quand *autant* est répété, l'on renverse la phrase en mettant le correlatif latin le premier, et l'on observe la même règle que sur *autant... que*. Ex. :

Autant (t. : puisqu'autant) il avait de science, *autant* il avait de modestie, *quantùm* (p. atque tantùm) doctrinæ in eo, *tantùm* modestiæ inerat. On pourrait commencer par le second membre de phrase.

Autant (t. : et autant) d'hommes, *autant* de sentimens, *quot* (p. atque tot) homines, *tot* sententiæ.

Autant (t. : et autant) la politesse plaît, *autant* la grossièreté déplaît, *quàm* (p. atque tàm) delectat urbanitas, *tàm* offendit rusticitas.

Autant (t. : et autant) je l'aime, *autant* je l'estime, *quantùm* illum diligo, *tanti* facio.

D'autant devant plus ou moins.

D'autant, devant un comparatif de supériorité ou d'infériorité, s'exprime

11

par eò ou tantò , et le *que* par quò ou quantò, si c'est un comparatif qui le suit. Ex. :

Il est *d'autant* plus modeste, *qu'*il est plus savant, t. : il est plus modeste *par cela par quoi* il est plus savant : eò modestior est, quò doctior.

Vous serez *d'autant* moins estimé, *que* vous serez plus orgueilleux, t. : vous serez moins estimé *par cela par quoi* vous serez plus orgueilleux : eò minoris fies, quò eris superbior. Ou bien : tantò minoris fies, quantò eris superbior.

Que s'exprime par quòd s'il n'est pas suivi d'un comparatif. Ex. :

Cela parut *d'autant* plus surprenant, *qu'*on ne s'y attendait pas, t. : cela parut plus surprenant *par cela qui* n'était attendu de personne : id eò mirabilius visum est, quòd à nemine expectabatur. *A proportion que* se tourne et se traduit de la même manière.

Plus, moins *répétés.*

Lorsque le comparatif se trouve répété, l'on met quò ou quantò devant le premier *plus*, eò ou tantò devant le second. Ex. :

Plus il est savant, *plus* il est modeste, t. : *par cela qu'*il est *plus* savant, *par cela* il est *plus* modeste : quò doctior; eò modestior est. On pourrait commencer par le second membre de phrase.

Plus vous serez orgueilleux, *moins* vous serez estimé, quantò eris superbior, tantò minoris fies.

Plus on... plus une personne... se tourne par *plus quelqu'un; plus une chose, plus quelque chose.* Ex. :

Plus on est vicieux, *plus on* est malheureux, t. : *plus quelqu'un* est vicieux, plus *il* est malheureux : quò quis vitiosior, eò miserior est.

Tout le monde convient que, *plus une chose* est difficile, *plus il faut* y apporter de soin, fatentur omnes, quò quid difficilius est, eò majorem ad id adhibendam esse curam. Le *que* retranché retombe sur le deuxième comparatif.

Il est élégant de tourner le premier *plus on*, par *de même que chacun* avec un superlatif, et le second par *de même* avec un superlatif encore.Ex.:

Plus on est vicieux, *plus on* est malheureux, t. : *de même que chacun* est très-vicieux, *de même* il est très-malheureux : ut quisque vitiosissimus, ità miserrimus est.

On tournera de la même manière la seconde phrase, et l'on dira : omnes fatentur, ut quidquid difficillimum est, sic maximam ad id adhibendam esse curam.

DU SUPERLATIF.

Si le superlatif est suivi de relatif *qui, que* ou *dont,* le relatif latin veut le mode subjonctif. Ex. :

Il est le plus savant, mais le moins indulgent *que* je connaisse, c.-à-d. *de tous ceux que* je connaisse : hic est omnium quos noverim doctissimus longè, at minimè facilis.

Mais on traduit le *que* par quàm, s'il ne peut pas se tourner par *de tous ceux que*, Ex. :

Les uns lisent *le plus*, les autres *le moins* de livres qu'ils peuvent, alii le-gunt *quàm* plurimos possunt libros, alii verò *quàm* paucissimos.

Que après *tant*.

Si *tant... que* est mis pour *tant... que tant*, c'est qu'il y a comparaison ; alors on le traduit comme *autant... que*, et le *que* est correlatif. Ex. :

Thémistocle n'avait pas *tant* de justice *que* de courage, t. : *tant* de jus-tice *que tant* de courage : non in Themistocle inerat *tantùm* justitiæ *quan-tùm* fortitudinis. Ou bien : non in Themistocle *tanta* inerat justitia *quanta* fortitudo.

Il n'y a pas *tant* de fruits *que* vous pensez, t. : *tant* de fruits *que tant* vous pensez qu'il y a... : non sunt *tot* fructus *quot* putas. (S. esse.)

Mais si *tant... que* n'est pas mis pour *tant... que tant*, c'est qu'il n'exprime point de comparaison ; alors *tant* tourné par *tellement, si grand, si nom-breux*, se traduit selon le mot auquel il est joint, et le *que* se rend nécessai-rement par *ut* avec le mode subjonctif. Ex. :

J'estime *tant* la vertu (t. : j'estime d'un *si grand* prix la vertu) *que* je la préfère à tous les trésors du monde : *tanti* facio virtutem, *ut* eam thesauris quibuslibet anteponam.

César remporta *tant* de victoires (t.: remporta des victoires *si nombreuses*) qu'il se rendit maître de la République : *tot* victorias retulit Cæsar, ut fue-rit Republicâ potitus.

Tant que signifiant *tandis que*, se rend par *dùm* ou *donec*. Ex. :

Tant que vous serez heureux (t. : *tandis que* vous serez heureux), vous aurez bien des amis : *donec* eris felix, multos numerabis amicos. Juv.

Tant que signifiant *autant de temps que*, se rend par quoàd ou par tam-diù... quamdiù. Ex. :

Tibère eut une vie et une réputation sans tâche, *tant qu'il* fut simple particulier, t. : *autant de temps qu'il* fut... : Tiberius fuit egregius vitâ fa-mâque, *quoàd* privatas vixit. Tac.

Il faut s'instruire, *tant qu'on* ignore, t. : *aussi long-temps que* long-temps on ignore : *tamdiù* discendum est *quamdiù* nescis. Sén.

Tant... que signifiant *non-seulement, mais encore*, se traduit par tàm, partim, quà, répétés ; ou par cùm, tùm. Ex. :

Il faut s'abstenir *tant* de la crainte *que* de la colère, t. : *non-seulement* de la crainte ; *mais encore...* : vacandum est *tùm* metu, *tùm* iracundiâ. Cic.

Les philosophes *tant* anciens *que* modernes, t. : *en partie* anciens, *en partie* modernes : philosophi *partim* veteres, *partim* recentiores.

Illustre *tant* par sa propre gloire *que* par celle de ses ancêtres, t. : *d'un côté* par la gloire des ancêtres, *de l'autre* par la sienne : *quà* paternâ gloriâ, *quà* suâ insignis. T. Liv. (Quà p. aliquà parte.)

Non pas tant pour... que pour... se rendent par non tàm ut... quàm ut, avec le mode subjonctif. Ex. :

Nous devons étudier, *non pas tant pour* nous enorgueillir, *que pour* apprendre à être modestes, *studendum est non tàm ut superbiamus, quàm ut esse modesti discamus.*

Tant pour... que pour... peut se rendre par *simùl* répété suivi de *ut.* Ex. :

Alexandre envoya d'abord des éclaireurs *tant pour* aller à la découverte *que pour* éteindre l'incendie, *Alexander exploratores præmisit simùl speculatum, simùl ut incendium extinguerent.* Q. C.

———

Tant... tant il est vrai que... se rend par *adeò*, *ità* devant un adjectif ou un verbe ordinaire ; par *tanti* devant un verbe de prix ou d'estime ; par *tantò* devant un comparatif ou un verbe d'excellence. Ex. :

Tant est rare une amitié fidèle, *adeò rara est fidelis amicitia.*

Tant il est vrai que la sagesse l'emporte sur les richesses, *tantò præstat divitiis sapientia.*

———

Que après *si* adverbe.

Quand si peut se tourner par *autant*, il s'exprime comme *autant*, et le *que* se traduit correlativement, parce qu'il y a comparaison de ressemblance. Ex. :

César n'était pas *si* téméraire *qu'*Alexandre, t. : *autant* téméraire *qu'autant* l'était Alexandre : *Cæsar non tàm temerarius fuit, quàm Alexander.*

Quand si grand peut se tourner par *aussi grand*, *tantus*; *si petit*, par *aussi petit*, *tantulus*, le *que* se traduit correlativement, parce qu'il y a comparaison de ressemblance. Ex. :

La terre n'est pas *si grande que* le soleil, t. : *aussi grande que grand* est le soleil : *non tanta est terra quantus sol.*

Cette classe n'est pas *si petite que* nous pensions, t. : *aussi petite que petite* nous pensions : *hæc schola non tantula est, quantulam putabamus.* (*S. eam esse.*)

Quand si ne peut se tourner par *aussi*, mais par *tellement*, on l'exprime par *ità*, *tàm*, *adeò* devant un adjectif, un adverbe, un verbe ordinaire ; par *tanti* devant un verbe de prix ou d'estime ; par *tantò* devant un comparatif et un verbe d'excellence ; et, parce qu'il n'y a pas comparaison de ressemblance, le *que* se traduit par *ut* avec le mode subjonctif. Ex. :

Dieu est *si* bon (t. : tellement bon), *qu'*il aime l'espèce humaine : *Deus est tàm bonus, ut hominum genus amet.*

Epaminondas supporta *si* facilement (t. : tellement facilement) la pauvreté, *qu'*il ne désira rien, excepté la gloire : *Epaminondas paupertatem ità facilè perpessus est, ut nihil præter gloriam cupierit.* Just.

Ce général fut *si* estimé et *si* estimable, que toute la Grèce le pleura, *dux ille fuit tanti factus ac faciendus, ut omnes eum Græci luxerint.*

Scipion était d'une *si grande* politesse, *qu'*il s'attachait les ennemis même les plus déclarés, *tanta inerat Scipioni comitas, ut hostes vel infensissimos sibi conciliaret.* T. Liv.

La douleur est un *si* faible mal, *qu'*elle est paralysée par le courage, *dolor tantulum est malum, ut virtute obruatur.* Cic.

———

Assez... suivi de *pour* se tourne par *tant*, *tellement*, ou *si*, qu'on exprime selon le mot auquel il est joint ; *pour* se rend par *ut* avec le mode subj. Ex. :

Aviez-vous *assez* de loisir *pour* lire des fables? t. : aviez-vous *tant* de loisir *que* vous lussiez...?erât-ne tibi *tantùm* otii , ut ou *qui* fabulas legeres?

Il n'y a point d'homme *assez* méchant *pour* n'être pas utile en quelque chose , t.: *tellement* méchant, *qu'*il ne soit utile... : nemo est *tàm* malus, ut ou *qui* non aliquâ re prosit.

Il n'est pas *assez* estimé *pour que* je me fie à lui; t. : *si* estimé *que* je me fie à lui : non *tanti* fit iste , *ut ei* , ou *cui* confidam.

Assez peu... suivi de *pour* se tourne par *si peu*... *que* , et se traduit *assez* par ità, tàm, adeò; peu, par parùm ou parvi, selon le mot auquel il est joint, et *que* par ut. Ex. :

Nous avons *assez peu* d'ambition *pour* mépriser les honneurs, t. : *si peu* d'ambition *que* nous méprisons les honneurs : in nobis inest *tàm parùm* ambitionis, *ut* honores despiciamus.

Les conquérans ont toujours estimé *assez peu* les hommes *pour* les immoler à leur vanité, t. : ont toujours estimé *si peu* les hommes, *qu'*ils les immolaient à leur vanité : gentium domitores *tàm parvi* semper homines perpendêre, *ut* eos vanitati mactarent.

Trop... *pour* se tourne par *plus*... *que pour que* , et se traduit, *plus*, selon le mot auquel il est joint; *que* par quàm , *pour que* par ut. Ex. :

Je suis prédestiné à de *trop* grandes choses, *pour* être esclave de mon corps, t. : prédestiné à des choses *plus* grandes *que pour que* je sois... : ad *majora* genitus sum, quàm ut ou quàm qui mancipium mei sim corporis. Sén.

Il a commis *trop* de crimes *pour que* les juges aient pitié de lui, t. : il a commis *plus* de crimes *que pour que* les juges...: *plura* iste admisit scelera, quàm ut illius ou quàm cujus misereat judices.

Je vous estime *trop pour* m'irriter contre vous, t. : je vous estime *plus*, *que pour que* je... : *pluris* te pendo, quàm ut tibi ou quàm cui succenseam.

Ne pas assez... *pour*, *trop peu*... *pour*, se tournent par *moins*... *que pour que*, et se traduisent, *moins*, selon le mot auquel il est joint, *que* par quàm, *pour que* par ut. Ex. :

Il *n'a pas assez* d'esprit *pour* conduire l'affaire, t. : il a *moins* d'esprit *que pour qu'*il conduise... : *minùs* habet ingenii quàm ut, ou quàm qui rem gerat.

Léonidas avait *trop peu* de soldats *pour* vaincre les Perses, t. : *moins* de soldats *que pour qu'*il vainquît... : Leonidas pauciores habebat militès quàm ut ou quàm qui Persas vinceret.

Mais Xerxès était *trop peu* estimé *pour* pouvoir subjuguer la Grèce, t. : *moins* estimé *que pour qu'*il pût subjuguer..: Xerxes verò *minoris* habebatur, quàm ut ou quàm qui Græciam subigere posset.

ADVERBES DE TEMPS.

A peine s'exprime par vix, vixdùm , et le *que* par quàm avec le mode indicatif. Ex. :

A peine fut-il arrivé *qu'*il tomba malade, t. : *lorsqu'*il tomba malade : vixdùm advenit, cùm in morbum incidit.

Aussitôt que, ne pas plus tôt que, statim ut ou atque..., simul ac ou atque..., ubi primùm. Ex. :

Aussitôt que la jeunesse était capable de la guerre, elle en faisait l'apprentissage, juventus, *simul ac* belli patiens erat, militiam discebat. Sall.

Plus tôt signifiant *de meilleure heure*, s'exprime par maturiùs ; s'il signifie *plus vîte*, par citiùs, celeriùs. Ex. :

Il s'est levé *plus tôt* qu'à l'ordinaire, t. : *de meilleure heure* que... : *maturiùs* solito surrexit.

Vous avez *plus tôt* (t. : plus vîte) secouru un voisin qu'un frère : vicinum *citiùs* adjuvisti-quàm fratrem. Cic.

Quand *plutôt* marque la préférence, on l'exprime par potiùs, et *que* par quàm avec le mode subjonctif. Ex. :

Recherchez *plutôt* la médiocrité avec une bonne réputation, *que* l'abondance avec l'infamie, t. : recherchez la médiocrité... de *préférence* à l'abondance.... : sequimini *potiùs* tenuitatem cum bonâ famâ, *quàm* abundantiam cum infamiâ. Vitr.

Combattez *plutôt que* d'être esclave, t.: de *préférence* à ce que vous soyez esclave : depugna *potiùs quàm* servias.

Quand *plutôt* signifie *plus*, on le rend par magis, et le *que* par quàm. Ex.:

Je crains que ce ne soient *plutôt* (c.-à-d. plus) des envieux *que* des amis : vereor ne *magis* invidi sint, *quàm* amici.

Après les adverbes et noms de temps, le *que* se tourne par *lorsque* et se traduit par quùm. Ex. :

La dernière fois *que* (t. : lorsque) je vous vis : proximè *quùm* (ou cùm) te vidi.

Un jour *que* (t. : lorsque) j'étais avec vous : die quâdam *cùm* tecum essem.

Il y a long-temps *que* (t. : lorsque) je vous attends : diù est *quùm* te opperior. Et mieux jampridem te opperior.

Du temps *que* Rome florissait, t. : alors *que* Rome... : tùm *quùm* Roma floreret.

Un jour viendra *que*..., erit tempus *cùm*... Il y a des temps *que*..., incidunt sæpè tempora *cùm*...

Le *que* se rend par ex quo, s'il peut se tourner par *depuis que*. Ex. :

Il y a deux ans *qu'*il est mort, t. : deux ans sont écoulés *depuis lequel temps* il est mort : duo anni effluxêre *ex quo* mortuus est. (S. tempore,) et non pas ex quibus.

PRÉPOSITIONS FRANÇAISES.

La préposition *par*, signifiant *par le moyen de*, se traduit par *per*. Ex. :

Le chemin est long *par* les préceptes, mais court *par* les exemples, t. : *par le moyen des* préceptes... *par le moyen des* exemples : longum est iter *per* præcepta, breve *per* exempla. Sén.

De au commencement d'une phrase et pouvant se tourner par *entre*, se traduit par un génitif, ou par l'ablatif avec è ou *ex* ou l'acc. avec *inter*. Ex. :

De toutes les choses humaines (t. : *entre* toutes les choses humaines), rien n'est plus beau que de bien mériter de l'Etat : *ex* omnibus rebus humanis, nihil est præclarius quàm de Patriâ benè mereri. Cic.

Quand *de*, suivi d'un infinitif, peut se tourner par *si*, on l'exprime par *si*. Ex. :

Vous me ferez plaisir *de* lui écrire, t. : *si* vous lui écrivez : pergratum mihi feceris, *si* ad eum scripseris.

Il est plus utile *de* retenir peu de préceptes, que d'en apprendre beaucoup, t. : il est plus utile *si* vous retenez peu de préceptes, que *si* vous en apprenez beaucoup : plùs prodest *si* pauca præcepta teneas, quàm *si* multa didiceris. Sén.

Quand *de* suivi d'un infinitif, peut se tourner par *moi qui...*, *nous qui...*, *vous qui...* on l'exprime par qui, quæ, quod, avec le mode subjonctif. Ex. :

Que vous fûtes heureux, Aristide, *d'avoir* tant aimé la justice ! c.-à-d. *vous qui* avez tant aimé la justice ! O te felicem, Aristides, *qui* tantoperè justitiam amaveris ! (S. dicam avant *te*.)

Lorsque la préposition *à*, précédée d'un nom, peut se tourner par *qui*, *que*, on la traduit par qui, quæ, quod, avec le mode subjonctif. Ex. :

Lève-toi, paresseux, n'as-tu rien *à* faire ? t. : n'as-tu rien *que* tu fasses ? surge, piger, nihil-ne habes *quod* facias ? — N'as-tu pas des devoirs *à* faire ? t. : nonne sunt tibi pensa *quæ* conficias ? .... ou pensa *conficienda*.

Quand *à*, devant un infinitif, peut se tourner par *si vous...*, *si quelqu'un*, on le rend par si, ou si quis avec le mode subjonctif. Ex. :

A l'entendre parler (t. : *si vous* l'entendiez parler), vous diriez : hunc *si* loquentem, audias, dicas. Le présent vaut mieux que l'imparfait après *si*.

A voir le fourbe Néron, on l'eût pris pour un excellent prince, t. : *si quelqu'un* eût vu le fourbe Néron, *il* l'eût pris...: *si quis* subdolum vidisset Neronem, optimum principem credidisset. (S. eum esse.)

Être homme *à*... femme *à*... se tournent par *être celui qui...*, *être celle qui* ou *que*, esse is qui..., esse ea quæ, avec le mode subjonctif; et le second verbe se met toujours à la même personne que le premier. Ex. :

Je ne suis pas *homme à* reculer, t. : je ne suis pas *celui qui* recule : non *is* sum *qui* pedem referam.

L'illustre Epicharis ne fut point *femme à* se démentir, t. : ne fut point *celle qui* se démentît: illustris Epicharis non *ea* fuit *quæ* sibi haud constaret.

Être capable de se tourne par *pouvoir*, et se traduit par posse, pollere, valere, quire. Ex. :

L'homme qui se guide sur la nature, n'est point *capable de* nuire à l'homme, t. : ne *peut* nuire...: homo, naturæ obediens, homini nocere non *potest*. Cic.

Tous les trésors imaginables ne sont pas capables de (t. : ne *peuvent*) satisfaire son avarice : thesauri quilibet illius avaritiam satiare haud *possunt*.

La préposition *pour* s'exprime de différentes manières, suivant ses différentes significations.

Quand *pour* signifie *envers*, il s'exprime par *in* ou *ergà*, avec l'accusatif. Ex. :

Nous devons être affectés *pour* un ami (t. : *envers* un ami) de la même manière que *pour* nous-mêmes, (t. : qu'*envers* nous-mêmes) : eodem modo ergà amicum affici debemus, quo ergà nos-met ipsos. Cic.(S. debemus affici.)

Pour peut-il se tourner par *de*, on le rend par le génitif. Ex. :

L'amour *pour* la liberté (t. : l'amour *de* la liberté) nous est naturel : amor libertatis nobis est innatus.

————

Quand *pour* signifie *au lieu de*, il s'exprime par *pro* avec l'ablatif, ou *loco* avec le génitif. Ex. :

Pour une épée il prit un bâton, t. : *au lieu* d'une épée, il... : pro gladio ou loco gladii fustem sumpsit.

Pour signifiant *sous le rapport de... eu égard à...*, se traduit par *pro*. Ex. :

Il est assez instruit *pour* son âge, t. : *eu égard à* son âge : pro ætate est satis eruditus.

Pour signifiant *à cause de...*, se traduit par *ob* ou *propter*. Ex. :

Je l'aime *pour* sa modestie, t. : *à cause de* sa modestie : ob suam eum modestiam amo.

Pour signifiant *sur* ou *touchant*, se traduit par *de*. Ex. :

Il se fâche *pour* rien, t. : *touchant* rien : de nihilo irascitur.

Pour signifiant *pour l'intérêt de*, se rend par causâ, gratiâ, ergò, avec le génitif. Ex. :

Les hommes ont été créés *pour* les hommes, t.: *pour l'intérêt des* hommes: homines hominum causâ sunt generati. Cic.

Faites cette commission *pour* lui et *pour* nous, t. : *pour l'intérêt de* lui et *pour* le nôtre : id fac negotii et nostrâ et illius gratiâ.

Pour signifiant *à l'avantage de, au désavantage de*, se rend par le datif. Ex.:

L'homme se souviendra qu'il n'est pas né *pour* lui seul, mais *pour* sa patrie, *pour* les siens (t. : n'est pas né *pour* son seul *avantage*, mais *pour l'avantage de* sa patrie... : non sibi soli se natum meminerit homo, sed patriæ, sed suis. Cic.

Demander grâce *pour* quelqu'un, t. : *à l'avantage de* quelqu'un : veniam petere alicui.

Je craignais *pour* vos jours, t. : *au désavantage de* vos jours : vitæ tuæ metuebam.

Si *pour* est suivi d'un comparatif, au lieu de *ut* on se sert de quò, *afin que*, avec le mode subjonctif. Ex. :

Simonide fit un poëme *pour* supporter *plus aisément* la pauvreté, t. : *afin qu'il supportât.,* : Simonides scripsit melos, quò paupertatem sustineret facilius. Ph.

Pour, accompagné d'une négation, se rend par *ne*. Ex. :

Il cessa de parler, *pour ne pas* nous retenir davantage, desiit loqui, ne diutiùs nos teneret.

Si *pour*, devant un infinitif, peut se tourner par *qui, que*, on le rend par qui, quæ, quod, avec le mode subjonctif. Ex. :

Il faut que le savant tire quelque chose de son fonds *pour* être goûté des autres, t. : quelque chose *dont* les autres soient charmés : *eruditus ex se promat oportet quidquam*, *quo cæteri delectentur.*

Je vous enverrai quelqu'un *pour* vous avertir, t. : quelqu'un *qui* vous avertisse : *hominem ad te mittam, qui te moneat.*

Pour (1) devant l'infinitif, suivi ou pouvant être suivi de *cependant, ce n'est pas à dire pour cela que...,* se tourne par *quoique.* Ex. :

Pour avoir salué des méchans, *est-ce une raison pour que* je sois méchant? t. : *quoique* j'aie salué des méchans, suis-je pour cela méchant ? *quamvis improbos salutaverim, ideò-ne sum improbus ?*

De même que les perles, *pour* être jetées dans la boue, (t. : *quoiqu'*elles soient jetées...) ne perdent point leur prix, de même beaucoup d'hommes, *pour* avoir été enveloppés dans les ténèbres (t. : *quoiqu'*ils aient été enveloppés...) n'ont point perdu leur excellent naturel : *ut gemmæ, quamvis abjiciantur in lutum, proprietatem non amittunt, sic multi, quamvis in tenebris involuti fuerint, optimam naturam non amiserunt.* Cic.

Pour peu que se tourne par *si... même le moins,* et se traduit par *si vel minimùm* devant un verbe ordinaire ; par *si vel minimi* devant un verbe de prix ou d'estime ; et par *si vel minimò* devant un comparatif ou un verbe d'excellence. Ex. :

Pour peu que vous vouliez réfléchir, vous verrez la chose à fond, t. : *si* vous voulez *même le moins* réfléchir... : *si vel minimùm* (S. momentum) *cogitare volueris, rem perspicies.*

Pour peu que nous estimions l'or, nous l'estimerons encore trop, t. : *si* nous estimons *même le moins* l'or, nous l'estimerons encore trop : *si vel minimi* (S. momenti) *aurum duxerimus, illud etiam nimiò pluris ducemus.*

Pour moi, pour toi, pour lui, pour nous, etc., se tournent par *mais moi, mais toi, etc., moi, toi, etc.,* sont ou sujet ou régime. Ex. :

Pour moi, (t. : *mais moi*) je suis prêt : *ego verò sum paratus.*

Pour vous, il vous importe beaucoup, t. : *mais il vous* importe beaucoup : *tuâ verò magni interest.*

Pour toi, Catilina, nous te traînerons au supplice, t. : *mais,* Catilina, nous *te* traînerons... : *te verò,* Catilina, *pertrahemus ad supplicium.*

Quant à moi... et moi, etc., se traduisent de même.

Lorsque *sans,* suivi d'un infinitif, n'est précédé ni d'une négation, ni d'une interrogation, on tourne *sans* par *et ne pas* en mettant le second verbe au temps du premier. Ex. :

Epictète vécut malheureux, *sans* s'irriter contre la fortune, t. : *et ne s'irrita point...* : *Epictetus vixit miser, nec fortunæ iratus est.*

Mais quand le premier verbe est accompagné d'une négation ou d'une interrogation, on tourne *sans* par *que ne..., à moins que ne...,* et on le traduit par *quin* ou *nisi.* Ex. :

Lycurgue *ne* porta *aucune* loi *sans* la confirmer, (t.: *qu'il ne* la confirmât) par son exemple : *Lycurgus nullam tulit legem, quin suo exemplo confirmaret.* Cic.

_____

(1) *Pour,* devant un infinitif : voyez la règle *Jugurtha venit, etc.,* pag. 112.

Qui peut devenir savant *sans* lire beaucoup? t. : *à moins qu'il ne lise...* ? quis potest doctus fieri, *quin* ou *nisi* multa *legat* ?

On tourne aussi quelquefois *sans* par *avant que*, lorsque le premier verbe est accompagné d'une négation ou d'une interrogation. Ex. :

Je ne partirai pas *sans* vous avoir dit adieu, t. : *avant que je vous aie dit adieu* : non *priùs* proficiscar, *quàm* tibi *valedixerim*.

Autres manières de rendre *sans* et *l'infinitif* qui le suit.

Après *sans* traduit, tournez l'infinitif par un nom dérivé du verbe. Ex. :

Sans pleurer, t. : *sans pleurs* : sine fletibus ou lacrymis. — *Sans* craindre, t. : *sans crainte* : sine metu. — *Sans* rien soupçonner, t. : *sans aucun soupçon* : sine ullâ suspicione.

Après *sans* non traduit, tournez l'infinitif par un adjectif. Ex. :

Sans blesser la conscience, t. : *la conscience étant sauve* : salvâ fide. — *Sans* se plaindre, t. : *avec un esprit égal* : æquo animo. — Passer les nuits *sans* dormir, t. : *les nuits insomnes* : noctes insomnes traducere. — Le courage ne laisse rien *sans* l'avoir éprouvé, t. : ne laisse rien *non éprouvé*: virtus nihil *inexpertum* omittit.

Après *sans* non traduit, tournez l'infinitif par un adverbe. Ex. :

Sans faire semblant de rien, t. : *d'une manière dissimulée* : dissimulanter. — *Sans* y penser, t. : *légèrement* ou *avec imprudence* : temerè, imprudenter, inconsultò.

Après *sans* non traduit, tournez l'infinitif par un participe soit présent, soit passé. Ex. :

Vous sentez cela *sans* que je vous le dise, t. : *même moi me taisant* : id, etiam *me tacente*, intelligis. — *Sans* rire, t. : *le rire étant écarté* : remoto joco. — *Sans* tarder, t. : *aucun retard n'étant mis entre* : nullâ interposità morâ.

———————

Après suivi d'un nom, et signifiant *au bout de*, s'exprime par *post* avec l'accusatif. Ex. :

Après deux ans, t. : *au bout de* deux ans : *post* biennium.

Après quelques années, t. : *au bout de...* : *post* paucos annos, et mieux adverbialement : paucis *pòst* annis.

Après signifiant *immédiatement après*, se traduit par *sub* avec l'acc. Ex. :

Après cette lettre (c.-à-d. *immédiatement après...*), on lut la vôtre : *sub* eas litteras, recitatæ sunt tuæ.

Après, marquant la seconde place, se traduit par *secundùm* avec l'accusatif, ou par *à* ou *ab*. Ex. :

Les hommes, *après* les dieux, peuvent être les plus utiles aux hommes, *secundùm* Deos, homines hominibus maximè prodesse possunt. Cic.

Après Cicéron, il est sans contredit le premier des orateurs, *secundùm* Ciceronem, ou bien *à* Cicerone, est oratorum facilè princeps.

———————

Après, suivi du parfait de l'infinitif, se tourne par *après que*, *lorsque*, et s'exprime par postquàm, quùm, ou par l'ablatif absolu. Ex. :

Après avoir lu, j'écris, t.: *après que* j'ai lu, j'écris : postquàm legi, scribo.

Après avoir lu, nous écrirons, t. : *après que* nous aurons lu, nous écrirons : postquàm legerimus, scribemus.

Après avoir lu, vous écriviez, t.: *après que* vous aviez lu, vous écriviez : postquàm legeras ou legisses, scribebas.

Après avoir vu Pyrrhus (t.: *après qu'*elle eut vu Pyrrhus), la pauvre vieille saisit une tuile : postquàm vidit ou vidisset Pyrrhum (ou viso Pyrrho), anus paupercula tegulam corripuit. T. Liv.

Avant, suivi d'un infinitif, se tourne par *avant que*, antequàm, priusquàm, avec le mode subjonctif. Ex. :

Le voleur, *avant* de souiller ses mains (t. : *avant qu'*il souille ses mains), est voleur : latro, antequàm manus inquinet, latro est. Sén.

Vous aviez coutume de lire, *avant* d'écrire, t. : *avant que* vous écrivissiez: solebas legere priùs, quàm scriberes.

Avant, suivi du parfait infinitif, peut se traduire par le participe passé accompagné d'une négation. Ex. :

Il est parti *avant* d'avoir terminé l'affaire, t. : l'affaire n'étant pas terminée : hic, infecto negotio, profectus est.

Il s'était retiré *avant* d'avoir dîné, t. : n'ayant pas dîné : discesserat impransus.

Au lieu de, suivi d'un nom, se traduit par pro avec l'ablatif, ou loco avec le génitif. Ex. :

Au lieu de la douce violette, *à la place du* narcisse éclatant, s'élève le chardon, pro molli violâ, pro purpureo narcisso surgit carduus. Virg.

Au lieu de, suivi d'un infinitif, se tourne par *lorsque je devrais, tu devrais, il devrait...*, quand il y a obligation de faire la chose. Ex. :

Au lieu de lire (t. : *lorsqu'il devrait* lire), il joue : quùm legere deberet, ludit.

S'il n'y a pas obligation, on le tourne par *lorsque je pourrais, tu pourrais, il pourrait...* Ex. :

Au lieu de jouer (t. : *lorsqu'il pourrait* jouer), il lit : quùm posset ludere, legit.

Au lieu de, précédé d'un impératif se rend par ne autem suivi aussi de l'impératif. Ex. :

Lisez *au lieu de* badiner, t. : lisez, *et ne* badinez *pas* : lege, ne autem nugare.

Au lieu que se tourne par *au contraire*, et se traduit par verò, autem que l'on place après un mot. Ex. :

L'homme actif s'exerce dans les arts, *au lieu que* (t. : *au contraire*) le fainéant languit dans la paresse : vir alacer sese in artibus exercet ; segnis verò in desidiâ torpet.

Si *au lieu de* est au dernier membre de phrase, on peut le tourner par *bien loin de* ou *que*. Or *bien loin de* ou *que* se rend par nedùm qu'il faut toujours rejeter au dernier membre de phrase. Ex. :

Il combattait *au lieu de*, ou *bien loin de* fuir, púgnabat, *nedùm* fugeret.

Bien loin que vous puissiez fournir à tant de dépenses, à peine un satrape le pourrait-il; t. : un satrape pourrait à peine fournir à tant de dépenses, *bien loin que* vous le puissiez : vix tot sumptus sufferre posset satrapes, *nedùm* tu possis. Tér.

IDIOTISMES FRANÇAIS ou *LOCUTIONS* DIVERSES.

Quand *aller*, *devoir*, suivis d'un infinitif, contiennent seulement une action près de se faire, on ne les traduit pas, mais le verbe qui les suit, se met au futur en *urus*, *ura*, *urum*, pour l'actif, et *dus*, *da*, *dum*, pour le passif. Ex. :

Je vais retracer la guerre, t, : *je suis devant* retracer... : bellum *scripturus sum*. Sall.

Nous devions partir, eramus *profecturi*.

Quand *devoir*, *il faut*, marquent obligation, le second verbe se tourne par le passif, et se traduit par le futur en *dus*, *da*, *dum*. Ex. :

Il faut préférer la mort à la servitude; t. : la mort *doit être préférée à*,.. : mors *est anteponenda* servituti.

On doit éviter la paresse, dangereuse sirène, t. : la paresse, dangereuse sirène, *doit être évitée* : *vitanda est*, improba siren, desidia. Hor.

Il nous faut pratiquer la vertu, t. : la vertu *doit être*... : virtus est nobis *colenda*.

Avoir besoin de, suivi d'un infinitif, se tourne et se traduit de même. Ex. :

Plus d'un élève *a besoin* d'être excité au travail, t. : plusieurs élèves *doivent être excités*... : plures discipuli ad laborem *incitandi sunt*.

Si le verbe qui suit *devoir*, *il faut*, ne gouverne pas l'accusatif, servez-vous de *est* avec le futur neutre en *dum*. Ex, :

Il faut servir Dieu, servien*dum* est Deo.

Il nous faut aller d'un bout à l'autre de la vie sous la conduite de la raison ; ratione duce nobis per totam vitam eun*dum* est. Sén.

Être *près de* ou *sur le point de*... se tourne et se traduit de la même manière, en mettant *mox* ou *jamjam* devant le participe. Ex. :

L'un est *près de* mourir, un autre est *sur le point de* naître, *jamjam* moriturus est alter, alter verò *mox* nasciturus.

L'ennemi était *près d*'être battu, hostis *mox* erat debellandus. On dit encore : in eo erat hostis ut debellaretur.

Après *il s'en faut de beaucoup*, multùm abest, le *que* se rend par *ut* avec le mode subjonctif. Ex. :

Il s'en faut beaucoup *que* vous surpassiez vos condisciples, *multùm abest ut* tuos superes condiscipulos.

Dans cette façon de parler, *faut-il que*, l'on exprime seulement l'interrogation, et le *que* se retranche. Ex. :

Faut-il que vaincue je renonce à mon entreprise ? *me-ne* incœpto *desistere* victam ? Virg. (S. oportet ou decet.) On peut faire passer l'ellipse dans le français et dire : moi, vaincue, renoncer à mon entreprise !

Après *tant s'en faut*, tantùm abest, les deux *que* se traduisent par *ut* avec le mode subjonctif. Ex. :

Tant s'en faut *que* nous vous haïssions, *qu'*au contraire nous vous aimons, tantùm abest *ut* oderimus te, *ut* contrà te amemus.

On peut tourner par un seul *que*, et dire : tantùm absumus *ab odio tuí*, *ut* contrà te amemus.

Autre manière par un seul *que : adeò non* te odimus, *ut* contrà te amemus. (*Adeò...*, tant il est vrai que.)

On peut encore le tourner par *bien loin de*, et l'exprimer de même. Ex. :

Te amamus, *nedum* oderimus. — *Je suis si éloigné de* se tourne et se traduit de toutes ces manières.

Après *peu s'en faut*, parùm abest; *il ne tient à rien que*, nihil abest, *que ne*, se traduit par *quin* avec le mode subjonctif. Ex. :

Peu s'en fallut *que* nous *ne* fussions très-malheureux, parùm abfuit *quin* essemus miserrimi.

On peut tourner *peu s'en faut que*, par *seulement ne pas* ou par *presque*, et dire : *tantùm non* miserrimi fuimus, ou *penè* miserrimi fuimus. On peut tourner encore par un nom dérivé de l'adjectif, et dire : *vix* ou *tantillùm abfuimus* à summâ *miseriâ*.

Penser, *faillir*, *manquer*, suivis d'un infinitif, se tournent et se traduisent de même que *peu s'en faut*.

Diverses manières de rendre le verbe *faire*.

Quand *faire* signifie *faire en sorte*, on le traduit par facere ut, dare operam ut. Ex. :

Faites nous savoir, t. : *faites en sorte que* nous sachions : *fac ut* sciamus.

Quand *faire*, suivi de *connaître*, a pour sujet un nom de chose, ce sujet devient régime en latin. Ex. :

Votre lettre m'a *fait* connaître, t. : j'ai connu par votre lettre : *ex tuis litteris* cognovi.

Quand *faire* signifie *contraindre*, *ordonner*, *engager*, on l'exprime par cogere, jubere, impellere. Ex. :

Vous me *faites* mourir, t. : vous me *contraignez à* mourir : mori me *cogis*.

Sabinus s'était *fait* saluer empereur, t. : Sabinus *avait ordonné* soi être salué empereur : Sabinus Cæsarem se salutari *jusserat*. Tac.

Cela m'a *fait* croire, t. : cela m'a *porté à ce que je crusse* : hoc me ad id *impulit* ut crederem.

Autres manières de rendre le verbe *faire*.

Faire le malade, t. : feindre une maladie, morbum simulare.

— concevoir une bonne opinion de soi, bonam de se opinionem concitare.

— espérer à quelqu'un sa grace et son salut, aliquem *adducere in spem* veniæ ac salutis.

— mourir quelqu'un, alicui necem inferre.

— sa paix avec quelqu'un, in gratiam cùm aliquo redire.

Faire changer quelqu'un de sentiment, aliquem de sententiâ detrudere ; dimovere.

———— perdre toute espérance à quelqu'un, spem omnem alicui præcidere.

———— pleurer quelqu'un, alicui lacrymas elicere.

———— rire quelqu'un, risum movere alicui.

Se faire des amis, amicos sibi comparare , conciliare.

———— attendre de quelqu'un , moram alicui facere, afferre, nectere.

———— écouter, audientiam sibi facere.

———— donner quelque chose par force, aliquid extorquere.

———— haïr de quelqu'un, in odium alicui venire, ...in odium alicujus incurrere.

———— admirer de quelqu'un, alicui admirationem movere.

———— aimer et estimer de quelqu'un, alicujus benevolentiam existima- tionemque sibi comparare, conciliare.

Ne faire que se tourne par *toujours*, et se traduit par perpetuò, semper, indesinenter. Ex. :

Il ne fait que badiner, t. : il badine *toujours* : perpetuò nugatur.

Ne faire que de se tourne par *tout-à-l'heure*. Ex. :

Il ne fait que d'arriver, t. : il est arrivé *tout-à-l'heure* : modò advenit.

Les autres significations du verbe *faire* se trouvent dans le dictionnaire.

Venir de, devant un infinitif, se tourne par *tout-à-l'heure , dernièrement*, et se rend par modò , nuper, recèns. Ex. :

Il *vient* de mourir paisiblement, t. : il est mort *tout-à-l'heure...* : modò est mortuus morte placidâ.

Ce général *venait d'*être moissonné par une mort glorieuse, t.: ce général avait été moissonné *récemment...* : dux ille haud ingloriâ nece *recèns* abreptus fuerat.

Venir à... n'aller pas... devant un infinitif, ne se traduisent pas. Ex. :

Si nous *venons à* triompher, quel bonheur ! t. : si nous triomphons ,... : si *vicerimus*, ò nos felices ! (S. dico esse.)

N'allez pas prêter l'oreille aux flatteries, t. : ne prêtez pas... : *ne* adula- tionibus aures *præbeas.* Cic.

S'occuper à... se mêler de... ne se traduit pas devant un infinitif. Ex. :

Le sage *s'occupe à* faire lui-même sa destinée, t. : fait lui-même..., sapiens ipse *fingit* sibi fortunam. Plaut.

Ne servir qu'à... savoir... ne se traduisent pas devant un infinitif. Ex. :

Cela ne sert qu'à aigrir ma douleur, t. : cela aigrit... : hoc dolorem meum *exulcerat.*

Il *a su* profiter de la victoire , t. : il a profité... : victoriâ usus est.

Se mettra à... devant un infinitif, se traduit par cœpisse, cœpi. Ex. :

La fortune *se mit à* tout bouleverser, omnia miscere *cœpit* fortuna. Sall.

Ne manquer pas de... devant un infinitif, se tourne par *certainement*, profectò, sanè. Ex. :

La fortune *ne manque pas de* dominer en tout, t. : domine *certainement...*:
profectò fortuna in omni re dominatur. Sall.

Mais à l'impératif, *ne manquer pas de* se tourne par *se souvenir de*, meminisse, curare. Ex. :

Ne manquez de nous avertir, t. : *souvenez-vous de...*: nos cura mo-
nendos.

*Ne manquons pas d'*observer la justice, t. : *souvenons-nous de...*: memi-
nerimus justitiam esse nobis servandam. Cic.

Pour ne pas dire se traduit par ne dicam. Ex. :

Vous étiez un enfant, *pour ne pas dire* un badin, tu puer, *ne dicam*, nu-
gator eras; c.-à-d. vous étiez un enfant, *pour ne pas dire* vous étiez un badin.

C'est le propre d'un enfant, *pour ne pas dire* d'un badin, de trop jouer, est
pueri, *ne dicam* nugatoris, ludere plùs æquo.

Il m'importe, *pour ne pas dire* à nous tous, meâ, *ne dicam* nostrâ omnium
refert.

Avoir la force de... la hardiesse de... le courage de... se tourne par *oser*,
sustinere, audere. Ex. :

Qui *aurait la hardiesse* de tenir des discours déplacés ? t. : qui oserait... ?
quis *auderet* turpia dicere ?

Avez-vous bien eu la force de nier cela ? t. : *avez-vous osé...* ? *sustinuisti*
id negare ?

J'ai le bonheur de... l'honneur de... l'avantage de... se tourne par *il arrive
heureusement à moi que*, et se traduit par contingit mihi ut. *J'ai le malheur
de... le chagrin de... le désagrément de...* se tourne par *il m'arrive malheureusement que*, et se traduit par accidit mihi ut. Ex. :

Heureux qui a le bonheur (t. : heureux celui à qui *il arrive heureusement*)
de pouvoir acquérir des idées justes ! beatus cui *contigerit ut* veras opiniones
assequi possit ! Cic.

Varron *eut le malheur* (t. : il arriva *malheureusement* à Varron) d'être
vaincu : Varroni *accidit ut* vinceretur.

Il me tarde de... je suis dans l'impatience de... se tourne par *rien n'est
plus long pour moi que de*, et se traduit par nihil mihi longius est quàm avec
l'infinitif, ou quàm ut avec le mode subjonctif. Ex. :

Il nous tarde de vous voir, t. : *rien n'est plus long pour nous que de* vous
voir : *nihil nobis longius est quàm* te videre, ou *quàm ut* te videamus.

Je ne saurais... devant un infinitif, se tourne par *à peine*, vix. Ex. :

Vous ne sauriez croire, t. : vous croiriez *à peine*: *vix* credas.

N'avoir pas de peine à... devant un infinitif, se tourne soit par *facilement*,
facilè, soit par *volontiers*, libenter, ou lubens qui s'accorde avec le sujet. Ex. :

Il n'a pas eu de peine à obtenir l'objet de sa demande, t. : il a obtenu
facilement...: hic postulata *facilè* impetravit.

Ils n'ont pas eu de peine à prendre ce parti, t. : ils ont pris volontiers...: id consilii *libenter* (ou *lubentes*) cepêre.

Avoir de la peine à, devant un infinitif, se tourne ou par *difficilement*, *difficilè*, ou par *à contre cœur*, ægrè ou *invitus*, a, um, qui s'accorde avec le sujet. Ex. :

Il aura de la peine à terminer cette affaire, t.: il terminera *difficilement*..: id rei *difficilè* perficiet.

Vous aurez de la peine à quitter d'ici, t. : vous quitterez d'ici *à contre cœur* ou *ne le voulant pas : hinc discedetis *ægrè* ou *inviti*.

Laisser... suivi d'un infinitif, se tourne par *permettre que*, sinere, pati. Ex.:

Vos chants ne me *laissent* pas dormir, t. : ne *permettent* pas *que* je dorme: cantus tui non *sinunt* me dormire. Ph.

Ne pas laisser de... suivi d'un infinitif, se tourne par *cependant*, tamen. Ex.:

Pausanias, absous de la peine capitale, *ne laisse pas* d'être condamné à une amende, t. : est *cependant* condamné... : Pausanias, capitis absolûtus, mulctatur *tamen* pecuniâ. C. Nép.

Quoique je vous attende, vous *ne laisserez pas* d'envoyer une lettre, t. : vous enverrez *cependant*... : à me licet expectatus, mittes *tamen* epistolam.

Avoir beau... se tourne par *envain*, frustrâ, nequicquàm, ou par *quoique*, quamvis avec le mode subjonctif. Ex. :

J'ai beau crier, je ne suis pas entendu, t. : je crie *envain*, ou *quoique* je crie, je ne suis pas entendu : *frustrà* vociferor, ou *quamvis* vociferer, non audior.

Malgré... devant un nom de personne, se tourne par *ne le voulant pas*, invitus, a, um, qu'on fait accorder avec ce nom. Ex. :

Le sage ne fait rien *malgré* lui, t. : ne fait rien *ne le voulant pas : sapiens nihil facit *invitus*.

Je l'ai congédié *malgré* lui, t. : j'ai congédié lui *ne le voulant pas : hunc ego dimisi *invitum*.

Il fut congédié *malgré* moi, hic, *me invito* ou *nolente*, dimissus est.

Malgré devant un nom de chose, se tourne par un participe qu'on met au cas du nom, ou par *quoique* avec le mode subjonctif. Ex. :

L'épervier tua le moineau *malgré* ses cris redoublés, t. : tua le moineau *criant* sans cesse : passerem interfecit accipiter *clamitantem*, ou *quamvis* clamitaret,

A force de... suivi d'un infinitif, se tourne ainsi : *par beaucoup de... par un continuel...*, multus, constans, assiduus; et l'infinitif se change en un nom dérivé du verbe. Ex. :

A force de travailler, il est devenu savant, t. : *par beaucoup de travail*, il est devenu savant, *multo labore* doctus evasit. — *A force de* lire, t. : par une lecture *continuelle* : *assiduâ* lectione.

Il est élégant de changer en adjectifs latins les noms suivans :

Le haut ou sommet de... la surface de... Ex. :

Ils sont suspendus *au haut de* la vague , t. : sur la vague *haute :* hi *summo* in fluctu pendent. Virg.

Une aigle avait fait son aire *sur la cîme* d'un chêne , t. : sur un chêne élevé : aquila in *sublimi* quercu nidum fecerat. Ph.

Errer sur la *surface* du globe , t. : sur le globe superficiel : in *summo* terrarum orbe vagari.

Le milieu , le centre de... Ex. :

Au centre des appartemens , t. : dans les appartemens intermédiaires : ædibus in *mediis.* Virg.

Les astres sont *au milieu de* leur révolution , t. : dans leur révolution intermédiare ou moyenne : *medio* volvuntur sidera lapsu. Virg.

Le bas ou *le fond de... l'extrêmité* ou *le bout de...* Ex. :

Le bas du rocher, t. : le rocher *bas : ima* rupes.

Le fond de la mer, t. : la mer *profonde :* imum ou *profundum* mare.

L'extrêmité des pieds et des mains , t. : les pieds et les mains *extrêmes :* *extremi* pedes ac manus. (S. *extremos pedes* manus.)

FIN

DE LA TROISIÈME ET DERNIÈRE PARTIE.

OMISSIONS TYPOGRAPHIQUES.

Page 12, ligne 17, *Bonus*, *bon*, lisez : *le bon.*

Page 27, ligne 12, *Qudragies*, lisez : *Quadragies.*

Page 39, ligne 22, *le verbe est à la première personne*, ajoutez : *plurielle.*

Page 45, ligne 1.re, *Seconde conjugaison*, ajoutez : *es-ere.*

Page 97, ligne 21, *atque œ*, lisez : *atque cœ.*

Page 153, ligne 28, *un ennemi à fils*, lisez : *un ennemi à un fils.*

www.ingramcontent.com/pod-product-compliance
Lightning Source LLC
Chambersburg PA
CBHW072018080426
42733CB00010B/1743